Fachsprachen und Hochschule

BAYREUTHER BEITRÄGE ZUR GLOTTODIDAKTIK

BAYREUTH CONTRIBUTIONS TO GLOTTODIDACTICS

Udo O. H. Jung (Hrsg.)

Band 9

PETER LANG

ankfurt am Main · Berlin · Bern · Bruxelles · New York · Oxford · Wien

Udo O. H. Jung
Angelina Kolesnikova
(Hrsg.)

FACHSPRACHEN UND HOCHSCHULE

Forschung – Didaktik – Methodik

PETER LANG
Europäischer Verlag der Wissenschaften

Bibliografische Information Der Deutschen Bibliothek
Die Deutsche Bibliothek verzeichnet diese Publikation in der
Deutschen Nationalbibliografie; detaillierte bibliografische
Daten sind im Internet über <http://dnb.ddb.de> abrufbar.

Gedruckt auf alterungsbeständigem,
säurefreiem Papier.

ISSN 0721-409X
ISBN 3-631-39884-0

© Peter Lang GmbH
Europäischer Verlag der Wissenschaften
Frankfurt am Main 2003
Alle Rechte vorbehalten.

Printed in Germany 1 2 3 4 5   7

www.peterlang.de

INHALTSVERZEICHNIS

EINLEITUNG

Die Beiträge dieses Buches sind, wie der Titel es schon anzeigt, in erster Linie an Fremdsprachenlehrer gerichtet, die ihrem Beruf an der Hochschule nachgehen. Sie ist die letzte Station vor dem Berufseintritt der ihnen anvertrauten Studenten. In der globalisierten Welt von heute gibt es jedoch keine (Sprachen)schule mehr, in der die Frage, was Fachsprache sei und wie sie zu vermitteln wäre, nicht diskutiert würde. Damit rückt nicht nur das Berufsschul-, sondern auch das allgemeinbildende Schulwesen mit in den Blick, wo in zunehmendem Maße Sachfachunterricht in der Fremdsprache erteilt wird. Die Zielsetzung ist dort freilich zunächst eine ganz andere. Dennoch: Die Hochschulen werden in zunehmendem Maße von Studenten bevölkert, für die es ganz selbstverständlich ist, sich zusammen mit ihren Lehrern neue Sachverhalte in einer Fremdsprache zu erarbeiten. Dies kann auf lange Sicht nicht ohne Auswirkungen auf Ausbildungspläne, hochschulinterne Dozentenfortbildung und hochschulgemäßen Fremdsprachenunterricht bleiben.

Dagegen regt sich Widerstand, und den Sprachenzentren als den Trägern fremdsprachlicher Ausbildung wird aus unberufenem Munde manch unerbetener Ratschlag zuteil. Da gibt es welche, die knapp erklären: "Der Student kriegt ein auf englisch geschriebenes Fachbuch in die Hand gedrückt und muss zusehen, wie er damit zu Rande kommt." Dahinter steckt die nicht zu leugnende Tatsache, dass Englisch die Wissenschaftssprache *par excellence* geworden ist, und der trotz PISA unerschütterliche Glaube an die Leistungsfähigkeit des deutschen Sekundarschulwesens. Dahinter steckt auch die Erfahrung von Hochschullehrern, dass viele ihrer Kollegen aus anderen Ländern auf internationalen Tagungen dasselbe *Broken English* sprechen wie sie. Nur vergessen sie, worauf Johann Fischer (in diesem Band) hinweist, dass sie bereits "gemachte Leute" sind, verbeamtet und unkündbar. Für ihre Schüler sieht die Sache hingegen ganz anders aus.

Nun gilt es zuzugeben, dass Hochschulen vielfältig gegliederte Systeme sind und deshalb nicht über einen Kamm geschoren werden können. Die vorhin beschriebene Einstellung gegenüber Fremdsprachen und Fremdsprachenlernprozessen ist in der Mathematik und den Naturwissenschaften besonders weit verbreitet. Umgekehrt gibt es in den Philologien das zweckdienliche Vorurteil, man könne einen Mathematiker oder einen Chemiker nach einem zweiwöchigen, intensiven Training in beliebigen Fremdsprachen zu einer Vortragsreise ins Ausland ziehen lassen. Internationalismen und die über sie verhandelten abstrakten, zu Zahlen oder Formeln geronnenen Konzepte würden das Kommunikationswunder schon vollbringen.

Das eine ist so falsch wie das andere. Zum Glück gibt es an unseren Hochschulen Fakultäten, deren Mitgliedern man eher klarmachen kann, welche volkswirtschaftlichen Schäden durch mangelhafte Fremdsprachenkennntnisse entstehen. Selbstgefällig wird unter deutschen Ökonomen die Geschichte jenes amerikanischen Geschäftsmannes erzählt, der auch heute noch nicht versteht, warum er den Großauftrag der japanischen Firma nicht erhalten hat, deren Aufsichtsratsvorsitzenden er auf jener fröhlichen Party mit einem kräftigen Schlag auf die Schulter und den Worten *Hi, old horse, nice to see you again* begrüßt hatte.

Und hätte er es auch auf japanisch gesagt, der Auftrag wäre an die Konkurrenz gegangen. Taktgefühl und die Fähigkeit, die Welt durch die Augen des die Zielsprache als Erstsprache sprechenden Partners zu sehen, Taktgefühl und die Fähigkeit, durch die Darlegung exzellenter Fremdsprachenkenntnisse jenen Respekt zu bekunden, auf den jede Zielkultur und -sprache einen Anspruch hat, *interkulturelle Kompetenz* also, ist es, was Hochschulsprachenzentren vermitteln müssen. Wo dieses Ziel verfehlt wird, gedeihen Ausländerwitze und Ethnozentrismus. Das Heterostereotyp des Deutschen in der Karikatur des Auslands legt ein beredtes Zeugnis davon ab, dass und wie wir durch mangelhafte interkulturelle Kenntnisse und unzureichende fremdsprachliche Fähigkeiten ein Zerrbild unserer selbst entstehen lassen. In der Karikatur legt sich eine ganze Nation in einem selbstvergessenen Augenblick Rechenschaft darüber ab, wie sie und woran sie "die anderen" erkennt. Es ist die Sprache in erster Linie. Als Oskar Lafontaine der Europäischen Union eine Finanzpolitik aufzunötigen versuchte, die den britischen Interessen stark zuwiderlief, machte ein englisches Boulevard-Blatt mit der Schlagzeile auf: *Ve haf vays of making you quit.* Danach gefragt, was für eine Sprache das denn sei, erklärte eine Bewerberin um ein Englischlektorat: "Das ist die Sprache der Gestapo. Die sagen immer *Ve haf vays of making you talk.*" Dieselbe, anglophone, Bewerberin hatte kurz vorher die Ausspracheschulung unter dem beifälligen Nicken einiger Mitglieder der Auswahlkommission zur *quantité negligeable* erklärt. Als sie nun in deren betroffene und erschrockene Gesichter blickte, hätte sie den Satz und ihre Einschätzung der Aussprache am liebsten ganz schnell wieder zurückgenommen.

Studenten der Volks- und Betriebswirtschaftslehre müssen nach erfolgreichem Abschluss ihrer Studien in der Lage sein, Eskimos Kühlschränke zu verkaufen. Diese scherzhafte Umschreibung interkultureller Kompetenz beinhaltet all jene Elemente, die ein Sprachenzentrum nach Möglichkeit vermitteln sollte, um uneingeschränkte Handlungsfähigkeit in der zielkulturellen Umgebung zu gewährleisten. Die Absolventen müssen in der Lage sein, eine telefonische Verabredung zu treffen, sie müssen einem ausländischen Meister vor Ort einen Produktionsvorgang erläutern können, mit einem Ver- oder Einkäufer müssen sie die technischen Einzelheiten eines *Deals* aushandeln, wozu rudimentäre rhetorische Fähigkeiten erforderlich sind, und ihrem Chef, sofern sie in einem deutschen Großunternehmen arbeiten, das sich des Englischen als Verkehrssprache bedient, müssen sie einen schriftlichen Bericht auf englisch vorlegen. Für so manchen Chef müssen sie freilich auch Dolmetscherdienste leisten und Übersetzungen anfertigen. Die ganze Bandbreite fremdsprachlicher Fertigkeiten ist hier gefordert. Das Spektrum reicht dabei vom *Small Talk* bis hin zu den Paragraphen eines Kaufvertrages, vom Jargon auf dem *shop floor* bis hin zur fachsprachlichen Erörterung steuerlicher, währungspolitischer und betrieblicher Einflussgrößen. Analoge Situationen lassen sich leicht für Juristen und Sportökonomen, für Maschinenbauer und Informatiker, für Architekten und Ingenieure, vor allem aber für die Teilnehmer an den jetzt überall aus dem Boden schießenden interdisziplinären BA-Studiengängen finden. Fachsprachen, das zeigt sich hier sehr schön, sind geschichtet und prinzipiell auf die Ausbildung aller Fertigkeiten angewiesen. Welchen Ausschnitt davon ein fachsprachlich Ausgebildeter in Anspruch nimmt, ist situationsabhängig. Fachsprache ist die Sprache des Fachmannes in spezifischen Situationen.

Es sind deshalb auch Situationen denkbar, in denen zunächst nur eine einzige Fertigkeit ausgebildet werden muss. Manch einem genügt es, die Fachliteratur lesen zu können. Dies sollte dann jedoch nach Möglichkeit so geschehen, dass ihm bei späterem, zusätzlichem Fertigkeitsbedarf keine Stolpersteine in den Weg gelegt werden. Was geht im Kopf eines Lerners vor, der "nur" lesen lernen will? Welche Vorstellungen entwickelt er vom Lautsystem? Sind Internationalismen unter solchen Umständen der richtige Einstieg? Was ist von Schnellleseverfahren zu halten? Kann man Frequenzuntersuchungen bei der Auswahl der Lexik heranziehen? Welchen Stellenwert dürfen parallele Texte, Übersetzungen z.B., in dieser Situation für sich beanspruchen? Von welchem Zeitpunkt an ist der Lehrer völlig entbehrlich? Wie testet man den Fortschritt und womit? Welche Medien lassen sich einsetzen? Gibt es Möglichkeiten, die Schwierigkeit von Texten vorab zu bestimmen, um sie gestuft einzusetzen? Wie lassen sich Texte adaptieren, wie simplifizieren? Oder soll man nur authentische Originale einsetzen?

All dies sind nur einige, aber keineswegs triviale Fragen und Aufgaben, die sich einem Hochschulsprachenzentrum stellen. Dessen Dozenten werden dafür bezahlt, die ihnen anvertrauten Lerner im Wettbewerb der Volkswirtschaften in eine möglichst vorteilhafte Position zu bringen. Sind sie dazu in der Lage? In vielen Fällen muss das verneint werden. Das klassische Philologiestudium bereitet nicht auf eine Tätigkeit als Fremdsprachenlehrer vor. Und auch die (in manchen Fällen gar nicht vorhandene) Ausbildung zum professionellen Fremdsprachenlehrer ist noch kein Garant für fachsprachenunterrichtliche Kompetenz. An wen sollten sie sich auch wenden mit ihren Fragen? Häufig genug sind die philologischen Fachbereiche mit ganz anderen als den hier interessierenden Problemen beschäftigt. In einer solchen Situation und in Abwesenheit eines Sprachlehrforschungszentrums hilft nur das, was im angelsächsischen Sprachraum *In-Service Training* genannt wird.

Dieses Buch ist in seinen wesentlichen Elementen aus einer solchen Vortragsreihe für Dozenten am Sprachenzentrum der Universität Bayreuth im WS 2001/02 hervorgegangen. Sie trug den Titel "Fachsprachen – abnehmerorientiert". Die Hochschulleitung, der an dieser Stelle noch einmal der herzliche Dank aller Beteiligten gesagt werden soll, hatte kurzfristig Gelder zur Verfügung gestellt. Die Herausgeber danken auch allen Beiträgern, denen, die nach Bayreuth angereist waren, und denen, deren Beiträge zur Abrundung zusätzlich eingeworben wurden, dass sie sich in den engen Terminrahmen haben einbinden lassen, der für das rechtzeitige Erscheinen des Buches erforderlich war.

Es sei hier auch die Bemerkung gestattet, dass diese Publikation Zeugnis ablegt von Bayreuther "Fortbildungskultur". Die Hochschulleitungen der vergangenen 13 Jahre haben kontinuierlich die Bemühungen der Geschäftsführung des Sprachenzentrums unterstützt, die Dozenten *au courant* zu bringen – durch Einzelvorträge, durch *Workshops*, durch Lehrerfortbildungstagungen und durch Vortragsreihen wie diese. In der Reihe "Bayreuther Beiträge zur Glottodidaktik" sind bereits zwei Bände* erschienen, die auf derartige Vortragsreihen zurückgehen.

Nunmehr geht es also um Fachsprachen und Fachsprachenunterricht. Der ursprüngliche Titel – "Fachsprachen – abnehmerorientiert" – wollte dazu anregen, diesen Komplex von den Bedürfnissen der Abnehmer her – Studenten und Dozenten – neu zu bedenken. Die Abfolge der Vorträge und die Reihenfolge der hier abgedruckten Beiträge ist nicht identisch. Die Herausgeber waren bemüht, die Lesbarkeit zu erhöhen. Für die Gruppierung boten sich unterschiedliche Kriterien an. Die Arbeiten von Hausmann und Schnell, aber auch die von Jung über die Akronymen-Datenbank sind lexikologisch/lexikographischer Natur. Man kann sie deshalb bündeln. Ebenso gut aber hätte man die Aufsätze von Huber et al. und Schnell zueinander gesellen können, weil sie sich mit der Ausbildung von Juristen und den dazu erforderlichen Instrumenten befassen. Die Arbeit von Ickler über Verwaltungssprache hätte ihnen vorangestellt werden können.

Wir haben uns schließlich für eine Reihenfolge entschieden, die vom Allgemein-Abstrakten zum Spezifisch-Konkreten führt. Dass der eine oder andere Aufsatz diese unsere Absicht gelegentlich konterkariert, ist unvermeidlich. Und natürlich ist jeder Leser frei, sich einen eigenen Weg durch die Beiträge zu suchen. Die Arbeiten von Pateau und Schrammen haben wir bewusst ans Ende gesetzt. Sie liefern ausblicksweise das, was die Angelsachsen *food for thought* nennen, indem sie einmal Kommunikationsprobleme thematisieren, die jenseits des rein Sprachlichen angesiedelt sind, und zum anderen sprach- und auch hochschulpolitische Fragen anschneiden, vor denen wir nicht davonlaufen dürfen. Hier gibt es noch viel Klärungsbedarf.

Den Herausgebern ist es abschließend ein Bedürfnis, der studentischen Hilfskraft am Sprachenzentrum der Universität Bayreuth, Tina Horlitz, ein sehr herzliches Dankeschön für wertvolle Mittlertätigkeit und tatkräftige Unterstützung zu sagen.

Bad Godesberg	Udo O.H. Jung
Bayreuth	Angelina Kolesnikova

---

*Jung, U.O.H. (ed.) (1991/³2001). *Praktische Handreichung für Fremdsprachenlehrer*. Frankfurt a.M., Peter Lang.

Gardenghi, M. & O'Connell, M. (eds.) (1997). *Prüfen, Testen, Bewerten im Modernen Fremdsprachenunterricht*. Frankfurt a.M., Peter Lang.

DAS SPANNUNGSFELD ZWISCHEN FACH- UND GEMEINSPRACHE

– AUFGEZEIGT ANHAND DER GRAMMATIK(OGRAPHIE) DER FRANZÖSISCHEN RECHTS- UND VERWALTUNGSSPRACHE

Thomas Tinnefeld

Universität Göttingen

Der Artikel befasst sich zunächst mit dem Problem der allgemeinen Abgrenzung von Fach- und Gemeinsprache und einer kurzen Beschreibung der französischen Rechts- und Verwaltungssprache, an die die Erarbeitung relevanter Merkmale dieser Fachsprache in ihrem Verhältnis zur Gemeinsprache angeschlossen wird. Diese werden – in einem weiteren Schritt – in ersten Ansätzen auf meine in Arbeit befindliche "Fachsprachliche Grammatik der französischen Rechts- und Verwaltungssprache" – im Vergleich zur gemeinsprachlichen Grammatik – bezogen. Dabei zeigt sich, dass eine fachsprachliche Grammatik ungleich mehr darstellt als die reine Anwendung von für die Gemeinsprache relevanten grammatikographischen Prinzipien auf die Fachsprache.

1. Einleitung

Gemeinsprache und Fachsprache, Fachsprache und Gemeinsprache – handelt es sich dabei um Varianten einer gegebenen Sprache, um distinktiv unterschiedliche Sprachsysteme, oder gar um – provokativ gefragt – ganz verschiedene Sprachen? Diese Frage, auch wenn sie auf den ersten Blick leicht zu beantworten scheint, birgt bereits die Problematik des vorliegenden Beitrages.

Gemeinsprache und Fachsprache sind einerseits Varianten ein und derselben Sprache: es wird dasselbe Sprachsystem verwendet. Die deutsche Fachsprache der Medizin unterscheidet sich in ihrem grammatisch-syntaktischen Inventar in keiner Weise von den Möglichkeiten, die das Deutsche auch gemeinsprachlich nutzen kann.

Gemeinsprache und Fachsprache sind distinktiv unterschiedliche Sprachsysteme. Auch diese Aussage gilt, denn beide können als verschiedenartige Subsprachen angesehen werden, die ihrerseits – zumindest theoretisch – abgrenzbar zu sein scheinen: Jeder Laie wird einen Text aus der Fachsprache der Medizin unschwer als einen medizinischen – also nicht allgemeinsprachlichen – Text erkennen.

Nun zu der dritten gestellten Frage: Gemeinsprache und Fachsprache als zwei verschiedene Sprachen. Wenn man "Sprachen" in Anführungszeichen setzt, kann auch diese Frage bejaht werden: Ein deutscher Patient wird seinen Arzt, der mit einem Kollegen ein sich stellendes medizinisches Problem erläutert, in der Regel kaum bzw. kaum vollständig verstehen, obwohl die Mediziner in der Muttersprache des Patienten kommunizieren. In diesem Sinne also sind Gemeinsprache und Fachsprache zwei verschiedene "Sprachen".

Dieser provokative Einstieg zeigt bereits, dass es zwischen Fach- und Gemeinsprache etwas gibt, das als "Spannungsfeld" bezeichnet werden kann. Dieses Spannungsfeld soll im Folgenden aufgezeigt werden, wobei der Endpunkt unserer Überlegungen die Grammatik bzw. Grammatikographie der französischen Rechts- und Verwaltungssprache ist. Der Weg dorthin ist folgender: Zunächst wird im ersten Kapitel auf Anforderungsprofile von Fach- und Gemeinsprache eingegangen. Danach wird eine Eingrenzung der französischen Rechts- und Verwaltungssprache vorgenommen. Diese Überlegungen münden schließlich im dritten Kapitel in einer Betrachtung der Grammatikographie als Reflex des Spannungsfeldes zwischen Fach- und Gemeinsprache. Die Grammatik bzw. Grammatikographie wird hierbei exemplarisch herangezogen, da sie es erlaubt, das angedeutete Spannungsfeld zwischen Fach- und Gemeinsprache in möglichst praxisnahem Ansatz zu verdeutlichen.

2. Gemeinsprache und Fachsprache: Anforderungsprofile

2.1 Gemeinsprache

Gemeinsprache und Fachsprache können in jeweils unterschiedlichen Verhältnissen zueinander gesehen werden.

Prinzipiell ist es möglich, die folgenden Verhältnisse zwischen Gemeinsprache und Fachsprache zugrunde zu legen:

- Gemeinsprache und Fachsprache als relationale Größen,
- Gemeinsprache und Fachsprache in Komplementarität zueinander,
- Gemeinsprache als Basis der Fachsprache,

• Gemeinsprache und Fachsprache in Kontrast zueinander.

Auf diese Verhältnisse sei im folgenden Bezug genommen (Tinnefeld 1993a: 23).

Geht man von der Gemeinsprache und der Fachsprache als relationale Größen aus, so kann – abhängig von dem Typ von Gemeinsprache, der ihr zugrunde gelegt wird – eine potentielle Fachsprache als voll fachsprachlich, als weniger fachsprachlich oder auch als nicht fachsprachlich eingestuft werden. Dabei spielt zum einen das situationale Umfeld, zum anderen der Grad der Fachbezogenheit eine Rolle. Allgemein kann davon ausgegangen werden, dass die wissenschaftlich-praktischen Sprachen – beispielsweise die Sprache der Experimentalphysik – gegenüber jeder anderen Konkurrenzsprache eindeutig als Fachsprachen einzustufen sind: Sie sind in ihrer Fachsprachlichkeit immer konstant.

Folgt man dem Ansatz der Gemeinsprache und der Fachsprache in Komplementarität zueinander, so ist von den folgenden Verhältnissen auszugehen:

• Wird der Begriff Gemeinsprache mit dem Begriff Gesamtsprache gleichgesetzt, so muss Fachsprache im Hinblick auf diese als deren Bestandteil angesehen werden.

• Wird der Begriff Gemeinsprache in der Bedeutung *Allgemeinsprache* verwendet, stellt die Fachsprache dagegen eine komplementäre Größe dar: Fachsprache und Gemeinsprache sind beide der Gesamtsprache untergeordnet und koexistieren innerhalb dieser nebeneinander.

Innerhalb des Ansatzes, der die Gemeinsprache als Basis der Fachsprache sieht, kann man zusätzlich auch von einem inhaltlichen Begründungsverhältnis ausgehen: Der Bestand einer oder mehrerer Gemeinsprachen ist als notwendige Bedingung für die Entwicklung von Fachsprachen anzusehen. Fachsprache fußt auf der Gemeinsprache, beide sind historisch eng miteinander verbunden. Wenn dieses Verhältnis historisch auch als korrekt angesehen werden muss, so darf in synchroner Perspektive jedoch nicht übersehen werden, dass sich Gemeinsprache und Fachsprache im Laufe ihrer Entwicklung so weit voneinander entfernt haben, dass heute eher die Unterschiede als die Gemeinsamkeiten auffallen. Auf dem Hintergrund dieser Entwicklungstendenzen ist der vorliegende Ansatz heutzutage somit als Anachronismus einzustufen.

Dagegen gewinnt der Ansatz, bei dem von einem Kontrast zwischen Gemein-sprache und Fachsprache ausgegangen wird, zunehmend an Bedeutung. Für ihn sprechen im Wesentlichen die folgenden Aspekte:

- die spezifische thematische Ausrichtung der Fachsprache,

- der spezifische Situationsbezug fachlichen Sprachgebrauchs,

- die verschiedenen Typen von Sprach- und Handlungsbezügen (v. Hahn 1981: 10) in Fach- und Gemeinsprache.

Innerhalb dieses Ansatzes ist die Gemeinsprache somit als die unmarkierte Vari-ante der Gesamtsprache zu interpretieren; Fachsprache hingegen stellt deren markierte Variante dar.

Ein prinzipielles Problem dieses Ansatzes liegt darin, welche Art von Kontrast angenommen werden muss – ein Kontrast

- auf gleicher Ebene, d.h. im Verhältnis zur Gesamtsprache insgesamt,

- auf untergeordneter Ebene, d.h. zu Teilaspekten der Gemeinsprache.

In der linguistischen Literatur wird diese Frage jedoch im allgemeinen entweder nicht beantwortet oder gar nicht erst gestellt.

Innerhalb der Gesamtsprache sind zwei entgegengesetzte Pole anzunehmen: die Gemeinsprache zum einen und die Fachsprache zum anderen. Die kontrastieren-de Betrachtungsweise ist "in der Fachsprachenforschung seit langem üblich" (Ickler 1987: 9) und erfährt – nicht zuletzt aus den angeführten Argumenten – ihre Berechtigung.

2.2   Fachsprache

Bevor nun auf das Phänomen *Fachsprache* eingegangen und versucht wird, die-ses näher zu charakterisieren, ist es nötig, den Begriff zu definieren. Die in der Fachsprachenforschung wohl anerkannteste, zweifelsfreiste und bekannteste Definition stammt von Lothar Hoffmann (1985: 92).

Die Fachsprache ist die Gesamtheit aller sprachlichen Mittel, die in einem fach-lich begrenzbaren Kommunikationsbereich verwendet werden, um die Verstän-digung zwischen den in diesem Bereich tätigen Menschen zu gewährleisten. Diese Mittel bilden einen Teil des Gesamtinventars der Sprache im Sinne einer

Subsprache. Ihre Auswahl und Anordnung bei der Abfassung von Fachtexten wird durch den fachlichen Inhalt und sekundär durch die kommunikative Funktion bzw. den Zweck der Aussage sowie durch die Reihe anderer subjektiver und objektiver Faktoren im Kommunikationsprozess bestimmt.

Folgt man diesem definitorischen Ansatz, so ergibt sich daraus ein Begriff von Fachsprache, der sich im Hinblick auf zugrundeliegende Kommunikationssituationen in der Weise umsetzen lässt, dass daraus bestimmte Merkmale abgeleitet werden können, die ihrerseits für die Fachsprache als charakteristisch anzusehen sind. Diese Merkmale sind im Folgenden zu beschreiben.

Das Wichtigste und zugleich fundamentalste Kriterium, um Fachsprache zum einen zu charakterisieren und zum anderen von der Gemeinsprache zu unterscheiden, bildet die Opposition *geschrieben – gesprochen*. Wie sehr sich diese beiden Ausprägungen ein und derselben Sprache unterscheiden können, ist nicht zuletzt durch die Arbeit von Ludwig Söll (1985) zu geschriebenem und gesprochenem Französisch deutlich geworden. Es besteht kein Zweifel an der Berechtigung, diese prinzipielle Unterschiedlichkeit von der Gemeinsprache auf die Fachsprache zu übertragen: So bedarf die Frage keiner weiteren Diskussion, ob sich ein Fachgespräch zwischen zwei Forschern – beispielsweise in seiner Struktur, der Wahl der sprachlichen Ausdrucksmittel oder der Auswahl und Anhäufung von Fachtermini – von einer theoretischen Darstellung desselben wissenschaftlichen Phänomens in einem Fachbuch unterscheidet. Es ist evident, dass zwischen beiden Unterschiede allein dadurch bestehen, dass die entsprechenden Kommunikationssituationen, in deren einer Spontaneität gefordert wird, in deren anderer dagegen die Möglichkeit zu tiefgründiger Reflexion gegeben ist, vollkommen anders strukturiert sind.

Ein weiteres Unterscheidungskriterium von großer Relevanz stellt die Frage nach der *quantitativen Konstellation zwischen Sendern und Empfängern* dar. Die Leitfrage ist hier, ob ein Individuum Autor oder Adressat eines Fachtextes ist oder ob es sich eher um eine Gruppe handelt, an die dieser gerichtet ist. Hier lassen sich verschiedene Kommunikationsmöglichkeiten denken, von denen sich als die wichtigsten Konstellationen die folgenden herauskristallisieren:

- Individuum – Individuum,

- Individuum – Gruppe,

- Gruppe – Gruppe.

So wird sich – sowohl in der Gemeinsprache als auch in der Fachsprache – der Formalitätsgrad einer gegebenen Kommunikationssituation erhöhen, wenn ein Individuum nicht nur mit einem einzelnen Individuum in Kontakt tritt, sondern das Wort an eine größere Gruppe von Adressaten richtet. Eine ähnlich große Veränderung geht gewöhnlich dadurch vonstatten, dass ein Individuum nicht allein einer Adressatengruppe gegenübertritt, sondern dies seinerseits als Teil einer Gruppe tut. An die Stelle eines absoluten Handlungszwangs im Hinblick auf Rede und Antwort tritt dann die Mitverantwortung dieses Individuums für die Gruppe.

Ein weiteres im Rahmen der Fachsprachenforschung hochrelevantes Kriterium stellt die *qualitative Konstellation zwischen Sendern und Empfängern* dar. Dieses Kriterium bezieht sich auf die Identität der Kommunikationspartner, die hier nicht personal, sondern institutionell verstanden wird. Die fachliche Identität der Kommunikationspartner kann aufgrund ihrer Stellung zu dem jeweiligen Fachgebiet beschrieben werden. Es geht hier darum, die an einer gegebenen Kommunikationssituation beteiligten Personen als *Experten* oder *Laien* einzustufen. Dabei sind diese beiden Begriffe bei näherer Betrachtung nicht unproblematisch: Es gibt weder den Experten noch den Laien. Vielmehr existieren unterschiedliche Abstufungen von Experten- und Laientum. Beide Begriffe werden entscheidend durch die Kommunikationssituation bestimmt.

Der Verdeutlichung dieses Zusammenhangs mag folgendes Beispiel dienen. Die Rollenverteilung in einer universitären Vorlesung ist recht eindeutig: Aufgrund seiner fachlichen Qualifikation ist der Hochschullehrer, der dazu noch über sein eigenes Fachgebiet spricht, der Experte, die Studierenden sind die Laien. Dagegen käme es einer übermäßigen Generalisierung gleich, den Begriff *Experte* nunmehr mit demjenigen des Universitätsprofessors oder mit demjenigen des Wissenschaftlers gleichzusetzen. Die Studentengruppe ist ihrerseits kein homogenes Gebilde: Sie besteht in der Regel aus Anfängern und Fortgeschrittenen. Obwohl alle Studenten somit ihrem Professor gegenüber als Laien auftreten, sind die fortgeschrittenen unter ihnen gegenüber den Anfängern durchaus als Experten anzusehen. Die gegebene Kommunikationssituation, zusammen mit den zugrunde gelegten Bezugsgrößen, stellt somit bei der inhaltlichen Füllung dieser beiden Begriffe den entscheidenden Einflussfaktor dar.

In diesem Zusammenhang können sich jedoch noch größere Abgrenzungsprobleme ergeben: Welchen Status hat beispielsweise ein Jurist, der auf einem medizinischen Fachkongress über juristische Konsequenzen ärztlicher Kunstfehler referiert? Der vortragende Jurist hat zwar ein rechtswissenschaftliches Studium abgeschlossen, in der Regel jedoch nicht zugleich ein medizinisches. Wer ist also in dieser Situation Experte, wer Laie? Zwar ist der Jurist hier Experte, jedoch nur im Hinblick auf die juristischen Konsequenzen ärztlicher Kunstfehler, nicht aber für deren medizinische Hintergründe, nicht für deren soziale Folgen. Expertenwissen hat er hier also lediglich als Jurist. Davon abgesehen ist er auf einem medizinischen Fachkongress Laie. Über die Frage, wer in einer gegebenen Kommunikationssituation Experte, wer Laie ist, entscheidet somit nicht allein die Quantität an Fachwissen, das die Kommunikationspartner einbringen, sondern besonders dessen Qualität, also die Art und Ausrichtung dieses Fachwissens: Ein Kommunikationspartner ist im Normalfall nur auf einem Gebiet Experte; auf allen übrigen Gebieten ist er Laie. Dieser Zusammenhang ist dann unbedingt mitzuberücksichtigen, wenn in einer fach(sprach)lichen Kommunikationssituation die entsprechenden Rollen festzulegen sind.

Fachsprachlich ist besonders das Faktum zu berücksichtigen, dass die Hierarchie der interagierenden Partner einen unmittelbaren Einfluss auf die Wahl der zur Verfügung stehenden sprachlichen Mittel ausübt, die in einer gegebenen Kommunikationssituation erfolgt. So legt ein Medizinprofessor einen anderen Sprachgebrauch an den Tag, wenn er im Gespräch mit einem Fachkollegen über den Gesundheitszustand eines Patienten spricht, als dann, wenn er diesem Patienten dessen gesundheitliches Problem erklärt. Im ersten Fall ist wissenschaftliche Exaktheit das oberste Gebot der Kommunikation: Beide Kommunikationspartner verfügen in der Regel über einen annähernd identischen Code. Im zweiten Fall steht dagegen lediglich die fundamentale Realisierung der Kommunikation im Mittelpunkt: Der Patient muss vom Arzt in die Lage versetzt werden, dessen Botschaft überhaupt zu verstehen. Der Mediziner muss dazu das ihm zur Verfügung stehende sprachliche Inventar im Hinblick auf Wortschatz und Satzbau auf ein von einem Laien verständliches Niveau reduzieren. Dieses Beispiel stammt zwar aus dem Bereich der Medizin, dennoch sind auch in anderen Bereichen ähnliche Konstellationen zwischen einem Experten und einem Laien denkbar, für die die Bedingungen des Kommunikationserfolges mehr oder minder identisch sind: Ein Jurist, der einerseits ein Rechtsproblem mit einem Fachkollegen diskutiert, andererseits als Anwalt seinem Mandanten die rechtlichen

Folgen einer Straftat erklärt, befindet sich in einer durchaus vergleichbaren Situation.

Es ist davon auszugehen, dass es sich bei einem Gespräch wie dem soeben skizzierten zwischen einem Experten und einem Laien immer noch um Fachsprache handelt, wenn auch mit einer gewissen Einschränkung hinsichtlich des Grades der Fachlichkeit. Es handelt sich zwar um ein Fachgespräch, dieses ist jedoch wesentlich mit vulgarisierenden Elementen durchsetzt. Dennoch könnte es aufgrund seines verhältnismäßig hohen Grades an Spezialisierung nicht der Gemeinsprache zugerechnet werden.

Aus den hier zugrundegelegten Merkmalen und den im Zusammenhang mit ihnen beschriebenen Kommunikationssituationen ist deutlich geworden, in welcher Weise Fachsprache in einem an der Kommunikationspraxis angelehnten Ansatz charakterisiert werden kann. Die beispielhaft ausgewählten Kommunikationssituationen zeigen auch ihre generelle Unterschiedlichkeit zur Allgemeinsprache auf.

3. Die französische Rechts- und Verwaltungssprache

3.1 Charakterisierung

Im Folgenden wird die französische Rechts- und Verwaltungssprache in der Weise kurz charakterisiert, dass einige ihrer wichtigen Merkmale betrachtet werden. Dabei kann es lediglich um eine relativ allgemeine Orientierung gehen, nicht jedoch um Vollständigkeit.

Um Merkmale der französischen Rechts- und Verwaltungssprache ausgrenzen zu können, ist es notwendig, auf das Verwaltungsrecht selbst einzugehen. Das französische Verwaltungsrecht läßt sich ganz allgemein verstehen als:

> L'ensemble des règles définissant les droits et obligations de l'administration, c'est-à-dire du gouvernement de l'appareil administratif (Weil 1989: 5).

Die Aufgabe des Verwaltungsrechts liegt in der "Regelung der Konflikte, die sich zwischen dem Allgemeininteresse und dem Individualinteresse des Bürgers erheben" (Freitag 1978: 4). Aus diesem Verhältnis ergeben sich die Hauptmerkmale der französischen Rechts- und Verwaltungssprache. Als Manifestationen dieser Fachsprache werten wir im vorliegenden Zusammenhang solche

Texte, die ihre Entstehung aus diesem Verhältnis ableiten. Zusätzlich für das Verwaltungsrecht von zentraler Bedeutung sind das Primat des Gesetzes, die Gleichheit aller Bürger vor der Verwaltung und die Teilung von Rechtsprechung und Verwaltung (vgl. Freitag 1978: 9). Auch diese Kriterien sind für die sprachliche Umsetzung des Verwaltungsrechts von Bedeutung.

Das Recht differenziert sich wesentlich von anderen, weniger traditionsorientierten Wissenschaften, da es "ein historisch gewachsenes Gebilde", das aufgrund der politischen, soziokulturellen, ökonomischen, technischen und ideologischen Faktoren einem beständigen Wandel unterworfen ist (Heiermeier 1983: 207), darstellt. Aufgrund ihrer ausgeprägt historischen Dimension ist die Rechtswissenschaft als "traditionalistisch-konservativ" (Heiermeier 1983: 208) anzusehen.

Die erhebliche soziale Bedeutung von Recht und Rechtswissenschaft ergibt sich aus dem folgenden Zusammenhang.

Il n'est guère de secteurs de la vie sociale qui ne trouvent sous une forme ou une autre un aboutissement dans le droit administratif qui est ainsi un droit vivant et situé profondément ancré dans la société ou, comme on disait autrefois, dans le siècle et dans la cité (Braibant 1988: 16).

Das französische Verwaltungsrecht ist einzustufen als ein "droit spécial" (vgl. Braibant 1988: 299). Es weist im Wesentlichen die folgenden juristischen Merkmale auf

- *les pouvoirs de décision unilatérale*

und

- *les pouvoirs d'exécution forcée.*

Andererseits zeichnet es sich jedoch aus durch die

- *sujétions,*

- *obligations*

und die

- *soumission de l'administration au droit.*

Letztere spiegelt das "principe de légalité" und das "principe de responsabilité" wider (vgl. Braibant 1988: 300).

Die Eigenschaften der Rechts- und Verwaltungssprache können in direkter Linie aus den administrativen Strukturen abgeleitet werden und ebenso aus der Erfah-

rung der in ihnen tätigen Beamten und ihrem Platz innerhalb des Hierarchiege-
füges des französischen Staatsapparates (vgl. Catherine 1979: 17).

Ein wesentliches Merkmal der französischen Rechts- und Verwaltungssprache
ist ihr offizieller Charakter. Aus ihrem Streben nach Offizialität ergibt sich ein
dominant nüchterner Stil. Er ist geprägt durch die Herausstellung der zugrunde
liegenden Hierarchie; dabei sind jegliche Emphase und jegliche Redundanz zu
vermeiden (vgl. Catherine 1979: 20).

Ein weiteres, die vorliegende Fachsprache konstituierendes Merkmal ist ihre
Objektivität. Diese ist aus drei Gründen von Bedeutung:

- Der Autor eines gegebenen Verwaltungstextes und der Unterzeichnende
  sind in der Regel nicht miteinander identisch;

- Der Unterzeichnende handelt nie als Individuum, sondern immer im Namen
  seiner Funktion innerhalb des Staatswesens;

- Die Funktion ist unabhängig von der Person, die sie ausübt: Diejenigen Individuen, die eine Funktion innehaben, wechseln im Laufe der Zeit; die
  Funktion selbst ist zeitübergreifend (vgl. Catherine 1979: 22).

Aus diesem Zusammenhang ergibt sich in direkter Linie das Merkmal *Kontinuität*. Aus der Losgelöstheit von dem Aspekt des Zeitlichen kann ein weiteres
Merkmal der vorliegenden Fachsprache abgeleitet werden: ihre *Neutralität*.
Neutralität und Objektivität in der Sache führen unweigerlich zu einem Streben
nach Vorsicht im Ausdruck (vgl. Catherine 1979: 22). In diesem Streben muss
sich die geforderte *Exaktheit* (Braibant 1988: 14) unbedingt widerspiegeln.

Die Rechtssprache ist historisch aus der Gemeinsprache entstanden (vgl. Freitag
1978: 223) und hat einen beachtlichen Anteil ihrer Begriffe aus dieser über-
nommen. Zudem existiert für die Rechtssprache keine für sie genormte, eindeutige Terminologie. Hinzu kommt das Faktum, dass grundlegende Begriffe des
französischen Verwaltungsrechts nie rechtsverbindlich definiert worden sind
(vgl. Freitag 1987: 224). Aus diesen Gründen ist die französische Rechts- und
Verwaltungssprache auf dieser Ebene nicht objektivierbar: Die in ihr verwendeten Termini erhalten ihre Zugänglichkeit einerseits durch Interpretation, andererseits im Wege der Disambiguierung durch sprachliche Verfahren der Mono-
semierung. Nur auf diese Weise kann ein weiteres Merkmal greifen: die Forde-
rung nach *Eindeutigkeit*. Die Möglichkeit der Fehlinterpretation muss unter allen

Umständen vermieden werden. Es herrscht hier somit das Streben nach vollkommener Deckungsgleichheit zwischen den verwaltungsrechtlichen Erfordernissen und ihrer Widerspiegelung in der verwendeten Sprache (vgl. Opitz 1983: 161). Daraus ergibt sich, dass unmissverständliche *Klarheit* und *Präzision* gegeben sein müssen.

Wie kaum eine andere Wissenschaft betrifft und bestimmt die Rechtswissenschaft das Leben des Staatsbürgers. Um diesem die Möglichkeit zu geben, dem Staat gegenüber als *mündiger* Bürger aufzutreten, muss die von der Rechtswissenschaft gebrauchte Sprache zudem den Merkmalen *Allgemeinverständlichkeit* und *Anschaulichkeit* genügen (vgl. Heiermeier 1983: 208).

Aufgrund ihrer Tendenz zur Generalisierung strebt die französische Rechts- und Verwaltungssprache nach *sprachlicher Kompression*, was stilistisch in Prägnanz resultiert (vgl. hierzu auch Heiermeier 1983: 207).

Im vorliegenden Zusammenhang ist zu beachten, dass es sich bei einigen der hier zitierten Merkmale der französischen Rechts- und Verwaltungssprache weniger um einen Reflex der gegebenen sprachlichen Realität handelt als vielmehr um Forderungen, die an die Fachsprache gestellt werden. Daraus folgt jedoch nicht, dass diese Merkmale für die fachsprachliche Umsetzung nicht wichtig seien: Es wird im Allgemeinen ebenso versucht, die existenten Merkmale dieser Fachsprache wie die an sie gestellten Forderungen sprachlich umzusetzen. Sprachliche Realisationen der französischen Rechts- und Verwaltungssprache sind somit auf beide Kategorien hin interpretierbar.

3.2 Die Merkmale der französischen Rechts- und Verwaltungssprache in ihrem Verhältnis zur Gemeinsprache

In dem vorliegenden Zusammenhang wird es darum gehen, die wichtigsten der soeben erarbeiteten Merkmale der französischen Rechts- und Verwaltungssprache zu operationalisieren, d. h. es wird um die Frage gehen, worum es sich bei diesen Merkmalen im Einzelnen handelt. Die Leitfrage, die Leistungen dieser Fachsprache herauszustellen und zu beschreiben, ist in dem Zusammenhang wichtig, um sie mit der Allgemeinsprache zu vergleichen und zu erkennen, welche von ihnen auch für die Gemeinsprache gelten bzw. Gültigkeit besitzen können und welche in der Fachsprache Vorrang oder gar Exklusivität besitzen.

3.2.1 Offizialität

Offizialität lässt sich als fachsprachlich relevantes Kriterium in der Weise verstehen, dass in einem gegebenen Kontext dann, wenn mehr als eine Ausdrucksform zur Verfügung steht, die offiziellste von diesen oder zumindest eine überdurchschnittlich offizielle dieser Möglichkeiten für die Verwendung gewählt wird. Offizialität bedeutet damit, hochgradig distanziert zu argumentieren, was sehr oft in unpersönlichen Konstruktionen oder Passivkonstruktionen resultiert. Die Offizialität einer Fachsprache trägt in starkem Maße zu ihrer Deagentivierung bei und fördert einen unpersönlichen Stil.

Die Anforderung, die in diesem Zusammenhang an die Gemeinsprache gestellt werden kann, besteht in dem genauen Gegenteil von Offizialität: Hier soll eher *Vertrautheit* und *Persönlichkeitsbezug* vorliegen. Die Gemeinsprache tendiert somit zu semantischer Nähe, die Fachsprache zu semantischer Distanz.

3.2.2 Objektivität

Das an die Rechts- und Verwaltungssprache zu stellende Kriterium *Objektivität* bedeutet, dass für vergleichbare (Rechts)fälle vergleichbare Regelungen getroffen werden müssen. Objektivität reflektiert das Prinzip der Gleichbehandlung der Bürger bzw. Institutionen. Objektivität zielt auf Generalisierung ab – auch dann, wenn ein Einzelfall gemeint ist: Einzelfälle werden immer in den jeweiligen Gesamtrahmen eingebettet.

Auch hier liegt in der Allgemeinsprache die entgegengesetzte Tendenz vor: Sie zielt im Unterschied zur Fachsprache ab auf *Individualisierung* und *Vereinzelung:* Es ist das Gegenüber, das in einer Kommunikationssituation von Bedeutung ist, nicht dessen Einbettung in die Gesamtheit der Menschen oder Institutionen. Es ist das konkrete *Du* bzw. das konkrete *Sie* der Anredeform, das zählt, und nicht das auf die Allgemeinheit ausgerichtete *sie* der dritten Person Plural.

3.2.3 Neutralität

Das Kriterium *Neutralität* ist eng verbunden mit demjenigen der Objektivität. Der Staat als dasjenige Organ, von dem Rechtshandlungen mehrheitlich ausgehen, hat alle Bürger in gleicher Weise zu behandeln. Bevorzugungen müssen ausgeschlossen sein. Handelt es sich beispielsweise in zwei verschiedenen Fällen um eine vergleichbare oder die gleiche Übertretung, wie beispielsweise einen *recours pour excès de pouvoir*, so ist diese in beiden Fällen gleich zu ahnden. Bevorzugungen der einen Person, die eine solche Übertretung verursacht hat, und eine Benachteiligung der anderen Person müssen ausgeschlossen sein.

In der Gemeinsprache ist auch hier das Gegenteil der Fall: Wann immer in Konversationen Streitigkeiten aufkommen bzw. von Auseinandersetzungen gegenüber Dritten berichtet wird, greift der Appellcharakter der Gemeinsprache: Es wird vom jeweiligen Gesprächspartner implizit oder explizit erwartet, dass er für die eine Person – meist den Sprecher – Partei ergreift und sich gegen andere Personen, die dessen Gegner darstellen, ausspricht. So geschieht es bei der Schilderung von Beziehungsproblemen beispielsweise nicht selten, dass eine Ehefrau, die ihrer besten Freundin von dem fehlerhaften Verhalten ihres Mannes berichtet, von ihr erwartet, dass sie i h r beipflichtet und das Verhalten des Mannes ebenso kritisiert und verurteilt wie sie selbst. Das im Vergleich zur Fachsprache in diesem Zusammenhang relevante Kriterium der Allgemeinsprache ist somit nicht dasjenige der Neutralität, sondern vielmehr dasjenige der *Parteinahme*.

3.2.4 Exaktheit

Jegliche Fachsprache tendiert nach Exaktheit im Ausdruck. Wäre das Kriterium *Exaktheit* in einer Fachsprache nicht erfüllt, so müsste ihr der Status der Fachsprache abgesprochen werden. Exaktheit ist die Basis, auf der fachsprachliche Kommunikation erst funktionieren kann. Exaktheit ist ohne Fachlichkeit nicht denkbar und Fachlichkeit nicht ohne Exaktheit.

In der Gemeinsprache ist Exaktheit im Ausdruck tendenziell eher die Ausnahme als die Regel. Wann immer Menschen in gesprochener oder geschriebener Kommunikation miteinander in Beziehung treten, ist dann, wenn sie dies auf einer gemeinsprachlichen Basis tun, eine gewisse Ungenauigkeit im Ausdruck zu erwarten. In gesprochener Kommunikation wird diese Tendenz der Gemeinsprache durch floskelhafte Wendungen deutlich, die sich durch eine beachtliche Häufigkeit auszeichnen. Es handelt sich dabei um solche Wendungen und Begriffe wie *ungefähr, eine Art, in gewissem Sinne, sozusagen* im Deutschen, *à peu près, une espèce de, dans un certain sens, pour ainsi dire* im Französischen oder *about, sort of* (das an den verschiedensten denkbaren und undenkbaren Positionen im Satz stehen kann), *in a certain sense, so to speak* im Englischen usw. Solche Ausdrücke, die auf Ungenauigkeit in der Sprachverwendung abzielen, sind Legion. Wendungen wie die genannten sind ein explizites Kommunikationssignal an den Empfänger, Ungenauigkeiten im Ausdruck zu tolerieren. Durch diese Wendungen wird es dem Sprecher möglich, inhaltliche und/oder begriffliche Vergröberungen zu verwenden, ohne dafür vom Gegenüber negativ sanktioniert zu werden. Solche Wendungen, die in der Fachsprache undenkbar sind, in der Gemeinsprache dagegen die Regel, verweisen auf deren *Tendenz zur Inexaktheit.*

3.2.5 Eindeutigkeit

All diejenigen Aspekte, die im vorigen Abschnitt über das Kriterium *Exaktheit* erläutert wurden, gelten ebenso für das Kriterium *Eindeutigkeit.* Eindeutigkeit kann als die Steigerung von Exaktheit angesehen werden. Exaktheit im Ausdruck kann – trotz aller sprachlichen Vorsicht – zu Missverständnissen in der Kommunikation führen. Eindeutigkeit muss solche Missverständnisse in jedem Falle und unter allen Bedingungen vermeiden. Eindeutigkeit ist in fachsprachlicher Hinsicht vor allem terminologisch von Bedeutung: Fachbegriffe müssen klar definiert sein, sie müssen unbedingt im Rahmen der ihnen zugrunde liegenden Definition verwendet werden und dabei ganze fachliche Gedankengebäude evozieren können. Fachkommunikation kann nur dann funktionieren, wenn die Begriffe einer Fachsprache von unterschiedlichen Sprechern in gleicher Weise verstanden werden. Nur unter dieser Bedingung lassen sich Missverständnisse vermeiden; im gegenteiligen Falle sind sie vorprogrammiert. Jegliche Fachsprache muss dieses Kriterium unweigerlich und unmissverständlich erfüllen.

Das Kriterium *Eindeutigkeit* kann auch in der Gemeinsprache vorkommen. Wenn es dort in gegebenen Situationen jedoch nicht sehr ausgeprägt oder gar überhaupt nicht anzutreffen ist, ist dies nicht weiter störend: Es mag die Kommunikation momentan beeinflussen, durch die Möglichkeit der Nachfrage ergibt sich – besonders in gesprochener Sprache – hierdurch jedoch lediglich ein geringer Zeitverlust, nicht aber die Gefahr erfolgloser Kommunikation. Eindeutigkeit in terminologischer Hinsicht ist für die Gemeinsprache in aller Regel irrelevant, da in ihr Fachbegriffe im engeren Sinne kaum auftauchen. Eine Ausnahme mögen hier populärwissenschaftliche Darstellungen bilden, bei denen jegliche

Termini jedoch aus Gründen der Lesefreundlichkeit in der Regel explizit erklärt werden. Dasjenige Kriterium, das in der Gemeinsprache dem fachsprachlichen Kriterium der Eindeutigkeit gegenübersteht, kann somit als *Vagheit* bezeichnet werden. Eindeutigkeit ist fachsprachlich, Vagheit gemeinsprachlich.

3.2.6 Allgemeinverständlichkeit

Die *Allgemeinverständlichkeit* stellt ein Kriterium dar, das in der Fachsprache zwar wünschenswert ist und als Zielvorstellung angenommen werden kann, das jedoch – im Unterschied zu den zuvor behandelten Kriterien, die in der Regel erreicht werden bzw. notwendige Bedingungen fachsprachlicher Kommunikation darstellen – oft nicht realisiert werden kann und in der Fachsprache als eine Art "Luxuskriterium" angesehen werden mag. Wenn eine Fachsprache in einer gegebenen Kommunikationssituation im Hinblick auf eine bestimmte Darstellung allgemeinverständlich ist, so ist dies als zusätzliches Kommunikationskriterium zu begrüßen. Notwendig für fachliche Kommunikation ist *Allgemeinverständlichkeit* jedoch nicht: Dagegen ist sie notwendig für gemeinsprachliche Kommunikation. Fachsprache ihrerseits tendiert zur *Spezialisierung* und damit zu dem der Allgemeinverständlichkeit entgegengesetzten Kriterium. Wenn Allgemeinverständlichkeit in der Fachsprache realisiert wird, so ist dies zwar als positiv, aber dennoch als Ausnahme zu werten.

3.2.7 Anschaulichkeit

Ähnlich wie mit dem Kriterium *Allgemeinverständlichkeit* verhält es sich mit demjenigen der *Anschaulichkeit*. Anschaulichkeit ist viel eher ein gemeinsprachliches Kommunikationskriterium als ein fachsprachliches. In alltäglicher schriftlicher oder mündlicher Kommunikation wird im Allgemeinen versucht, sich so lebensnah wie möglich auszudrücken. Dies bedeutet, dass als Aufhänger der Kommunikation bestimmte Situationen evoziert werden, auf die dann – gegebenenfalls mit Blick auf eine mögliche Verallgemeinerung der beschriebenen Fakten – Bezug genommen wird. Anschaulichkeit stellt ein Kommunikationskriterium dar, das auf ein möglichst leichtes und unmittelbares Verständnis abzielt und das einen raschen Informationsaustausch ermöglicht. Anschaulichkeit ist sehr oft an die Erwähnung von Beispielen gebunden. Das Kriterium, das die Fachsprache viel eher erfüllen muss als dasjenige der Anschaulichkeit, ist das Kriterium *Theorielastigkeit*: Fachsprache basiert auf Theorien; werden Beispiele zu ihrer Illustration herangezogen, so liegt hierin kein kommunikatives Erfordernis, sondern vielmehr eine Art *Dienstleistung* der den Text erstellenden Person. Auch Anschaulichkeit ist somit ein *Luxuskriterium*. Ebenso wie *Allgemeinverständlichkeit* realisiert die Fachsprache das Kriterium *Anschaulichkeit* im Allgemeinen selten. Auch wenn sie danach strebt, ist hier eher Wunschdenken als ein an der Realität orientiertes Anspruchsniveau zu erkennen.

3.2.8 Prägnanz

Prägnanz ist dagegen ein Kriterium, das die Fachsprache unbedingt erfüllen sollte und das auch in allgemeinsprachlicher Kommunikation häufig zu finden ist. Sprache in prägnanter Form zu verwenden, bedeutet, sich so kurz und bündig wie möglich auszudrücken und so ausführlich wie nötig. Nach der Erfüllung dieses Kriteriums strebt Fachsprache, um so dem Ökonomieprinzip, das jeglicher Sprache unterliegt, zu folgen.

In gemeinsprachlicher Kommunikation kann Prägnanz durchaus eine Rolle spielen dann, wenn Sprecher oder Schreiber bewusst mit ihrer Sprache umgehen, wenn sie ihre Worte sorgfältig wählen und Sprache als ein ästhetisches Gebilde verstehen. In vielen Situationen der – vor allem mündlichen – Alltagskommunikation greift dagegen nicht Prägnanz Platz, sondern vielmehr ihr Gegenteil: *Weitschweifigkeit*. In mündlicher Alltagskommunikation ist Weitschweifigkeit ungleich wahrscheinlicher anzutreffen als Prägnanz. Auch hier lässt sich somit wiederum eine Dichotomie zwischen dem fachsprachlichen Kriterium *Prägnanz* einerseits und dem gemeinsprachlichen Kriterium *Weitschweifigkeit* andererseits feststellen.

Verdeutlicht man sich die in diesem Abschnitt angestellten Reflexionen zu den Kriterien der Fachsprache im allgemeinen, wie auch der Rechts- und Verwaltungssprache im Besonderen, so wird deutlich, dass an diese sehr hohe Anforderungen gestellt werden. Diejenigen Anforderungen, die an die Gemeinsprache gestellt werden, sind dagegen auf einem viel niedrigeren Niveau angesiedelt. Durch diesen Unterschied in den jeweiligen Anforderungsniveaus sind Fach- und Gemeinsprache gekennzeichnet. Diese beiden unterschiedlichen Anspruchsniveaus müssen sich somit nicht nur in fachsprachlicher bzw. gemeinsprachlicher Kommunikation niederschlagen, sondern auch in fachsprachlicher bzw. gemeinsprachlicher Grammatik und in deren jeweiliger Grammatikographie: Fachsprache ist tendenziell sachbezogen, die Gemeinsprache dagegen ist tendenziell sozial ausgerichtet. Zählt in fachsprachlicher Kommunikation einzig und allein das Kommunikationsergebnis – also die Bühlersche Funktion der *Darstellung*–, so herrscht in gemeinsprachlicher Kommunikation deren sozialer Aspekt vor, derjenige der Aufrechterhaltung der Kommunikation selbst: Die Gemeinsprache hat somit – nach Bühler – starken Appellcharakter. Diese grundlegenden Unterschiede hinsichtlich der kommunikativen Ausrichtung von Fachsprache einerseits und Gemeinsprache andererseits sind im folgenden Kapitel im Blick zu behalten.

4. Grammatikographie als Reflex des Spannungsfeldes zwischen Fach- und Gemeinsprache: die Extraposition

4.1 Gemeinsprachliche Grammatik

In unserem Vergleich der Darstellung eines ausgewählten grammatischen Kapitels des Französischen und seiner Behandlung in einer gemeinsprachlichen und einer – noch zu schaffenden und in Arbeit befindlichen – "Fachsprachlichen Grammatik der französischen Rechts- und Verwaltungssprache" wird als allgemeinsprachliche Grammatik diejenige von Hans-Wilhelm Klein und Hartmut Kleineidam (1994) ausgewählt. Diese Grammatik kann mit Fug und Recht als das Standardwerk der französischen Grammatikographie im gemeinsprachlichen Bereich angesehen werden. Sie verfügt über einen hohen Bekanntheitsgrad unter Studierenden und Schülern und ist zudem unter Fachkollegen und Kolleginnen an Schule und Hochschule unbestritten führend.

Wir beschränken uns bei der grammatikographischen Behandlung auf ein recht übersichtliches Kapitel – die *Extraposition* – und in deren Rahmen auf den jeweils allgemeinen Teil und die Extraposition einer Nominalgruppe.

In der gemeinsprachlichen Grammatik wird zunächst eine generelle Einführung in die Konstruktion gegeben. Dies geschieht anhand von Beispielen. Dabei werden – wie in § 267 – allgemeine Regeln zur Realisation der Konstruktion formuliert: "Wenn das Subjekt eine Nominalgruppe ist, wird die Subjektstelle vor dem Verb bei Extraposition durch neutrales *il* besetzt" und "Die Nominalgruppe wird von einem unbestimmten, einem Zahlwort, einem indefiniten Begleiter oder einem Mengenausdruck eingeleitet" (Klein & Kleineidam 1994, § 267).

Eine didaktisch orientierte und von einer bestimmten Muttersprache ihrer Adressaten ausgehende gemeinsprachliche Grammatik wird immer dort, wo dies möglich ist, Unterschiede zum Deutschen herausarbeiten. Dies geschieht auch bei Klein & Kleineidam mit Blick auf die Extraposition: "*Abweichend vom Deutschen* stimmt das Verb mit dem Subjektvertreter il im Numerus überein" (§ 267). Der kontrastive Ansatz dient hier der besseren Didaktisierung des Gesagten durch die Erstellung von Vergleichbarkeit bzw. von Unterschiedlichkeit.

Ein wichtiges Kriterium, das eine gut konzipierte gemeinsprachliche Grammatik zu erfüllen hat, ist dasjenige der Aufzeigung von Distributionen. Dies geschieht hier auch im Rahmen der Extraposition: Es wird die Verteilung der Konstruktion auf diejenigen Verben aufgezeigt, bei denen sie möglich ist (§ 267, Ziff. 1, 2, 3).

Sind die genannten Gesichtspunkte solche, die in einer gemeinsprachlichen Grammatik durchaus erwartbar sind, so liegt bei dem folgenden Aspekt ein Kriterium vor, von dessen Vorhandensein in einer gemeinsprachlichen Grammatik in der Regel nicht ausgegangen werden kann: Dabei handelt es sich um den bei Klein & Kleineidam (1994) gegebenen expliziten Verweis der Bedeutung der Extraposition für die Verwaltungssprache (§ 267, Anm.). Hier ist ebenfalls ein Verweis auf die in der genannten Fachsprache gegebene Verteilung der Verben, die in der Extraposition stehen können, vorgenommen worden. Darauf folgt ein Beispielsatz. Der Verweis auf eine spezifische Fachsprache stellt in einer gemeinsprachlichen Grammatik eine markante Ausnahme dar. Indem sie über ihr eigentliches Ziel – die Gemeinsprache – hinausweist, verlässt die Grammatik hier ihren angestammten Kompetenzbereich und erzielt damit eine hohe Lernerfreundlichkeit. Im Rahmen einer gemeinsprachlichen Grammatik ist ein solches Vorgehen als besonders wertvoll und didaktisch hilfreich einzustufen.

Insgesamt kann festgehalten werden, dass – auch wenn im gegebenen Rahmen nur eine sehr kleine *Tranche* einer gemeinsprachlichen Grammatik zugrunde gelegt werden konnte – hier eine sehr gute und allgemeingültige Darstellung vorliegt. Ihre Merkmale, die in grammatikographischer Sicht jedoch sehr hoch eingeschätzt werden müssen, sind die folgenden:

- Anwendungsorientiertheit,

- Konstruktionsorientiertheit,

- Adressatenbezogenheit,

- Didaktikorientierung.

Die Realisierung dieser Merkmale ist für eine gemeinsprachliche Grammatik-darstellung adäquat und zielt auf den hohen Gütestandard der entsprechenden Grammatik ab: Mehr kann eine gemeinsprachliche Grammatik nicht leisten, ohne die von ihr anvisierten Rezipienten hoffnungslos zu überfordern. Für eine fachsprachliche Grammatik wäre eine solche Darstellung allein jedoch nicht hinreichend. Hinzu kommen muss hier zumindest ein anderes Element, das über die genannten Merkmale hinausweist, wobei diese jedoch nicht obsolet werden.

4.2 Fachsprachliche Grammatik

Während im Rahmen der gemeinsprachlichen Grammatik also auf ein Standardwerk zurückgegriffen werden konnte, verhält sich die Situation in der Fachsprache anders – besonders dann, wenn es um die grammatische Behandlung einer einzigen Fachsprache geht: Zur französischen Rechts- und Verwaltungssprache existiert bislang keine eigenständige Grammatik, so dass hier ein dringendes Forschungsdesiderat besteht (Tinnefeld 1993a: 279 ff).

Auch in der fachsprachlichen Grammatik steht am Anfang des Kapitels zur Extraposition eine allgemeine Beschreibung der Konstruktion; diese ist jedoch sehr kurz. Diese Beschreibung braucht nicht länger zu sein, weil der Benutzer einer fachsprachlichen Grammatik in der Regel die Möglichkeit hat, auf eine gemeinsprachliche Grammatik zurückzugreifen, wenn er das Bedürfnis nach weitergehenden Informationen zu einer gegebenen Konstruktion verspürt.

Im Rahmen der fachsprachlichen Grammatik ist es wichtig, den pragmatischen Aspekt einer Konstruktion herauszustellen. Es bietet sich an, dies bereits zu Beginn einer entsprechenden Darstellung zu tun: "Die Extraposition bewirkt eine inhaltlich-handlungstheoretische Betonung des Subjekts". Ist die linguistische Pragmatik – also diejenige Richtung der Sprachwissenschaft, die die Verbindung von Sprache und Handeln erforscht – schon in der gemeinsprachlichen Grammatik von Bedeutung, so stellt sie sich für jegliche fachsprachliche Grammatik als noch wichtiger heraus: Fachsprache und Handeln bedingen einander; Fachsprache und Handeln sind ohne einander nicht vorstellbar.

Ebenso wichtig wie in der gemeinsprachlichen Grammatik ist in der fachsprachlichen Grammatik die ständige Hervorhebung sprachlich-fachlicher Zusammenhänge durch solche Rubriken wie "Merke" und "Beachte". Durch die ständige Wiederaufnahme dieser Rubriken ergeben sich in einer solchen Grammatik mehrere Rezeptionsebenen: diejenige der neutralen sprachlichen Beschreibung (= ohne Hervorhebung), diejenige der sprachlichen Beschreibung lernenswerter sprachlicher Zusammenhänge (*Merke*) und diejenige der Beschreibung solcher Zusammenhänge, die zwar nicht unbedingt zu lernen sind, deren Berücksichtigung jedoch das Gesamtverständnis fördert (*Beachte*). Dabei sind diese beiden Rubriken in ihrer inhaltlichen Orientierung sauber voneinander zu trennen. Hierdurch entsteht Lernerfreundlichkeit, die in der fachsprachlichen Grammatik aus dem Grunde besonders wichtig ist, da die Objektsprache – also die Fachsprache selbst – in der Regel weniger zugänglich ist und einen höheren Komplexitätsgrad aufweist, als dies für die Gemeinsprache der Fall ist.

Als für eine fachsprachliche Grammatik besonders hilfreich erweist sich eine Dreigliederung der einzelnen Kapitel, die aus den Abschnitten *Konstruktion*, *Häufigkeit* und *Verwendung* besteht. Besonders dann, wenn eine Grammatik auf eine einzige Fachsprache ausgerichtet ist, können diese drei Kategorien eine hohe Konkretheit aufweisen: Sie beschreiben dann beispielsweise lediglich die *Frequenz*, die eine Konstruktion in einer gegebenen Fachsprache hat, und das Verwendungspotential, das sie in eben dieser Fachsprache aufweist. Hierdurch entsteht für den fachsprachlichen Rezipienten ein beachtlicher Anwendungsbezug und eine hohe Zuverlässigkeit seiner Einschätzung im Hinblick auf die quantitativen und die qualitativen Merkmale einer gegebenen Konstruktion.

Die Rubrik *Häufigkeit* interessiert die gemeinsprachliche Grammatik – im Unterschied zur fachsprachlichen – nicht. Während es für die Gemeinsprache lediglich eine interessante Zusatzinformation darstellen kann, wie häufig eine Konstruktion in einer gegebenen Fremdsprache auftritt, (da die gemeinsprachliche Grammatik ja ohnehin komplett sein muss und sehr häufige ebenso wie sehr selten auftretende Konstruktionen in sich integrieren muss), ist die Darstellung der Häufigkeit in der fachsprachlichen Grammatik sehr wichtig, da erst sie es dem Rezipienten ermöglicht, die Bedeutung einer Konstruktion in fachsprachlicher Hinsicht einzuschätzen. Auch hierbei wird deutlich, dass eine fachsprachliche Grammatik idealtypisch auf eine einzige Fachsprache bezogen sein sollte. Die Darstellung unterschiedlicher Häufigkeiten einer gegebenen Konstruktion in unterschiedlichen Fachsprachen würde dann, wenn die Grammatik fachsprachenübergreifend ist, bei den potentiellen Rezipienten mehr Verwirrung als Orientierung hervorrufen.

Dabei muss die Frequenz einer Konstruktion in einer allgemeinen Diktion beschrieben werden. Eine Präsentation nach den Texterstellungskonventionen der Statistik bringt hier weniger als ein Beschreibungsmodus, der als *vorwissenschaftlich* bezeichnet werden könnte. Maxime muss auch hier sein, dass die Beschreibung inhaltlich leicht zugänglich ist. Ein statistischer Beschreibungsstil führt hier nicht weiter.

Die *Verwendung* einer Konstruktion stellt den wichtigsten Abschnitt der fachsprachlichen Grammatik dar: Hier werden die einzelnen Konstruktionen einer Sprache – gleichsam in Aktion – erlebt: Dabei muss die Stoßrichtung einer fachsprachlichen Grammatik diejenige der *Funktionalität* sein. Diese betrifft – im Hinblick auf die Extraposition – auch deren funktionale Unterscheidbarkeit in ihrer Verwendung in Haupt- und Nebensatz. Noch wichtiger jedoch die Summe der kommunikativen Leistungen, die die Konstruktion insgesamt für die Fachsprache bereit hält. Fachsprachengrammatisch unerlässlich ist es, die Oberflächenstruktur von Texten mit deren Inhalt in Beziehung zu setzen. Rezipienten einer fachsprachlichen Grammatik brauchen klare Orientierungspunkte für ihr eigenes sprachliches Handeln. Sie müssen deutlich darauf hingewiesen werden, welche formalen Strukturen mit welchen Bedeutungen in Zusammenhang stehen können.

In einer fachsprachlichen Grammatik sehr bedeutsam ist ein jeweils expliziter Verweis auf den Formalitätsgrad der Fachsprache und gegebenenfalls einer spezifischen Konstruktion und somit auch auf deren Offizialitätsgrad. Hierbei handelt es sich also um eines unserer, für die französische Rechts- und Verwaltungssprache als relevant ausgewiesenen Kriterien. Solche Verweise, die die Merkmale einer Fachsprache hervorheben und sie mit einzelnen Konstruktionen in Verbindung bringen, die diese Merkmale der Fachsprache zu realisieren helfen, sind in grammatikographischer Perspektive von hohem Wert. Erst sie bieten den Rezipienten der Grammatik eine hinreichende Orientierung im Hinblick auf das Anforderungsprofil, dem eine bestimmte Fachsprache zu folgen sucht, und die Auswahl an Konstruktionen, mit denen sie dies tun kann. Erst ein solcher Verweis setzt die Rezipienten der Grammatik in den Stand, fachsprachlich qualitativ hochrelevante von weniger relevanten Konstruktionen zu unterscheiden.

In fachsprachlicher Hinsicht relevant ist ebenfalls die funktional genutzte Kombinatorik einer gegebenen Konstruktion. Dieser Aspekt betrifft hinsichtlich der Extraposition ihre syntaktische Möglichkeit, die jeweils wichtigste Information ins Mitteilungszentrum am Satzende zu rücken. Ein solcher Hinweis ist praxisnah und dient dazu aufzuzeigen, warum die Verwendung einer Extraposition in einem gegebenen Kontext anderen Konstruktionen vorzuziehen sein kann. Dieser Aspekt führt ebenfalls zu einem wichtigen Kriterium einer fachsprachlichen Grammatik: In ihr müssen die Beispiele zwangsläufig länger sein als in einer gemeinsprachlichen Grammatik. Genügt es in einer gemeinsprachlichen Grammatik in aller Regel, einen Satz zu zitieren, um die Verwendungsmöglichkeiten einer Konstruktion zu exemplifizieren, so wird eine fachsprachliche Grammatik immer dazu tendieren, einen Kontext aufzuzeigen, um einerseits einen Sachzusammenhang zu erstellen, in dem eine Äußerung gemacht wird, und andererseits die zu beschreibende Konstruktion in ihrem Verwendungsrahmen deutlich werden zu lassen. Während – mit Ausnahme von Weinrich (1982) – die breite Masse aller gemeinsprachlichen Grammatiken des Französischen somit Satzgrammatiken sind, muss jegliche denkbare fachsprachliche Grammatik deutlich über den Satzrahmen hinausgehen und zu einem beträchtlichen Anteil auch eine Textgrammatik sein. Sie hat somit die Tendenz, integrativer zu sein als eine gemeinsprachliche Grammatik.

Dieser integrative Charakter einer fachsprachlichen Grammatik wird auch im Kapitel der Extraposition deutlich: So wie dort eine enge Beziehung erstellt wird zwischen der Extraposition einerseits und dem Passiv bzw. dem Futur andererseits, ist es in einer fachsprachlichen Grammatik von großer Bedeutung, Affinitäten unterschiedlicher Konstruktionen und Sprachstrukturen zueinander aufzuzeigen. Ein solches Vorgehen ist unbedingt notwendig, da die Adressaten einer fachsprachlichen Grammatik so zuverlässig wie möglich befähigt werden müssen, solche Bezüge zu erkennen und sie in ihre eigene Texterstellungspraxis zu übernehmen. Auch durch den Hinweis auf solche Bezüge entsteht ein für eine Fachsprache mehr oder minder typisches syntaktisches Profil.

Wie bereits implizit deutlich geworden ist, ist das Aufzeigen der Kombinatorik von Sprache in der fachsprachlichen Grammatik beinahe noch wichtiger als in der gemeinsprachlichen Grammatik. Fachsprachliche Texterstellungskriterien sind in aller Regel formaler und standardisierter als gemeinsprachliche Texterstellungskriterien. Daher bieten solche Hinweise den Rezipienten einer fach-

sprachlichen Grammatik ungleich mehr Orientierung, als dies in einer gemeinsprachlichen Grammatik der Fall ist.

Ebenso wie Affinitäten unterschiedlicher Konstruktionen zueinander in der
fachsprachlichen Grammatik hervorgehoben werden sollten, gilt dies für Affinitäten bestimmter Konstruktionen zu typographischen Texterstellungsverfahren.
So weist die Extraposition in der französischen Rechts- und Verwaltungssprache
eine ausgeprägte Tendenz zu der Verwendung mit Spiegelstrichen auf. Typo-
graphische Texterstellungsverfahren einerseits und das syntaktische Potential
einer Konstruktion andererseits müssen in der fachsprachlichen Grammatik unbedingt herausgearbeitet werden, da die Typographie in der Fachsprache in aller
Regel eine noch größere Rolle spielt als in der Gemeinsprache.

Ebenso ist es in der fachsprachlichen Grammatik von zentraler Bedeutung, die
Affinität einer Konstruktion zu einem oder mehreren fachsprachlich relevanten
Teiltexten aufzuzeigen. So ist die Affinität der Extraposition zu dem Teiltext
Modifikation in der vorliegenden Fachsprache unübersehbar. Auch das Erken-
nen einer solchen Verbindung ist für die Rezipienten einer fachsprachlichen
Grammatik unverzichtbar, da hierbei sprachliche und fachliche Kriterien miteinander einhergehen: Rezipienten einer fachsprachlichen Grammatik, die in der
Regel in dem jeweiligen Fach Experten sind, wird es weniger schwer fallen, ei-
nen gegebenen Textausschnitt als einen Teiltext XY zu klassifizieren, als das
Verwendungspotential einer gegebenen Sprachkonstruktion zu erkennen. Die
explizite Erstellung von Beziehungen zwischen Sprachkonstruktionen und Teiltexten ermöglicht es somit, in didaktischer Perspektive die Rezipienten einer
fachsprachlichen Grammatik dort ‚abzuholen', wo sie sich am sichersten fühlen:
An der Stelle ihrer fachlichen Kompetenz. Von dort aus werden sie mit Hilfe der
Grammatik begleitet – hinein in den Bereich der Sprachverwendung, in dem sie
in der Regel weniger kompetent sind, wo sie jedoch einen höheren Kompetenz-
grad zu erwerben versuchen. Die enge Verbindung zwischen Sachaspekten und
Sprache ist somit in der Perspektive der Adressatenfreundlichkeit von kaum zu
überschätzender Bedeutung.

5.   Abschließende Bemerkungen

Unsere Interpretation eines ausgewählten Kapitels der gemeinsprachlichen
Grammatik im Vergleich zu seiner Darstellung in einer noch zu schaffenden,

jedoch bereits in Arbeit befindlichen Grammatik der französischen Rechts- und Verwaltungssprache hat gezeigt, dass das wesentliche Kriterium, das die fachsprachliche von der gemeinsprachlichen Grammatik unterscheidet, dasjenige der *Funktionalität* ist. Die fachsprachliche Grammatik muss unter allen Umständen das Funktionspotential von Konstruktionen beschreiben. Dies hat zum einen zu geschehen mit Blick auf die Syntagmatik und die Paradigmatik einer Konstruktion, zum anderen durch die Herausarbeitung von Affinitäten dieser Konstruktion zu anderen Sprachstrukturen und ebenso zu relevanten sachlichen Aspekten (vgl. hierzu das Phänomen *Teiltext*) sowie zu typographischen Texterstellungskriterien. Wird das Kriterium "Funktionalität" in einer fachsprachlichen Grammatik nicht hinreichend beachtet, so wird deren Wert in unzulässiger Weise herabgemindert. Als ein "Ziel" des vorliegenden Beitrags kann somit gewertet werden, die Funktionalität als das wesentliche Erstellungskriterium einer fachsprachlichen Grammatik auszuweisen.

Ein weiteres Ziel der hier erfolgten Darstellung war es zu betonen, dass es von großer Bedeutung ist, separate Grammatiken für einzelne Fachsprachen zu erstellen – oder allenfalls für Gruppen sehr verwandter Fachsprachen, wie beispielsweise diejenige der Naturwissenschaften (Physik, Chemie, Biologie). Eine allgemeine fachsprachliche Grammatik zu schaffen, in der die unterschiedlichsten Fachsprachen vereinigt sind, erscheint dagegen nicht sinnvoll: Eine fachsprachliche Grammatik kann nur dann ihr volles Potential ausschöpfen, wenn sie sich auf eine einzige Fachsprache bezieht. In diesem Sinne ist hiermit ein Anfang gemacht worden.

5. Literaturverzeichnis

Braibant, G. (1988). *Le droit administratif français.* Paris, Pr. de la Fondation Nat. des Sciences Polit.

Catherine, R. (1979). *Le style administratif.* Paris, Michel.

Freitag, B. (1978). *Domaine public – Ouvrage public: Der übersetzungswissenschaftliche Status von Grundbegriffen des französischen Verwaltungsrechts.* Heidelberg, Dissertation.

Hahn, W. v. (ed.) (1981). *Fachsprachen.* Darmstadt, Wissenschaftliche Buchgesellschaft.

Heiermeier, B. (1983). *Rechts- und Sprachfiguren des Verwaltungshandelns. Eine übersetzungswissenschaftliche Untersuchung im Sprachenpaar Französisch - Deutsch.* Heidelberg, Esprint.

Hoffmann, L. (1985). *Kommunikationsmittel Fachsprache. Eine Einführung.* Tübingen, Narr.

Ickler, T. (1987). Objektivierung der Sprache im Fach – Möglichkeiten und Grenzen. In: Sprissler, M. (ed.) (1987). *Standpunkte der Fachsprachenforschung.* Tübingen, Narr, pp. 9-38.

Kalverkämper, H. & Baumann, K. D. (eds.) (1996). *Fachliche Textsorten. Komponenten - Relationen - Strategien.* Tübingen, Narr.

Klein, H. W. & Kleineidam, H. (1994). *Grammatik des heutigen Französisch.* Neubearbeitung. Stuttgart, Klett.

Opitz, K. (1983). The properties of contractual language: Selected features of english documentary texts in the Merchant Marine Field. *Fachsprache* 5 (4), 161-170.

Söll, L. (1985). *Gesprochenes und geschriebenes Französisch.* Bearbeitet von F.-J. Haussmann. Berlin, Schmidt.

Sprissler, M. (ed.) (1987). *Standpunkte der Fachsprachenforschung.* Tübingen, Narr.

Tinnefeld, T. (1993a). *Die Syntax des ,Journal officiel' Eine Analyse der Fachsprache des Rechts und der Verwaltung im Gegenwartsfranzösischen.* Bochum, Dissertation.

Tinnefeld, T. (1993b). Plädoyer für die Schaffung einer fachsprachlichen Grammatik. *Fremdsprachen und Hochschule* (FuH) 37, 49-69.

Tinnefeld, T. (1996). Die Apposition im französischen Fachtext des Rechts und der Verwaltung – am Beispiel der Textsorte ,Verordnung'. In Kalverkämper, H. & Baumann, K. D. (eds.). *Fachliche Textsorten. Komponenten – Relationen – Strategien.* Tübingen, Narr, pp. 153-174.

Tinnefeld, T. (2001). Zur Funktionalität infiniter Konstruktionen in der französischen Rechts- und Verwaltungssprache. *Fremdsprachen und Hochschule* 62, 151-169.

Weil, P. (1989). *Le droit administratif.* Paris, Pr. Univ. de France.

Weinrich, H. (1982). *Textgrammatik der französischen Sprache.* Stuttgart, Klett.

VERSTÄNDLICHKEIT IN DER VERWALTUNGSSPRACHE

Theodor Ickler

Universität Erlangen

Die Verwaltungssprache ist im großen und ganzen durch zwei Merkmale gekennzeichnet, die nicht aufgebbar sind: 1. Jeder Behördentext bezieht sich auf andere Behördentexte (explizite Intertextualität) und sichert dadurch seine Einschlägigkeit. 2. Jede Behörde ist als Teil eines größeren Apparates für bestimmte Bereiche zuständig (verteilte Zuständigkeit). Diese Eigenschaften führen dazu, dass Verwaltungstexte beschwerlich zu lesen sind. Sie sind eher "algorithmisch" als "rhetorisch" aufgebaut. Ihren vornehmsten Ausdruck fände die Behördensprache daher im Formular. Nach Darlegung der textuellen Grundgesamtheiten von Behördensprache wird geprüft, welche Auswirkungen auf die Verwaltungssprache von 3 Erscheinungen ausgehen, die in jüngster Zeit die öffentliche Diskussion beherrscht haben: Die Rechtschreibreform, der linguistische Feminismus und der Einbruch von Anglizismen in die deutsche Sprache.

1. Einleitung

Die Sprache des Rechts und der Verwaltung gilt als Inbegriff der Schwer- und Unverständlichkeit. Es fällt allerdings auf, dass mathematische oder naturwissenschaftliche Texte zwar für die meisten Menschen tatsächlich weitgehend unverständlich sind, aber dennoch nicht in diesem schlechten Ruf stehen. Der Grund ist offensichtlich der, dass man den Wissenschaften ohnehin zutraut, aus sachlichen Gründen nur dem Fachmann zugänglich zu sein, während man von Recht und Verwaltung annimmt, sie sollten eigentlich allgemeinverständlich sein. Darin spiegelt sich wider, was bereits in dem vielzitierten Wort Friedrichs des Großen zum Ausdruck kommt:

> "Was die Gesetze (...) betrifft, so finde ich es unschicklich, dass solche größtenteils in einer Sprache geschrieben sind, welche diejenigen nicht verstehen, denen sie doch zur Richtschnur dienen sollen."

Der bekannte Jurist und Justizkritiker Rudolf Wassermann hat einmal festgestellt:

> "Unser Recht ist kein Volks-, sondern Juristenrecht. Von Juristen gemacht, ist es auch für Juristen bestimmt, da allein diese es kennen und anwenden. Das Volk kennt sein Recht kaum, und soweit es die Paragra-

phen kennt, erleidet es Schiffbruch, wenn es glaubt, sie auf einen Sachverhalt anwenden zu können" (Wassermann & Ermert 1983: 43).

Das Problem wird noch drängender, wo es um die Verwaltungssprache geht, insbesondere um die Nahtstelle zwischen Behörden und Bürgern. Man kann übrigens ohne weiteres auch die Verwaltung großer Firmen einbeziehen, da sich ihre Kommunikationsformen aus zwingenden inneren Gründen nicht wesentlich von denen der Staatsbürokratie unterscheiden. Ob Klient oder Kunde – der Bürger wird allemal mit der Bürokratie konfrontiert, die eben ihre Eigengesetzlichkeit hat. Die Bürokratie tritt auch wegen ihrer überragenden Sachkompetenz und natürlich oft auch wegen ihrer schieren Größe als Autorität auf.

Es gibt sehr viele Einzelbeobachtungen zu verständnishemmenden Merkmalen der Rechts- und Verwaltungssprache. Manches ist in dem immer noch lesenswerten Sammelband der Deutschen Akademie für Sprache und Dichtung *Der öffentliche Sprachgebrauch*, Band 2: Die Sprache des Rechts und der Verwaltung zu finden. Und ich werde auch noch ein paar Beispiele anführen. In meinen eigenen Arbeiten habe ich jedoch immer wieder versucht, Verständnis für die wesentlichen und daher bis zu einem gewissen Grade unvermeidlichen Eigenschaften dieser Kommunikationsweise zu wecken (Ickler 1997). Es gibt ja durchaus auch positive Eigenschaften der Juristen- und Verwaltungssprache, zum Beispiel, dass sie keine imponiersprachlichen Züge hat; das Bemühen um die genaue Unterscheidung der Begriffe ist ja an sich auch begrüßenswert.

2.   Eigenschaften der Verwaltungssprache

Die Verwaltungssprache hat zwei Merkmale, die einfach nicht aufgebbar sind. Erstens ist jeder Verwaltungstext auf andere Texte bezogen, in letzter Instanz auf Gesetzestexte, die das Verwaltungshandeln legitimieren. Diese anderen Texte werden mehr oder weniger vollständig angeführt, und zwar immer aufs Neue, damit der Adressat die Rechtsgrundlage der ihn betreffenden Verwaltungsakte erkennen kann. Hinzu kommen Verweisungen auf andere Verwaltungstexte, in die Welt der "Akten" also, denn fast jedes Verwaltungshandeln steht in einem Zusammenhang mit vorausgehenden und nachfolgenden Akten, einem Zusammenhang, der die Selbstbindung und Widerspruchsfreiheit über einen längeren Zeitraum gewährleisten soll. Dieser Bezug eines Verwaltungstextes führt zu einer Eigenschaft, die man als gesteigerte, und zwar *explizite Intertextualität* bezeichnen kann. Sie sichert die *Einschlägigkeit* des jeweils vorliegenden Textes.

Zweitens ist jede Behörde und jede Dienststelle Teil eines großen Apparates, eben der Bürokratie oder Verwaltung, und das wesentliche Merkmal solcher Apparate ist die verteilte *Zuständigkeit*. Zugleich arbeiten diese Teilbereiche alle zusammen. Auch dies wird in Verwaltungstexten mehr oder weniger regelmäßig vermerkt. Als Drittes könnte man noch die *Erfassung* hinzufügen, d. h. das Bestreben der Bürokratie, keine ungeregelten Bereiche übrigzulassen.

Besonders klar ist wohl ein etwas feiner ausgearbeitetes Schema des Soziologen Peter L. Berger, das im Grunde auf dasselbe hinausläuft:

Zuständigkeit: Jede Behörde ist nur für einen Teilbereich zuständig.

Verweisung: Die Behörden sind so verbunden, dass sie den Klienten an die zuständige Stelle verweisen können.

Erfassung: Für jede Sache ist jemand zuständig; es gibt keine "Lücken".

Korrektes Verfahren.

Revisionsmöglichkeit bei falschen Entscheidungen.

Anonymität.

Die Merkmale der expliziten Intertextualität und der verteilten Zuständigkeit führen unvermeidlicherweise zu einer Komplizierung der Verwaltungstexte. Sie sind weniger schwerverständlich als vielmehr *beschwerlich* zu lesen.

So hat der Bezug und Betreff die bekannte Folge der Attributketten, hier *rechtsverzweigend*:

Art. 1 der Verordnung zur Umsetzung von EG-Richtlinien über den Schutz der Beschäftigten gegen Gefährdung durch biologische Arbeitsstoffe bei der Arbeit vom 27. Januar 1999 - BGBl I S. 50 -

Diese reich ausgebaute Attributstruktur ist durch die Sache begründet: EG-Richtlinien müssen umgesetzt werden, die Umsetzung muss verordnet werden, die Verordnung hat mehrere Teile oder Artikel. Ferner hat die Richtlinie einen Regelungsgegenstand, der wieder näher spezifiziert werden muss.

Linksverzweigend vor allem die berüchtigten, in der Umgangssprache kaum verwendeten erweiterten Partizipialattribute:

Organisationsverfügung zum Arbeitsschutz an der FAU

hier: Delegation der Arbeitgeberverantwortung

Im Rahmen der sich aus den „Richtlinien zum Vollzug des Arbeitsschutzgesetzes im öffentlichen Dienst des Freistaats Bayern" ergebenden Gesamtverantwortung von Rektor und Kanzler für die Einhaltung der Vorschriften des Arbeitsschutzgesetzes und der darauf gestützten Einzelverordnungen, die insbesondere die Verantwortung für eine zweckentsprechende Organisation einschließt, beauftragen wir Sie als Inhaber einer der nachgenannten Leitungsfunktionen für Ihren Zuständigkeitsbereich, die uns nach dem Arbeitsschutzgesetz und anderen Gesetzen (z. B. Mutterschutzgesetz), Rechtsverordnungen (z. B. Gefahrstoffverordnung) und Unfallverhütungsvorschriften der Bayerischen Landesunfallkasse (LUK) obliegenden Aufgaben des Arbeitsschutzes in eigener Verantwortung wahrzunehmen.

Dieser erste Satz des Anschreibens der Hochschulleitung ist ganz typisch für die genannte "Beschwerlichkeit", die nicht zufällig gerade am Textanfang aufgetürmt wird.

Es ist natürlich für den Betroffenen gar nicht leicht, dieses Bedingungsgefüge mit seinen vielen ihm nicht ohne weiteres zur Verfügung stehenden Bezugstexten zu durchschauen. Ich zitiere immer wieder gern ein Wort des Indogermanisten Wilhelm Havers: "In sprachlichen Dingen ist der Mensch ein schwacher Kopfrechner." Schon mehr als zwei Negationen stellen ihn vor nahezu unüberwindliche Schwierigkeiten, ganz zu schweigen von Mehrfacheinbettungen gleichartiger Syntagmen.

Für die Zuständigkeit möchte ich ein Beispiel anführen, das die Dienststellenstruktur für den Zweck einer Pflichten-Delegierung veranschaulicht:

1.4
Für die Einhaltung der Vorschriften des Arbeitsschutzgesetzes und der darauf gestützten Einzelverordnungen ist neben dem Arbeitgeber/Dienstherrn (d. h. dem Freistaat Bayern, vertreten durch das jeweilige Ressort für seinen Geschäftsbereich) der Dienststellenleiter verantwortlich.

Im Bereich der Hochschulen trägt neben dem Staatsministerium für Wissenschaft, Forschung und Kunst der Vorsitzende des Leitungsgremiums, im Bereich der Universitätsklinika der Ärztliche Direktor, die Gesamtverantwortung für die Einhaltung der Vorschriften des Arbeitsschutzgesetzes und der darauf gestützten Einzelverordnungen. Unbeschadet dieser Gesamtverantwortung ist der Kanzler (im Bereich der Universitätsklinika der Verwaltungsdirektor) im Rahmen der Erledigung der Verwaltungsan-

gelegenheiten verantwortlich.

Im Bereich der staatlichen Schulen (Art. 6 Abs. 2 des Bayerischen Geset-
zes über das Erziehungs- und Unterrichtswesen - BayEUG) obliegt die
Verantwortung für den äußeren Schulbereich (Gebäude, Anlagen und
Einrichtungen) dem Aufwandsträger, für den inneren Schulbereich
(Schulbetrieb, Schulorganisation) dem Schulleiter.

Diese neben dem Arbeitgeber verantwortlichen Personen können zuver-
lässige und fachkundige Beschäftigte (d. h. Beschäftigte, die über die er-
forderlichen theoretischen Kenntnisse und praktischen Fertigkeiten verfü-
gen, um die einschlägigen Arbeitsschutzvorschriften einzuhalten und die
entsprechenden Maßnahmen für ihre Durchführung zu treffen) schriftlich
damit beauftragen, die ihnen nach dem Arbeitsschutzgesetz und diesen
Richtlinien obliegenden Aufgaben in eigener Verantwortung wahrzuneh-
men. Diese Delegationsmöglichkeit schließt eine weitere, den Strukturen
und Aufgaben einer Dienststelle gerecht werdende Delegation nicht aus.
Somit kann insbesondere im Bereich der Hochschulen eine präzise Ver-
antwortungsstruktur und -hierarchie festgelegt werden. Dabei muss ge-
währleistet sein, dass die jeweils mit diesen Aufgaben betrauten Beschäf-
tigten die hierzu erforderlichen Kenntnisse und Fähigkeiten besitzen. Die
Verantwortung des Arbeitgebers bzw. des jeweils Delegierenden bleibt
dabei unberührt, d.h. an die Stelle der ursprünglichen Verpflichtung,
selbst die erforderlichen Maßnahmen zur Erhaltung und Durchführung
der Arbeitsschutzvorschriften in der Dienststelle zu treffen, tritt die Pflicht
für die ordnungsgemäße Ausführung der übertragenen Aufgaben durch
die dazu beauftragten Beschäftigten zu sorgen.

Zwischendurch will ich schon darauf hinweisen, dass die Zahl und Staffelung
der Verweisungen sich in keiner Weise an den Beschränkungen der Wahrnehmung und des Gedächtnisses normaler Hörer und Leser ausrichtet, sondern allein den Erfordernissen der Institution genügt. Hinzu kommt nun noch etwas seit
langem Bekanntes: In der sprachlichen Wiedergabe von Rechtshandlungen werden oft zahlreiche Faktoren erwähnt, ohne dass zwischen ihnen nach der allgemeinsprachlichen Unterscheidung von Wichtigem und Unwichtigem, Bekann-
tem und Neuem, Thema und Rhema abgestuft würde. Es ist alles gleich wichtig.
Fritz Schubert hat vor einigen Jahren gezeigt, wie zum Beispiel im Kaufvertrag
alle beteiligten Faktoren – Käufer, Verkäufer, Ware, Preis, "guter Wille" – in
einem einzigen Satz als Aktanten oder Zirkumstanten erwähnt werden mussten,
was bereits im Mittelalter zu einer beträchtlichen Komplexität des Satzes führte.

Diese Eigenschaft teilt der fachsprachliche Satz und Text mit der Sprache der Mathematik. In der Formelsprache der Mathematik gibt es ja ebenfalls keine Entsprechung zur Thema-Rhema-Gliederung der allgemeinsprachlichen Rede. Man könnte dieses Vorgehen *algorithmisch* nennen und dem eher psychologischen oder, anders gesagt, *rhetorischen* Bau der allgemeinsprachlichen Sätze und Texte gegenüberstellen. Rhetorik und Mathematik sind Gegenpole.

Die Fachsprachen neigen im Allgemeinen zu einem Arbeiten mit scharf abgegrenzten Begriffen, also im wörtlichen Sinne "definierten" Begriffen. Nur dann können sie ihre strengen Beweise führen. Demgegenüber bevorzugt die Allgemeinsprache prototypenhafte Begriffe, bei denen ein Kernbereich der Anwendbarkeit ganz sicher ist, die Randgebiete jedoch ausfransen. Diese Struktur ist besonders geeignet, mit einem begrenzten Wortschatz immer neue Gegenstände zu bewältigen. Die Juristen sind zwar unablässig damit beschäftigt, Begriffe zu definieren und immer neu zu definieren, aber gerade dies zeigt, wieviel Prototypensemantik noch in den Begriffen des Gesetzes steckt. Damit hängt zusammen, dass die Tätigkeit des Juristen keineswegs als reine Subsumtion von Fällen unter bestehende Gesetze aufgefasst werden kann. Vielmehr muss der Jurist erst am Sachverhalt arbeiten und andererseits am bestehenden Gesetz, um beides miteinander zur Deckung zu bringen. Die Kluft zu überbrücken, d. h. das Ergebnis, das intuitiv meist schon feststeht, auch als plausibel begründet erscheinen zu lassen, ist allemal eine kreative Leistung und lässt sich nicht automatisieren. Es ist aber auch eine *rhetorische* Leistung.

Die Verwaltungssprache tendiert dagegen dazu, mit schon fixierten Begriffen zu arbeiten, ohne schöpferische Überbrückung der Kluft zwischen lebendiger Vielfalt und festgezurrtem Text. Diese reine Subsumtionstätigkeit findet ihren angemessensten Ausdruck im Formular (Vordruck); sie lässt sich daher auch am ehesten automatisieren. Die große Entfernung dieser Operationen von der alltäglichen Denkweise und Sprachverwendung zeigt sich in der außerordentlichen Verzweigtheit der Optionen, sprachlich in einer außergewöhnlich tiefen Staffelung von Sätzen und Texten, denen auch mit graphischen und typographischen Hilfsmitteln nur teilweise beizukommen ist.

Betrachten wir zum Beispiel ein Merkblatt zum Kindergeld, und zwar geht es hier um die Berechtigung zum Bezug von Kindergeld:

(6) Kinder in Schul- oder Berufsausbildung oder im Studium (...)

(7) (Ausnahmen) (...)

(8) Kinder ohne Ausbildungs- oder Arbeitsplatz (...)

(9) Behinderte Kinder (...)

(10) Kinder die ein freiwilliges soziales Jahr leisten (...)

(11) Kinder, die im Haushalt tätig sind

Für ein Kind, das noch nicht 27 Jahre alt ist, wird Kindergeld gezahlt,

- *wenn es als einzige Hilfe des Haushaltführenden (nicht etwa an dessen Stelle) ausschließlich im Haushalt des Antragsstellers tätig ist und diesem Haushalt mindestens vier weitere Kinder angehören, oder*

- *wenn es anstelle des länger als 90 Tage arbeitsunfähig erkrankten Haushaltführenden den Haushalt des Berechtigten führt und diesem Haushalt mindestens ein weiteres Kind angehört.*

(12) Verheiratete, geschiedene, verwitwete Kinder

Erfüllt ein über 16 Jahre altes Kind die Voraussetzungen der Nummern 6 bis 11, ist es aber verheiratet oder geschieden, so wird Kindergeld nur gezahlt, wenn der Berechtigte es überwiegend unterhält, weil der Ehegatte oder frühere Ehegatte des Kindes diesem keinen ausreichenden Unterhalt leisten kann oder nicht unterhaltspflichtig ist. Die Arbeitsämter gehen in der Regel davon aus, dass ein ausreichender Unterhalt nicht geleistet werden kann, wenn dem Ehegatten im Monat weniger als 1425 DM netto zur Verfügung stehen; für ein unterhaltsberechtigtes Kind des Ehegatten erhöht sich dieser Betrag um 400 DM.

(Kindergeld. Merkblatt 20 der Bundesanstalt für Arbeit 1992)

Hier muss der Leser eine Fülle von seitenlangen Bestimmungen im Kopf behalten, um dann aus dem Geflecht von Voraussetzungen und Ausnahmen die ihn selbst betreffende Konstellation herauszusuchen.

Die bürokratische Erfassung würde am besten gelingen mit einer Textsorte, die besonders unbeliebt ist, eben dem Formular oder genauer *Vordruck*. Darin ist die scharfe Abgrenzung der Begriffe ebenso verwirklicht wie die vollständige Entrhetorisierung von Satz und Text. Der Vordruck kennzeichnet auch die größtmögliche Entfernung von der alltäglichen Textsorte der *Erzählung*. Das Verwaltungshandeln bezieht sich fast ganz auf abstrakte Verhältnisse, nicht auf konkrete Ereignisse.

Durch diese der Allgemeinsprache fremden Züge und durch die oft außerordentlich komplexe Verzweigung werden Formulare allerdings besonders abstoßend, obwohl sie eigentlich sehr logisch aufgebaut sind und kleinschrittig, um nicht zu sagen idiotensicher zum Erfolg führen. Vielleicht führt die Übertragung auf das Internet mit komplexer Vernetzung bei gleichzeitig aufgeräumt wirkendem Bildschirm zu einer besseren Akzeptanz.

Einstweilen wendet sich die Behörde aber noch in ausformulierten, also les- und sprechbaren Texten an die Bürger, und damit fordern auch rhetorisch-psychologische Bedürfnisse ihr Recht. Ich will das an einem unscheinbaren Fall erklären:

In einem vogelkundlichen Bestimmungsbuch heißt es über die Elstern:

Aus der Nähe besehen, sind sie allerdings recht bunt: der Kopf schillert grün, die Flügel glänzen − besonders im Sonnenlicht − blau, violett und ebenfalls grün (...)

Hier muss beinahe zwingend das Wörtchen *ebenfalls* oder ein Synonym stehen. Die Bedingungen sind aber bisher nicht zureichend erfasst worden. Es scheint sich um die Markierung einer Wiederholung in rhematischer Position zu handeln. Man vergleiche:

Die <u>Bäume</u> waren grün und die <u>Wiese</u> war grün.

Die Bäume waren <u>grün</u> und die Wiese war <u>grün</u>.

Die Bäume waren <u>grün</u> und die Wiese war <u>auch</u> grün.

Für eine textverarbeitende Maschine ist dieser Zusatz irrelevant und überflüssig, in Formularen gibt es dafür keinen Platz und auch keine Begründung. Interessant sind nun die Konzessionen an dieses allgemeinsprachliche Bedürfnis in der Verwaltungssprache:

Die Dokumentation ist jeweils anhand des vom LfAS erstellten <u>Formblatts zur Dokumentation durchzuführen</u>. Dieses Formblatt steht auf der Website des LfAS (vgl. oben) zur Verfügung und kann <u>ebenfalls</u> beim LfAS als Ausdruck angefordert werden.

Neben spezifischen Gefährdungen besonders schutzwürdiger Personen (z. B. Behinderte, Jugendliche, Schwangere und stillende Mütter) kann sich eine unzumutbare Belastung <u>auch</u> aus der Summierung von voneinander unabhängigen - jeweils für sich genommen unbedenklichen - Einzelumständen ergeben, sofern es hierdurch zu einer nachweisbaren Gefährdung kommt.

Ohne diese Zusätze würde die Textgestaltung noch ungeselliger und abstoßender wirken; es genügt schon, dass die Abtönungspartikeln völlig wegfallen.

Überall, wo sich die Behörde an normale Menschen wendet, ist sie gezwungen, solche Konzessionen zu machen. So sind auch im "Kleinen Ratgeber" zur Lohnsteuer, den ja jeder kennt, die Überschriften manchmal umgangssprachlicher formuliert als der eigentliche Text:

> *Stimmen die Eintragungen?*
>
> *Wenn sich was ändert ...*

Das Verb *stimmen* in dieser Bedeutung kommt in der Gesetzessprache nicht vor, indefinites *was* (statt *etwas*) natürlich auch nicht. Ebenso wenig übrigens das Wort *Delegation* in den vorher erwähnten Texten der Universitätsverwaltung.

In neueren verwaltungssprachlichen Texten wird auch mit voller Absicht die persönliche Anrede gepflegt. Allerdings stößt diese Textgestaltung, die wohl Anleihen bei der Werbung macht, an die natürliche Grenze der schon erwähnten *Anonymität* des bürokratischen Verfahrens. Diese Anonymität äußert sich bekanntlich vor allem im häufigen Gebrauch des Passivs. Das Passiv ist meist mit einer Valenzreduktion verbunden und setzt daher mehr Sachkenntnisse voraus, aus denen die nichterwähnten Aktanten rekonstruiert werden müssen. Denselben Effekt haben Zusammensetzungen wie das oft besprochene Wort *Verbotsirrtum*. Die reine Wortbildungsbedeutung solcher Komposita lässt viele Interpretationen zu. Ich erinnere an die sprachkritische Diskussion, die neuerdings Wörter wie Gewinnwarnung oder Minuswachstum ausgelöst haben.

3.   Auswirkungen der Rechtschreibreform auf die Verwaltungssprache

Abgesehen von den fatalen Folgen für die Sprache insgesamt und für die Schule im Besonderen sind weder die Kosten noch die Folgen der Rechtschreibreform für die Rechts- und Verwaltungssprache vorab bedacht worden.

Was die allgemeinen Folgen betrifft, so will ich nur auf die nicht gerade leserfreundliche Groß- und Getrenntschreibung hinweisen, die ins neunzehnte Jahrhundert bzw. sogar in die Barockzeit zurückgreift. Im 19. Jahrhundert schrieb man zeitweise solche adverbialen Floskeln wie *im allgemeinen, des öfteren* usw. und pronominale Ausdrücke wie *letzterer* groß, bis Germanisten darauf hinwiesen, dass dies doch arg "übertrieben" sei. Der tiefere Grund lässt sich erst heute klar formulieren. Die sogenannte Substantivgroßschreibung ist gar nicht primär eine Wortartauszeichnung, sondern gilt dem, "wovon in einem Text die Rede ist". Davon kann man sich leicht überzeugen, wenn man von einem Text einmal nur das groß Geschriebene darbietet und dann zum Vergleich das klein Geschriebene (die Satzanfänge sind durch eckige Klammern gekennzeichnet):

[Die Aussagen Politiker Diplomaten Überstellung Belgrader Diktators Milošević Haager Tribunal Tonfall Zustimmung Jubel [Und [Für Völkerrecht Durchbruch Fische Netz Strafgerichtsbarkeit Großtäter Verantwortung [Diese Strafgerichtsbarkeit Verbrechen Jugoslawien Völkermord Ruanda [Doch Errichtung Internationalen Strafgerichtshofes Zuständigkeit Schwierigkeiten Detail [Wird Beziehungen Qualität

westlicher und zur des ehemaligen an das sind in einem gehalten der zwischen und variiert es ist wahr das ist es ein dass nicht mehr nur kleine sich im verfangen sondern endlich ein zur gezogen wird internationale konzentriert sich bisher auf die im ehemaligen und auf den grauenhaften in die eines mit umfassender steht trotz aller im bevor er erst einmal tätig sein werden die internationalen eine andere bekommen

Der erste "Text" lässt recht gut erkennen, wovon die Rede ist, der zweite gibt nicht den geringsten Hinweis auf den Inhalt. Darum ist die "neue" Großschreibung textsemantisch rückschrittlich, eine Stolperstein beim flüssigen Lesen. Natürlich würde die von den Reformern eigentlich ersehnte gemäßigte Kleinschreibung denselben Fehler mit anderen Vorzeichen machen.

Hinzu kommen nun spezifische Bedenken wegen der sogenannten Normsprache:

Das Bundesjustizministerium, das zusammen mit dem Bundesinnenministerium die Neuregelung in die Amtssprache eingeführt hat – übrigens entgegen einem Wunsch des Deutschen Bundestages –, sagte in einem Rundschreiben vom 28.9.1999:

"Die Änderung der Schreibung eines Wortes stellt nur eine Anpassung an die geänderten Rechtschreibregeln dar, ohne eine Änderung der Wortbedeutung zur Folge zu haben. Daher sind rechtliche Konsequenzen durch [!] die neue Schreibung nicht verbunden."

Dies ist aber keinesfalls sicher. Man müsste erst das ganze Gesetzeskorpus durchforsten, um die semantische Unbedenklichkeit der Neuregelung feststellen zu können. Ich habe wohl bisher als einziger einige Folgen dieser Art untersucht und erwähne auszugsweise folgendes:

Die Auswirkungen reichen von verhältnismäßig trivialen Fällen wie *Schiffahrt* (neu *Schifffahrt), das in verschiedenen Gesetzen (z.B. GG Art. 87) vorkommt und dessen Schreibweise auf zahllosen Schildern usw. geändert werden müsste, *Numerierung* (*Nummerierung, z. B. AktG § 158) oder den ungemein häufigen Formeln *im allgemeinen, im ganzen* (das besonders im BGB häufig ist) und *im übrigen* (künftig allesamt groß zu schreiben) bis zu neuen Getrenntschreibungen, die durchaus zu Überlegungen Anlass geben, ob semantisch noch der vom Gesetzgeber gemeinte Begriff vorliegt:

Der feste Begriff *schwerbehindert*, der im Schwerbehindertengesetz (§ 1) definiert ist, wird durch die zwingend verordnete neue Getrenntschreibung beseitigt. Er ist nicht mehr von der beschreibenden und subjektiv urteilenden Wortgruppe *schwer behindert* zu unterscheiden. *Schwerstbehindert* bleibt dagegen erhalten. Inzwischen hat allerdings die Rechtschreibkommission inoffiziell, aber dennoch verbindlich für die Wörterbuchredaktionen entschieden, dass der Fachausdruck *schwerbehindert* entgegen dem Wortlaut der amtlichen Regelung erhalten bleiben soll, und so steht es nun auch wieder in einem Merkblatt der bayerischen Landesregierung, das die Hochschulangehörigen gerade erhalten haben. Ein erheblicher Eingriff ist auch die Auseinanderreißung des Wortes *allgemeinbildend*. Die bayerische Schulverwaltung spricht nur noch von "*allgemein bildenden*" Schulen.

Der feste Begriff *Erste Hilfe*, der durch Großschreibung einen Unterschied zu einer beliebigen "ersten Hilfe" kennzeichnet, soll in Zukunft klein geschrieben werden. Davon ist u. a. das Straßenverkehrsgesetz (§ 2: Fahrerlaubnis) betroffen:

> *Der Nachsuchende um eine Fahrerlaubnis der Klasse 2 nach § 5 Abs. 1 der Straßenverkehrszulassungsordnung muss (...) nachweisen, dass er bei Verkehrsunfällen* <u>*Erste Hilfe*</u> *leisten kann.*

(Zur allgemeinen Überraschung verkündete der führende Reformer Gerhard Augst in der "Märkischen Allgemeinen Zeitung" vom 2.5.2002, die *Erste Hilfe* sei fachsprachlich und daher von der Reform ohnehin nicht betroffen – obwohl die Kleinschreibung im amtlichen Wörterverzeichnis ausdrücklich vorgeschrieben ist!)

In Gesetzestexten kommen mehrere hundertmal die Begriffe *offenlegen* und *bekanntmachen* vor, die in Zukunft getrennt geschrieben werden müssen. Die Getrenntschreibung wird hier mit der Steigerbarkeit des ersten Bestandteils begründet. Diese ist aber gerade für den rechtlichen Terminus überhaupt nicht gegeben, da eine Verordnung usw. nicht "bekannter" bzw. "mehr oder weniger bekannt" gemacht werden kann – jedenfalls nicht im rechtlich relevanten Sinne, der sich nur auf den Akt, nicht auf seinen Erfolg bezieht.

Da alle Fügungen aus Wörtern mit *-einander* und Verb getrennt geschrieben werden sollen, ergibt sich die Neuschreibung *auseinander zu setzen* (HGB § 235 [1], ZSEG § 3[3], UmwG § 93 [1]), *auseinander zu gehen* (OWiG § 113 [1]), *auseinander liegen* SGB VIII § 22 [4]), *auseinander gehalten* (StVO § 22 [4]), *aneinander grenzen* (GBO § 5 [2]) u. v. a. – Die sprachwidrige Getrenntschreibung sämtlicher Fügungen mit Adjektiven auf *-ig* führt zur Auflösung von *fertigstellen* (neu *fertig stellen*) usw., also zum Beispiel: *von einer noch nicht fertig gestellten Anlage* (Umwelt HG § 21 [1]. *Bevor das Protokoll fertig gestellt ist, darf das Urteil nicht zugestellt werden* (StPO § 273 [4]), vgl. ferner MHG § 2 (1), § 11 (1), § 12 (3), WiStG § 5 (2), BGB § 564 b (4). – In Art. 29 GG geht es um die Frage, *ob die betroffenen Länder wie bisher bestehenbleiben sollen. Daraus wird *bestehen bleiben.

Komposita aus *selbst* und einem Partizip sollen künftig aufgelöst werden – eine Maßnahme, deren Sprachwidrigkeit ich andererseits (Ickler 1999) ausführlich begründet habe. Statt *selbstorganisierte Förderung von Kindern* (SGB VIII § 25) soll es also heißen *selbst organisierte Förderung*. Ebenso *selbst gestelltes Arbeitsmaterial* (ZPO § 850a [3]), *selbstfahrende Arbeitsmaschinen* (StVZO § 18, PflVG § 2 [1]) werden zu *selbst fahrenden,* und nach Bertelsmann (1. Ausgabe) wird auch *selbstentzündlich* zu *selbst entzündlich*.

Die *rechtsprechende Gewalt* gibt es nicht mehr, sie wird zur *Recht sprechenden* (*Die Recht sprechende Gewalt ist den Richtern anvertraut.* [GG Art 92; vgl. DRiG § 1 usw.]) – *gesetzgebend* (GG Art. 122) bleibt jedoch erhalten. Der Grund soll in den unterschiedlichen verbalen Konstruktionen liegen (*Recht sprechen,* aber nicht *Gesetz geben*) – ein linguistisch abwegiges Argument.

Bei *außer acht* tritt künftig Großschreibung ein: *wer die im Verkehr erforderliche Sorgfalt außer Acht lässt* (BGB 276). Ebenso bei *im voraus*: *Die Haftung wegen Vorsatzes kann dem Schuldner nicht im Voraus erlassen werden* (ebd.). *Die Leibrente ist im Voraus zu entrichten* (BGB § 760). Das ist nicht ganz unbedenklich, weil das Erbrecht auch den *Voraus* kennt (*Voraus des Ehegatten*

BGB § 1932: *Auf den Voraus sind die für Vermächtnisse geltenden Vorschriften anzuwenden).*

Welche juristische Relevanz diese und weitere, bisher noch kaum überblickbare Veränderungen der Rechts- und Gesetzessprache haben werden, müssen Fachleute untersuchen. Diese Arbeit dürfte angesichts der Stoffmassen einige Zeit in Anspruch nehmen. Es liegt auf der Hand, dass die Reformer, die von ihrer professionellen Ausrichtung her praktisch nur die Schule im Blick haben konnten, diesen Gesichtspunkt überhaupt nicht bedacht haben.

Die Reform wird von den Behörden nun zwar durchgeführt, aber mit vielen Fehlern. Im Kleinen Ratgeber zur Lohnsteuerkarte heißt es zum Beispiel: *Im Einzelnen gilt folgendes* (...) Richtig wäre *Folgendes*, allerdings ist die Neuregelung textsemantisch nicht zu rechtfertigen, da es sich um eine pronominale Verwendung handelt. Das Bundesamt für die Anerkennung ausländischer Flüchtlinge schreibt: *Der menschenrechtliche Mindeststandard ist nicht Gewähr leistet.* Vor der Reform gab es solche Schnitzer nicht. All diese Probleme haben verständlicherweise dazu geführt, dass zum Beispiel im bayerischen Innenministerium eine schwere Missstimmung wegen der vom Kultusminister verordneten, offensichtlich sinnlosen und schädlichen Rechtschreibreform herrscht.

4. Auswirkungen der linguistischen Feminismus auf die Verständlichkeit der Verwaltungssprache

Ein zweiter Punkt ist die Umgestaltung der Sprache durch den linguistischen Feminismus. Die bisherige feministische Sprachpolitik ist weitgehend wirkungslos geblieben. Es gibt zwar gesetzlich erzwungene Sprachregelungen in offiziellen Texten, z. B. Stellenausschreibungen, aber eine praktische Wirkung lässt sich nicht nachweisen. Wenn allmählich mehr Frauen in Professuren und leitende Stellungen kommen, setzt sich eine geschichtliche Entwicklung fort, die schon lange vorher begonnen hat und durch die feministische Sprachregelung nicht nachweisbar beschleunigt worden ist. Behauptungen, das Bewusstsein habe sich immerhin dadurch gewandelt, sind wohlfeil, aber nicht beweisbar. Hierher gehört natürlich auch das vage Gerede, die Frauen würden durch das generische Maskulinum unsichtbar gemacht, wollten mehr wahrgenommen werden usw. Manchen Feministinnen scheint es mittlerweile schon zu genügen, wenn Frauen ständig eigens erwähnt werden, durch Suffixe, Schrägstriche und großes

I. An den realen Verhältnissen, z. B. eben was die Familie betrifft, arbeiten sie schon gar nicht mehr. Krasser kann man die Frauenbewegung nicht verraten, und viele Frauen, die etwas mehr wollen als frivole Sprachspielereien, distanzieren sich mittlerweile von diesen Geschlechtsgenossinnen.

Die Broschüre "Bürgernahe Sprache in der Verwaltung", herausgegeben vom Bayerischen Staatsministerium des Innern 1999 sucht auf 20 Seiten (von 70) Auswege aus der selbstgestellten feministischen Falle. Sie erörtert u. a. verschiedene Möglichkeiten, einen Gesetzestext "geschlechtergerecht" zu verändern:

Originaltext:

Der Besitzer kann die Herausgabe der Sache verweigern, wenn er oder der mittelbare Besitzer, von dem er sein Recht zum Besitz ableitet, dem Eigentümer gegenüber zum Besitze berechtigt ist.

Umformungen mit Satzeinbindung:

Der Besitzer oder die Besitzerin kann die Herausgabe der Sache verweigern, wenn er oder sie bzw. der mittelbare Besitzer oder die mittelbare Besitzerin, von dem bzw. von der er oder sie sein bzw. ihr Recht zum Besitz ableitet, dem Eigentümer oder der Eigentümerin gegenüber zum Besitze berechtigt ist.

mit Schrägstrich und Klammer:

Der/die Besitzer(in) kann die Herausgabe der Sache verweigern, wenn er/sie oder der/die mittelbare Besitzer(in), von dem/der er/sie sein/ihr Recht zum Besitz ableitet, dem/der Eigentümer(in) gegenüber zum Besitze berechtigt ist.

mit großem I:

Der/die BesitzerIn kann die Herausgabe der Sache verweigern, wenn er/sie oder der/die mittelbare BesitzerIn, von dem/der er/sie sein/ihr Recht zum Besitz ableitet, dem/der EigentümerIN gegenüber zum Besitze berechtigt ist.

Angesichts solcher Widrigkeiten greifen die Behörden zu dem Mittel, mit einer vorab gegebenen Erklärung ihres guten Willens die Sache zu erledigen. So heißt es in der neuen Prüfungsordnung der Universität Erlangen-Nürnberg für den Grad eines Bakkalaureus Artium (Entwurf vom 9. 1. 2001):

Vorbemerkung zum Sprachgebrauch

Die Bezeichnung weiblicher und männlicher Personen durch die jeweils maskuline Form in der nachstehenden Satzung bringt den Auftrag der

Hochschule, im Rahmen ihrer Aufgaben die verfassungsrechtlich gebote-
ne Gleichstellung von Mann und Frau zu verwirklichen und die für Frau-
en bestehenden Nachteile zu beseitigen, sprachlich nicht angemessen zum
Ausdruck. Auf die Verwendung von Doppelformen oder andere Kenn-
zeichnungen für weibliche und männliche Personen (z. B. Bewerbe-
rin/Bewerber) wird jedoch verzichtet, um die Lesbarkeit und Übersicht-
lichkeit zu wahren. Mit allen im Text verwendeten Personenbezeichnun-
gen sind stets beide Geschlechter gemeint.

Dieser Text ist offen widersprüchlich. Einerseits behauptet er in linguistisch höchst fragwürdiger Weise, dass die neutrale Verwendung des generischen Maskulinums gegen die Gleichberechtigung verstoße, andererseits bedient er sich dann aber doch dieses Mittels, bestreitet also die neutrale Verwendbarkeit keineswegs.

Auf der Spielwiese der Sprachwissenschaft entsteht das Problem dadurch, dass man Unproblematisches problematisiert. In der Verwaltungspraxis handelt man sich damit eine Schwierigkeit ein, die man nur durch Eiertänze der gezeigten Art wieder umgehen kann.

5. Anglizismen als Verständnisbarrieren

Mein dritter Hinweis gilt den sogenannten *Anglizismen*. Ich schließe mich kei-neswegs dem allgemeinen Klagelied über diese Erscheinung an, verkenne aber auch nicht, dass hier oft mutwillig oder gedankenlos eine weitere Verständnis-barriere aufgerichtet wird.

Die Erlanger Stadtverwaltung verschickt ein Faltblatt zur bevorstehenden Tau-sendjahrfeier. Im Begleitschreiben verweist sie auf diesen *"Folder"* zum *"Mille-nium"*. Das ist nicht bürgerfreundlich. Im Arbeitsschutz-Schreiben der Universi-tätsverwaltung war von *Checklisten* die Rede – ebenfalls ein salopper Ausdruck, der nicht eigentlich zur Verwaltungs- oder gar Gesetzessprache gehört. Die Bundeszentrale für politische Bildung schickt zu ihrem 50jährigen Jubiläum ei-nen *"Show-Truck"* auf eine *"Roadshow"* durch ganz Deutschland und leistet sich auch sonst sprachlich noch manches, was den Bildungsauftrag der Schulen un-terläuft, denen sie doch eigentlich zuarbeiten sollte. In einem bayerischen Kurort hat die Verwaltung sogenannte *Dog-Stations* eingerichtet – ob jeder Hundebe-sitzer weiß, was dort von ihm erwartet wird? Das ist ein bisschen albern, aber wir müssen aufpassen, dass die Verwaltung auch sprachlich bürgernah und zugleich seriös bleibt.

Es gibt keine Patentrezepte für eine zugleich sachgerechte und verständliche Verwaltungssprache. Aber wenn man die Hauptgefahren kennt und grundsätzlich eine bürgerfreundliche Sprachhaltung einnimmt – gleich weit entfernt von pedantischer Gespreiztheit und populistischer Saloppheit –, dürfte sich stets eine annehmbare Lösung finden lassen. Ohne Übung geht es freilich nicht.

6.   Literaturverzeichnis

Deutsche Akademie für Sprachen und Bildung (ed.) (1981). *Der öffentliche Sprachgebrauch*. Band 2, *Die Sprache des Rechts und der Verwaltung*. Stuttgart, Klett-Cotta.

Ickler, T. (1997). *Die Disziplinierung der Sprache: Fachsprache in unserer Zeit*. Tübingen, Narr.

Ickler, T. (1999). *Kritischer Kommentar zur "Neuregelung der deutschen Rechtschreibung"*. Erlangen, Palm & Enke.

Schubert, F. (1979). *Sprachstruktur und Rechtsfunktion. Untersuchung zur deutschsprachigen Urkunde des 13. Jahrhunderts*. Göppingen, Kümmerle.

Wassermann, R. & Ermert, K. (eds.) (1983). *Recht und Sprache*. Heidelberg, Müller.

DIE THEMA-RHEMA-GLIEDERUNG IN FACHLICHEN TEXTEN

Heidrun Gerzymisch-Arbogast

Universität des Saarlandes

Ausgehend von der Problematik des Begriffspaares Thema-Rhema geht der vorliegende Artikel insbesondere auf die Textdimension der Thema-Rhema-Gliederung ein und diskutiert Besonderheiten der fachlichen Textstruktur bezogen auf die einfachen und komplexen Gestaltungsmöglichkeiten der Informationseinheiten "Thema" und "Rhema" sowie den Grad der Explizitheit transphrastischer Konnektoren (Indikatoren). Dabei wird auch die kontrastive und didaktische Dimension der Thema-Rhema-Gliederung angesprochen.

1. Einleitung

Die Thema-Rhema-Gliederung zählt unter stilistischen, strukturellen, funktionalen und kontrastiven Gesichtspunkten nach wie vor zu den schillerndsten Phänomenen der Textbetrachtung. Empirische Arbeiten sind allerdings kaum zu finden, was auf die auch heute noch begrifflichen und methodischen Defizite des Instrumentariums zurückzuführen sein dürfte, die bereits von Gülich & Raible (1977) beklagt wurden. Der vorliegende Artikel behandelt nach einem kurzen Überblick über die Begriffs- und Differenzierungsproblematik das Phänomen der Thema-Rhema-Gliederung in Texten mit dem Ziel, ihre Relevanz für die Textstruktur fachlicher Texte unter Berücksichtigung der kontrastiven Dimension zu zeigen. Dabei muss die Darstellung im Rahmen dieses Artikels auf das Wesentliche beschränkt und eine eventuell reduktionistische Darstellungsweise der Vielschichtigkeit der Thema-Rhema-Problematik notgedrungen in Kauf genommen werden.

2. Zum Begriff Thema-Rhema

Die Einführung des Thema-Rhema-Begriffs in die linguistische Betrachtung wird üblicherweise Mathesius (1929) zugeschrieben und ist eng mit den Namen Firbas, Daneš, Sgall und anderen Vertretern (Hajičová 1994: 245 ff) der ersten und zweiten Prager Schule verbunden. Dabei ist nicht zu übersehen, dass die Auffassung von Thema-Rhema als "Mitteilungsgegenstand" bzw. "Mitteilungs-aussage" den aristotelischen Kategorien "Subjekt" und "Prädikat" sehr ähnlich ist und die psychologische Komponente im Sinne der Frage nach "alter" bzw. "neuer" Information bereits im 19. Jahrhundert u. a. von Weil und von der Gabelentz problematisiert wurde (Gerzymisch-Arbogast 1987: 36 ff). Als Begründer des Begriffspaares gilt allgemein Amman (^{2}1962).

Dabei gilt bis heute das Problem der sogenannten "Mischdefinition" im Sinne einer Vermischung der Kategorien "Mitteilungsgegenstand" / "Mitteilungs-Aussage" und "alter" bzw. "neuer" Information als ungelöst. Das folgende Text-beispiel verdeutlicht die Problematik:

Beispiel 1:

Transactions Demand

People and firms need *money* as a transactions medium. Households need *money* to buy groceries and to pay for electricity and fuel bills as well as occasional large consumer durables. Firms need *money* to pay for materials and labor. These elements constitute the transactions demand for money.

(Samuelson & Nordhaus 1985: 315 ff)

Hier liegen die beiden Kategorien "Mitteilungsgegenstand" und "Mitteilungs-aussage" quer zueinander, d. h. ist nicht identisch mit der *alten Information*. Eine Thema-Identifikation ist unter diesen Bedingungen nach wie vor problema-tisch und dürfte einer der Gründe dafür sein, dass bislang kaum größere empiri-sche Arbeiten zur Thema-Rhema-Gliederung in Texten vorliegen. Heute ist es mit Hilfe der Visualisierung über semantische Netze möglich, diese Problematik in den Griff zu bekommen. Eine Diskussion dieses Thema-Rhema-Aspektes würde allerdings den Rahmen des vorliegenden Artikels sprengen (vgl. dazu Gerzymisch-Arbogast, *Textmapping und Translation* im Druck).

2.1 Fragestellung und Benennungsvielfalt

Die Fragestellung hinter dem Begriffspaar Thema-Rhema wird im klassischen Beispiel Walls (1973) deutlich:

Beispiel 2:

1. Paris ist die Hauptstadt von Frankreich.

2. Die Hauptstadt von Frankreich ist Paris.

3. Frankreichs Hauptstadt ist Paris.

4. Frankreich hat eine Hauptstadt, die Paris heißt.

(Wall 1973: 31)

Der propositionale Gehalt der vier Äußerungen ist in etwa identisch, der kommunikative Wert ist allerdings – intuitiv über die Frage, um was es in den einzelnen Äußerungen geht, erfasst – recht unterschiedlich. Dieser Frage, nämlich wie die Unterschiede im kommunikativen Wert solcher und ähnlicher Äußerungen transparent beschrieben werden können, versucht man, sich über den Begriff der Thema-Rhema-Gliederung zu nähern. Dabei ist im Zuge der Forschungsbemühungen eine Vielfalt von Benennungen eingeführt worden, die jeweils unterschiedliche Aspekte des Begriffspaares herausarbeiten und beleuchten, allerdings die begriffliche Problematik insgesamt nicht beseitigen konnten, so dass bis heute die Thema-Rhema-Dichotomie weithin als begrifflich unscharf gilt. Im Folgenden wird versucht, wichtige Benennungen repräsentativer Autoren kurz zusammenzustellen und zu kommentieren: Einen hervorragenden Überblick über die Thema-Rhema-Problematik gibt Lutz (1981). Zur Benennungsvielfalt vgl. auch Daneš (1974).

Benennungsvielfalt bei		begrifflicher Unklarheit
Thema	*Rhema*	
das Alte	das Neue	*pragmatischer Ansatz*; heute favorisiert
given info	new info	Problem: Was ist unter "given", "valt", "präsupponiert" zu verstehen?
on stage	off stage	
präsupponierte	fokussierte	Problemlösung durch Problemverlagerung
Info	Info	Wie erklären sich Initialsätze, Zeitungsüberschriften?
Ausgangspunkt	Kern	*syntaktischer Ansatz*; heute überholt
(der Aussage)	(der Aussage)	Problem: kann Emphasen vom Typ "den mag ich nicht" nicht erklären
Topic	Comment	*semantisch-formaler Ansatz*; wird noch diskutiert
Mitteilungsgegen-		

stand topic	Aussage focus	Problem: liegt oft "quer" zum "given/new" Kriterium und lässt sich nur über die Situation erklären (Fragetest)
Geringe kommunikative Dynamik	höchste kommunikative Dynamik	*kontextueller Ansatz*; wird ebenfalls noch diskutiert Problem: Zirkelschluss: man setzt das voraus, was man erschließen möchte (Intonation, Wortstellung)

2.2 Arbeitshypothese

Wir gehen hier von folgender Arbeitshypothese aus:

Thema-Rhema ist ein kommunikatives Phänomen, das nur über eine detaillierte pragmatische Analyse beschrieben werden kann, die folgende Faktoren der Kommunikationssituation beschreiben muss:

- den Sprecher, der in einer bestimmten Situation mit einem bestimmten Ziel

- einem Hörer, so wie er ihn antizipiert (Hörer aus der Sprechersicht),

- eine Mitteilung macht, von der er glaubt, dass sie für den Hörer neu ist.

- Voraussetzung für das Glücken der Kommunikation ist:

- ein gemeinsamer Wissensstand der Kommunikationspartner +

- ein gemeinsamer Aufmerksamkeitsbereich von Sprecher + Hörer in einer bestimmten Situation,
  aus dem der Sprecher dann eine Information auswählt, von der er glaubt, sie sei dem Hörer bekannt (Thema), und eine, von der er annimmt, sie sei für den Hörer neu (Rhema).

Die Thema-Rhema-Gliederung ist daher als Informationsgliederung zu verstehen und zu trennen von den Phänomenen, über die sie ausgedrückt wird (Wortstellung, Intonation).

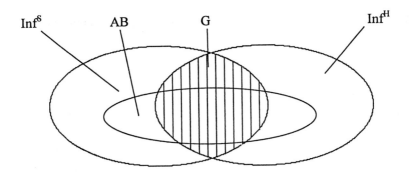

Abb. 1: Informationsstände (Inf), gemeinsame Informationsstände (G) und Aufmerksamkeitsbereich (AB) aus der Sprecher- (S) bzw. Hörersicht (H)

Sie ist - aus Texten bezogen - formalisierbar über semantische Netze (Gerzymisch-Arbogast 1996).

3. Dimensionen der Thema-Rhema-Gliederung

Die Thema-Rhema-Gliederung kann grundsätzlich aus zweierlei Perspektiven betrachtet werden: einer makrostrukturellen Perspektive, die danach fragt, an welcher Stelle im Text welche Information gegeben wird (thematische Progression, hier: Informationsgliederung) und einer mikrostrukturellen Perspektive, die sich auf kleinere Kontexteinheiten bezieht (z.B. Syntagmen oder transphrastische, also über eine Äußerungseinheit hinausgehende, Kontexte bzw. Betrachtungseinheiten) und die hier unter 3.1 (Hervorhebung) behandelt wird.

3.1 Hervorhebung

Als Hervorhebung bezeichnen wir hier (aus mikrostruktureller Sicht) die Markierung von Äußerungsteilen aus der Sprechersicht. Markiert wird das, was dem Sprecher in einer Äußerungssituation als besonders wichtig oder relevant erscheint. Dies kann prinzipiell jedes Äußerungsteil sein. Dabei ist wichtig zu betonen, dass beide Informationseinheiten, also sowohl Thema- als auch Rhema-Einheiten aus der Sicht des Sprechers hervorgehoben sein können und die Informationsgliederung trotz wechselnder Hervorhebung jeweils gleich bleibt bzw. bleiben kann. Zur Trennung von Hervorhebung und Informationsgliederung (Gerzymisch-Arbogast 1993b):

Beispiel 3:

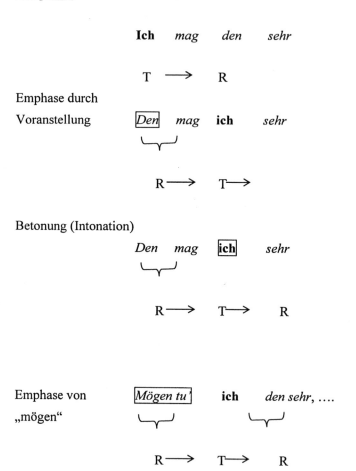

fett = Thema, *kursiv* = *Rhema*, Kästchen = Hervorhebung

Diese, bezogen auf den kommunikativen Wert, unterschiedlichen Äußerungen setzen bestimmte Kontexte voraus, hier zum Beispiel eine sogenannte Kontrast-fokussierung bezogen auf das hervorgehobene Element (im Kästchen). Aller-

dings ist die Hervorhebung für fachliche Texte, die sich am Prinzip der Sachlichkeit ausrichten, von nur geringer Relevanz.

3.2   Informationsgliederung und Indikatoren

Als Informationsgliederung bezeichnen wir hier aus der makrostrukturellen Perspektive die Gliederung von Informationseinheiten im Text nach ihrer Qualität
als "alte" bzw. "neue" Information. Der Begriff entspricht weitgehend dem Begriff der thematischen Progression bei Daneš (1970) und wird im Folgenden zugunsten eines Textbeispiels als bekannt vorausgesetzt.

Beispiel 4:

Demand for Money (D)

It is clear from the above that the main motive for holding money (as M_1) is the
convenience of <u>ordinary transactions</u> (C) needed at each level of income. Let'<u>s</u>
(E) examine it in more detail.

Transactions Demand (D)

<u>People and firms (A)</u> need money as a transactions medium. <u>Households (A)</u>
need money to buy groceries and to pay for <u>electricity and fuel bills</u> (B) as well
as <u>occasional large consumer durables</u> (B). Firms need money to pay for <u>materi-</u>
<u>als and labor</u> (B). <u>These elements</u> (B) constitute the transactions demand for
money.

(Samuelson & Nordhaus 1985: 315 ff)

Im Rahmen dieses Beispiels sind folgende Progressionstypen unterscheidbar:

- die konstante Progression (Unterstreichungen mit A indiziert)

- die lineare Progression (Unterstreichungen mit B indiziert)

- die Rahmenprogression als Sonderfall der linearen Progression, bei der
  das vorausgegangene Rhema sich in mehrere Themen aufspaltet, wäre gegeben, wenn die im vorangegangenen Absatz angesprochenen "ordinary
  transactions" (Unterstreichung und Kennzeichnung mit (C) als die mit (B)
  gekennzeichneten Unterstreichungen in Thema-Position auftreten würden

- die Hyperthema-Progression (Fettdruck mit D indiziert)

- der thematische Sprung (Unterstreichung mit E gekennzeichnet). Daneš gibt für seinen "thematischen Sprung" kein Beispiel. Es wird aber angenommen, dass er in der Literatur etwa der *Implikation* bei Dressler (1973) und der *inference* bei Clark & Havilland (1974) oder der impliziten Wiederaufnahme (Brinker 1997: 34 ff) entspricht. Zur Erklärung der für das Textverständnis im vorliegenden Beispiel notwendigen Hypothesen vgl. Gerzymisch-Arbogast (1999a).

Zusätzlich zu den Progressionstypen werden hier auch sogenannte Indikatoren unterschieden, d.h. adverbiale Bestimmungen oder andere Textsegmente, die die Gesamtäußerung (im Sinne der "de dicto" Aussagen in der Modallogik) u. a. nach Ort, Zeit oder Sprechperspektive qualifizieren bzw. kommentieren. Nach ihrem informationellen Status werden sie unterschieden in:

- thematische Indikatoren, mit denen auf bereits im Text erwähnte Information zurückgegriffen wird, z.B. "mit anderen Worten", "wie bereits erwähnt" etc. Im vorliegenden Beispiel 4 gehören "it is clear from the above" (kursiv markiert, Zeile 1) dazu.

- rhematische Indikatoren, mit denen auf neue Informationen vorverwiesen wird, z.B. "übrigens", "wie dem auch sei" etc. (Vergleiche hierzu auch Beipiel 8a)

  und

- Aufmerksamkeitsbereichs-Indikatoren, mit denen auf die Kommunikationssituation verwiesen wird, z.B. "in diesem Zusammenhang". Weitere Beispiele finden sich bei Gerzymisch-Arbogast 2002c.

Je nach Funktion des Textes können die Ausdrucksmittel der Thema-Rhema-Gliederung bezogen auf diese drei Dimensionen dazu dienen, Texte mehr oder weniger verständlich bzw. "leserbezogen" zu gestalten.

4. Zur Informationsgliederung in fachlichen Texten

Zur Informationsgliederung in fachlichen Texten liegen aufgrund der obengenannten begrifflichen und methodischen Defizite um den Thema-Rhema-Begriff keine gesicherten Erkenntnisse auf der Basis breiter empirischer Analysen vor (exemplarisch dazu Koskela 1996). Es wird allerdings vermutet, dass zwischen der Textverständlichkeit bzw. Lesbarkeit und der Thema-Rhema-Struktur eines

Textes bezogen auf die obengenannten Dimensionen ein enger Zusammenhang besteht (Groeben 1982; Groeben & Christmann 1989; Gerzymisch-Arbogast 1997a; Buhl 1999; House 1996, 1999). Dies soll im Folgenden auch unter kontrastiven Gesichtspunkten ausgeführt und veranschaulicht werden.

4.1 Progressionstypen und Lesbarkeit

Fachliche Texte scheinen in Bezug auf den Progressionstyp zur konstanten Progression zu neigen, wobei in einer Äußerungsfolge das Thema in den einzelnen Äußerungen – zugunsten der rhematischen Information – "durchlaufend" ähnlich ist: Zu einem einmal gewählten Thema wird im Textverlauf kontinuierlich neue Information hinzugefügt. Am deutlichsten ist dies in Lexikontexten (vgl. Gerzymisch-Arbogast 1985, 1989a) zu beobachten, wobei hier das Thema sehr häufig aufgrund seiner Evidenz in den Folgeäußerungen gar nicht mehr genannt wird. Das durchlaufende Thema als Ausgangspunkt für jeweils neue Informationen entspricht zwar dem Ökonomieanspruch fachlicher Texte, scheint aber zu einer gewissen Monotonie in der Wirkung solcher Texte auf den Empfänger zu führen. Daher erscheint das konstante Thema häufig auch als Proform und/oder in lexikalischer bzw. terminologischer Paraphrasierung.

Ähnliches lässt sich für die häufig fachlichen Texten zugeschriebene mehr oder weniger stark ausgeprägte Hyperthema-Progression beobachten (vgl. Gerzymisch-Arbogast 1987).

Beispiel 5:

Accelerated Cost Recovery System

General Explanation

1. **The Accelerated Cost Recovery System** will provide for faster write-off of capital expenditures (a) by means of simplified (b) and standardized rules (c).

2. **The system** will replace the present complex (b) provisions (a) for determination of depreciation allowances (c).

3. **It** substitutes easily identified (b) classes (a), each within a standard schedule of deductions to be taken over a fixed recovery period (c).

4. **The proposed legislation** adopts the now-familiar (b) 10-5-3 concept (a) for machinery (c) and equipment (d) used in business (e) and for owner-occupied structures (f) used in manufacturing (g) and distribution (h).

5.   <u>In addition</u>, audit-proof lives **are provided** for two classes of real estate.

(vgl. Gerzymisch-Arbogast 1987: 351)

Fettdruck = Thema, <u>Unterstreichung</u> = Indikator, unmarkierte Textstelle = rhematische Information

Dagegen scheint die lineare Progression, wobei ein Thema durch ein vorangegangenes Rhema indiziert, also "angekündigt" wird, einen eher leserbezogenen, weniger stringent organisierten fachlichen Text nahezulegen.

<u>Beispiel 6:</u>

The False Logic of 10-5-3

1.   **Any program of tax changes** (a) **to encourage individual saving** (b) should be accompanied by revisions that will invite business to make more investments (a) to improve productivity (b).

2.   **One essential** is to alter the way business depreciates its fixed assets (a), but not for the reasons usually advanced in favour of faster write-offs (b).

3.   **The conventional argument** is that depreciation based on original costs is inadequate (a) in periods of high inflation (b).

4.   Since much of the write-off comes years after an asset is acquired (c), **original costs** don't reflect the full value of equipment (a) used up in the production process (b).

5.   <u>By taking inadequate depreciation</u>, **businesses** overstate their profits (a) and pay too much tax (b).

6.   **That** is the logic behind the "10-5-3" proposal (a) backed by all the major business lobbies (b).

(vgl. Gerzymisch-Arbogast 1987: 363)

Fettdruck = Thema, <u>Unterstreichung</u> = Indikator, unmarkierte Textstelle = Rhema

Dabei muss die rhematische Information nicht unbedingt als "Kontaktthematisierung" (Daneš 1976: 35) in der unmittelbar vorangegangenen Äußerung indiziert sein (wie im obigen Beispiel eines Zeitungstextes zur Einführung eines neuen Abschreibungssystems in den USA in den Äußerungen 2, 3 und 4 bezogen auf die rhematischen Informationen in den vorangegangenen Rhemata). Sie kann auch als "Distanzthematisierung" (Daneš 1976: 35, vgl. auch Gerzymisch-Arbogast 1987: 127 ff) aus weiter zurückliegenden rhematischen Informationen wieder aufgegriffen werden (wie bspw. das Thema in Äußerung 5, das aus der rhematischen Information in Äußerung 1 hergeleitet wird). Dabei wird in diesem letzten Fall zur besseren Orientierung für den Leser ein thematischer Indikator ("By taking inadequate depreciation") beigegeben, über den eine Verbindung zum vorangegangenen Rhema ("don't reflect the full value of equipment... ") hergestellt wird.

Der Progressionstyp des thematischen Sprungs ist eng mit dem Hyperthema-Progressionstyp verbunden, da die über eine Inferenz zu schließenden "Lücken" in der thematischen Kette oft mit Hilfe einer semantischen Affinität der thematischen Ausdrücke erklärt werden können (im Beispiel 1 oben die Hyponymie-Beziehung zwischen "people" und "households" bzw. "firms" oder im Beispiel 5 die Paraphrasierungen "the system" und "the proposed legislation" für das "Accelerated Cost Recovery System"). Dabei dürften thematische Sprünge allerdings die Lesbarkeit von Texten für Laien dann beeinträchtigen, wenn die zu leistenden Hypothesen Fachwissen voraussetzen, wie im Beispiel 4 die Hypothese zwischen "Demand for Money" und "Transactions Demand" bzw. die Gleichsetzung von "M" mit "M 1".

4.2 Komplexität im thematischen und rhematischen Bereich

Im thematischen Bereich führen vor allem die für fachsprachliche Texte typischen Prä- und Postmodifikationen von Ausdrücken zu weniger leicht lesbaren Texten. Dabei wird hier – unter Thema-Rhema-Gesichtspunkten – einem thematischen Ausdruck rhematische Information als Teil des Themas beigegeben, also "neue" Information im thematischen Teil der Äußerungseinheit "verpackt". Aus dem Thema wird ein "Rhema im Themapelz" (Lutz 1981), was die Thema-Identifikation und damit die Lesbarkeit eines Textes belastet. Im folgenden amerikanischen Beispiel 7 wird allerdings den komplexen, mit rhematischer Information angereicherten Themen zur besseren Lesbarkeit eine Reihe von Indikatoren beigegeben, nämlich Aufmerksamkeitsindikatoren (in Äußerung 1, 2 und 9), Rhema-Indikatoren (Äußerung 8, 13 und 15) und sprecherbezogene Thema-Indikatoren (Äußerung 12 und 14).

Beispiel 7:

Tax Incentives for Investment

1. Since the late 1960s **the rate of net capital formation** (a) **excluding spending mandated to meet environmental standards** (b) has fallen substantially.

2. <u>For the five years ending in 1979,</u> **increases in real net business fixed capital** averaged just over 2 percent of the Nation's real net national product (a), or one-half the rate for the latter part of the 1960s (b).

3. **One of the major tasks (a) facing the U.S. economy in the 1980s (b)** is to reverse these trends (a) and to promote more capital investment (b).

4. To combat the decline in productivity growth (b), to hasten the replacement of energy- inefficient (e) machines (c) and equipment (d), to comply with government mandates (f) that do not enhance production (g), **we** must increase the share of our Nation's resources going to investment (a).

5. Both improvements in productivity and increases in (a) productive jobs (b) will come from **expanded** investment.

6. **Inflation (a) and an outdated capital equipment depreciation system (b)** have combined to lower the after-tax real rate of return on capital investments (a) by business.

7. **High inflation** causes a large discrepancy between the historic (a) and the current replacement costs (b) of physical assets of business.

8. <u>Thus,</u> **corporate financial records (a), utilizing historic costs (b) and current dollar sales figures (c),** significantly overstate nominal profits (a) and understate true economic costs (b).

9. <u>In 1980 alone,</u> **the replacement cost of inventories** exceeded by over $43 billion © the cost of the inventories (a) claimed for tax purposes (b).

10. **Depreciation charges (a) based on historical cost (b)** fell short of the replacement cost of capital assets consumed (a) by another $17 billion (b).

11. **These** arose from a failure to record inventory (a) and capital assets (b) at their true replacement cost.

12. <u>On an inflation adjusted basis,</u> **many firms** are now paying out more than their real income in the form of taxes (a) and dividends (b).

13. <u>The result</u> is **that real investment in equipment, maintenance, modernization, and new technology** is falling further behind the needs of our economy.

14. <u>Clearly,</u> **present incentives for business capital formation** are inadequate.

15. <u>As a consequence,</u> **the President** is asking the Congress to provide for an accelerated cost recovery system (a) for machinery (b) and equipment (c) and certain structures (d) **according to the following classes** :

(Gerzymisch-Arbogast 1987: 359)

Fettdruck = Thema, <u>Unterstreichung</u> = Indikator, unmarkierte Textstelle = Rhema

Im rhematischen Bereich wirken sich (komplexe) Aneinanderreihungen rhematischer Information zu einem gegebenen Thema im Sinne des Ökonomie-Anspruchs fachlicher Texte negativ auf die Lesbarkeit aus, wie das folgende Beispiel zeigt:

Beispiel 8:

"Dieser **Untersuchungsansatz** geht von der wissenschaftstheoretischen Prämisse historisch bedingter und vorübergehend konstanter Strukturen im Bereich der Sprachentwicklung und der anthropologischen Prämisse einer grundlegenden und entwickelbaren geistigen Aktivität des Hörgeschädigten aus. Das **Untersuchungsinteresse** besteht in dem Nachweis, dass eine Selektion von Lerninhalten nach dem Gesichtspunkt der Weiterführbarkeit vorausgegangener und nachfolgender Inhalte und eine systematische Strukturierung des Lerngegenstandes nach den Gesichtspunkten sukzessiver Weiterführung, sprachformaler Konstanz und mehrfacher Stabilisierung der Behaltensleistung durch die methodische Variation: Einführung, Übung, Anwendung, Selbstgestaltung zu Lernfortschritten führt. Dieses **Untersuchungsinteresse** spiegelt sich indirekt im Untersuchungstitel 'Pluralbildung bei Substantiven' und direkt in den Entscheidungsprozessen zur Konstruktion der Lernsequenzen wider....."

(Schwinger 1977: 21)

Im vorliegenden Beispiel wird leicht ersichtlich, dass durch die komplexe Rhema-Reihung trotz des einfachen durchlaufenden Themas ("Untersuchungsansatz", "Untersuchungsinteresse") die Lesbarkeit des Textes beeinträchtigt wird (vgl. Beispiel 8a).

4.3 Explizitheit der Indikatoren

Die Wirkung von Indikatoren auf die Lesbarkeit von Texten ist noch wenig erforscht. Es wird jedoch angenommen, dass das Explizitmachen semantischer Beziehungen zwischen Sätzen die Lesbarkeit von Texten erhöht (Dressler 1983). Dies deuten auch die obigen Textbeispiele an (vgl. insbes. Beispiel 9).

Wir können nunmehr zusammenfassen, dass unter Thema-Rhema-Gesichtspunkten zu vermuten ist, dass der Progressionstyp, die (komplexe) Gestaltung des thematischen und rhematischen Bereichs sowie die Explizitheit der Indikatoren Einfluss auf die Lesbarkeit von Texten haben und dass dies für fachliche Texte, deren Gestaltung vom Ökonomieprinzip geleitet wird, in besonderem Maße gilt. Dabei ist leicht vorstellbar, dass bei Zusammenwirken der drei Faktoren konstante Progression, komplexe Themagestaltung und vielfältige Rhemareihung ohne Indikatoren die Lesbarkeit von Texten besonders schwer belastet wird.

5. Die kontrastive Dimension (am Beispiel deutsch-englischer Fachtexte)

Die Literatur zur Interkulturalität fachlicher Stile ist im Rahmen der interkulturellen Pragmatik besonders im deutsch-englischen Vergleich überaus reich dokumentiert und lässt sich im Rahmen des vorliegenden Artikels kaum angemessen würdigen (Clyne 1996; House 1999; Buhl 1999). Dabei wird häufig beklagt, dass deutsche Texte im Vergleich zu ihren englischen Pendants weniger adressatenorientiert, weniger lesbar seien (zur Diskussion vgl. vor allem Clyne 1987, 1996). Gegen diese Einschätzung wehrt sich Weinrich, der es als Ansinnen empfindet, "sich immer allen verständlich machen zu müssen" (Weinrich 1986: 97). Die Diskussion ist im Zuge der Entwicklung des Englischen als *lingua franca* im Rahmen der Globalisierung besonders aktuell (vgl. Kalverkämper & Weinrich 1986). Allerdings gibt es dabei nur wenige Arbeiten, die sich explizit mit dem Zusammenhang Thema-Rhema-Gliederung und Textstruktur im Hinblick auf die interkulturell variierende Lesbarkeit fachlicher Texte beschäftigen. Dabei lässt sich bezogen auf die Informationsgliederung zahlreich belegen, dass englische Fachtexte – neben anderen Mitteln des stärkeren Leserbezugs wie einer stärkeren Redundanz, terminologischer Variation sowie einer ausgeprägten Metakommunikation – eine deutlich stärkere Neigung zur linearen Progression, zur einfachen Gestaltung der thematischen und rhematischen Informationseinheiten und zur stärkeren Explizitheit von Indikatoren aufweisen. Zur Verdeutlichung möge hier eine Gegenüberstellung eines Textausschnitts aus Sigmund Freuds Das *Ich* und das *Es* und seiner englischen Übersetzung bezogen auf die stärkere Explizierung von Indikatoren genügen (Thema im Kästchen, Indikatoren durch Unterstreichung gekennzeichnet).

Beispiel 9:

Deutsches Original   Englische Übersetzung

D: ⟦Nachstehende Erörterungen⟧ setzen
Gedankengänge fort, die in meiner
Schrift "Jenseits des Lustprinzips"
1920 begonnen wurden, denen ich persönlich, wie dort erwähnt worden ist,
mit einer gewissen wohlwollenden
Neugierde gegenüberstand. ⟦Sie⟧ nehmen diese Gedanken auf, verknüpfen
sie mit verschiedenen Tatsachen der
analytischen Beobachtung, suchen aus
dieser Vereinigung neue Schlüsse ab-
zuleiten, machen aber keine neuen Anleihen bei der Biologie und stehen darum der Psychoanalyse näher als das
"Jenseits". ⟦Sie⟧ tragen eher den Charakter einer Synthese als einer Spekulation
und scheinen sich ein hohes Ziel gesetzt zu haben. Ich weiß aber, daß ⟦sie⟧
beim Gröbsten Halt machen, und ich
bin mit dieser Beschränkung recht ein-
verstanden. Dabei rühren ⟦sie⟧ Dinge an,
.....

(Das Ich und das Es, Freud (^{4}1969:
267)

E: ⟦The present discussions⟧ are a further
development of some trains of thought
which I opened up in "Beyond the
Pleasure Principle" (*1920*), and to
which, as I remarked there, my attitude
was one of a kind of benevolent curios-
ity. In the following pages ⟦these⟧
⟦thoughts⟧ are linked to various facts of
analytic observation and an attempt is
made to arrive at new conclusions from
this conjunction; in the present work,
however, there are no fresh borrowings
from biology, psycho-analysis than
does *Beyond the Pleasure Principle*. ⟦It⟧
is more in the nature of a synthesis than
of speculation and seems to have had
an ambitious aim in view. I am con-
scious, however, that ⟦it⟧ does not go beyond the roughest outline and with that
limitation I am perfectly content.

In these pages ⟦things⟧ are touched ....

(The Ego and the Id, Freud 1935: 3)

Hier werden im Englischen zwei Rhema-Indikatoren (*In the following pages*...,
in these pages.. und ein Aufmerksamkeitsindikator (*in the present work*) gesetzt,
wohl um den Leser beim Strukturieren der komplexen Syntax zu stützen (Gerzymisch-Arbogast 2002b).

6.   Didaktische Implikationen

Fragt man nun nach dem Aufschlusswert der Thema-Rhema-Gliederung für die
Fachsprachendidaktik, so lässt sich sagen, dass sich über den Begriff der Informationsgliederung fachliche Texte im Grad ihrer Adressatenorientierung bewußt

bestimmen, strukturieren und variieren lassen. Die sprachlichen Mittel dazu sind – bezogen auf die Informationsgliederung –, wie oben ausgeführt wurde,

- der Progressionstyp

- die Komplexität im Thema- und Rhema-Bereich sowie

- die Explizitheit der Indikatoren.

Methodisch lassen sich hier Übungen denken, bei denen intuitiv als schwer lesbar empfundene Texte auf ihre thematische Struktur im obigen Sinne analysiert und Vorgaben für eine stärkere Adressatenorientierung formuliert werden. Umgekehrt können auch leicht lesbare Texte im Hinblick auf eine weniger stark ausgeprägte Adressatenorientierung umstrukturiert werden. Diese (intralingualen) Übungen können um die kontrastive Dimension interlingual/interkulturell erweitert werden. Ein Beispiel soll diesen Umstand verdeutlichen. Gegeben sei ein Text, der bezogen auf seine Informationsgliederung umgestaltet werden soll. Wir gehen dabei vom Textbeispiel 8 aus und durchlaufen folgende Aufgaben:

- Angabe des Zieltextzwecks

- Analyse der Informationsgliederung des Originals bezogen auf den Progressionstyp, die Komplexität im Thema-Rhema-Bereich und die Explizitheit der Indikatoren

- Erarbeitung von Zielvorgaben bezogen auf den Progressionstyp, die Komplexität im Thema-Rhema-Bereich und die Explizitheit der Indikatoren

- Sprachliche Realisierung, wobei zu beachten ist, dass hier natürlich auch andere sprachliche Mittel fachlicher Art zum Tragen kommen können, z.B. die Tilgung/Hinzufügung von Nominalisierungen, Funktionsverbgefüge, Attribuierungen etc.

Wir setzen diese abstrakten Anforderungen nun in konkrete Angaben um:

- Angabe des Zieltextzwecks: Erhöhung der Lesbarkeit des Textes für Laien

- Analyse der Informationsgliederung: Konstante Progression, einfache Themagestaltung (fett), aber komplexe Rhemareihung, Indikatoren (kursiv).

- Erarbeitung von Zielvorgaben: Konstante Progression, wenn möglich, durch vorangegangene Rhemata im Sinne einer linearen Progression indiziert, Beibehaltung der einfachen Thema-Gestaltung, Umstrukturierung der komplexen Rhemareihung unter Verwendung von Indikatoren.

- Sprachliche Realisierung:

Beispiel 8a:

Dieser Untersuchungsansatz geht von der wissenschaftstheoretischen Prämisse aus, daß Strukturen im Bereich der Sprachentwicklung historisch bedingt und vorübergehend konstant sind. *Dabei* wird auch **die anthropologische Prämisse** einer grundlegenden und entwickelbaren geistigen Aktivität des Hörgeschädigten zugrundegelegt. **Das Untersuchungsinteresse** besteht darin nachzuweisen, dass Lernfortschritte über folgende Vorgehensweisen erzielt werden können:

- eine Auswahl von Lerninhalten nach dem Gesichtspunkt der Weiterführbarkeit vorausgegangener und nachfolgender Inhalte

- eine Strukturierung des Lerngegenstandes nach den Gesichtspunkten sukzessiver Weiterführung, sprachformaler Konstanz und mehrfacher Stabilisierung der Behaltensleistung. *Im Rahmen dieser Untersuchung* wird **die mehrfache Stabilisierung** der Behaltensleistung durch die methodische Variation von Einführung, Übung, Anwendung und Selbstgestaltung erzielt.

Dieses Untersuchungsinteresse spiegelt sich indirekt im Untersuchungstitel "Pluralbildung bei Substantiven" und direkt in den Entscheidungsprozessen zur Konstruktion der Lernsequenzen wider.

Im obigen Umstrukturierungsvorschlag wurden nahezu ausschließlich Thema-Rhema-Gesichtspunkte berücksichtigt. Durch einen Verzicht auf Termini und Nominalisierungen und über die Verwendung von metakommunikativen Mitteln ließe sich natürlich der Leserbezug weiter erhöhen. Eine entsprechende Illustration würde allerdings den Rahmen des vorliegenden Beitrags sprengen. Im Einzelnen wurde hier

- die komplexe Rhemareihung aufgelöst, indem die thematische Progression um zwei Themen angereichert (**die anthropologische Prämisse** und **die mehrfache Stabilisierung**) (durch **Fettdruck** markiert) wurde. Dabei wurde darauf geachtet, daß diese zusätzlichen Themen im vorangegangenen Rhema im Sinne einer linearen Progression indiziert wurden.

- den umstrukturierten Themen ein thematischer Indikator (*"dabei"*) sowie ein Aufmerksamkeitsindikator (*"Im Rahmen dieser Untersuchung"*) hinzugefügt (durch Kursivdruck markiert).

- die komplexe Rhemareihung durch graphische Mittel aufgebrochen und als Aufzählung kenntlich gemacht, wobei die Aufzählung durch einen Rhema-Indikator (*"folgende"*) indiziert wurde.

7. Schlussbemerkung

Im vorliegenden Artikel wurden zunächst die begrifflichen und methodischen Defizite um das Begriffspaar Thema-Rhema angesprochen, die bislang breite empirische Textanalysen verhindert haben. Anhand von Beispielen wurde im Anschluss der Zusammenhang von Thema-Rhema-Gliederung und Textstruktur gezeigt und die Relevanz der Thema-Rhema-Gliederung für die Lesbarkeit von Texten auch in der interkulturellen und didaktischen Dimension diskutiert. Dabei sollte der Aufschlusswert der Informationsgliederung für die adressatenorientierte Produktion von fachlichen Texten deutlich werden – auch wenn zunächst nur – statt auf eine formale Thema-Identifikation – von einer Arbeitshypothese bezüglich des Textthemas ausgegangen werden kann. Breite Analysen zur Thema-Rhema-Struktur von (fachlichen) Texten mit unterschiedlicher Zwecksetzung und im interkulturellen Vergleich bleiben weiter ein Forschungsdesiderat.

8. Literaturverzeichnis

Amman, H. (^{2}1962). *Die menschliche Rede: Sprachphilosophische Untersuchungen.* Darmstadt, Wissenschaftliche Buchgesellschaft.

Beneš, E. (1973). Thema-Rhema-Gliederung und Textlinguistik. In: Sitta, H. & Brinker, K. (eds.). *Studien zur Texttheorie und zur deutschen Grammatik.* Düsseldorf, Schwann, pp. 42-46.

Brinker, K. (1997). *Linguistische Textanalyse. Eine Einführung in Grundbegriffe und Methoden.* Berlin, Erich Schmidt.

Brömser, B. (1982). *Funktionale Satzperspektiven im Englischen.* Tübingen, Narr.

Buhl, S. (1999). Gestaltung wissenschaftlicher Texte im Sprachenpaarvergleich Deutsch-Englisch am Beispiel von Texten Einsteins und Russels zur Relativitätstheorie. In: Gerzymisch-Arbogast, H. et al. (eds.). *Wege der Übersetzungs- und Dolmetschforschung*. Tübingen, Narr, pp. 117-142.

Clark, H.H. & Havilland, S.E. (1974). What's new? Aquiring new information as a process in comprehension. *Journal of Verbal Learning and Verbal Behavior* 13, 512-521.

Clyne, M. G. (1987). Discourse structures and discourse expectations: implications for Anglo-German academic communication in English. In: Smith, L. (ed.). *Discourse across cultures*. New York, pp. 73-83.

Clyne, M. G. (1996). *Inter-cultural communication at work: cultural values in discourse*. Cambridge, Cambridge University Press.

Daneš, F. (1970). Zur linguistischen Analyse der Textstruktur. *Folia linguistica IV*. (1/2), 72-78.

Daneš, F. (ed.) (1974). *Papers on functional sentence perspective*. Prague, Academia.

Daneš, F. (1976). Zur semantischen und thematischen Struktur des Kommunikats. In: Daneš, F. & Viehweger, D. (eds.). *Probleme der Textgrammatik*. Berlin, Akademie.

Doherty, M. (1991). Informationelle Holzwege. In: Doherty, M. & Klein, W. (eds.). *Übersetzung*. Göttingen, Vandenhoeck & Ruprecht, pp. 30-49.

Dressler, W. (1973). *Einführung in die Textlinguistik*. Tübingen, Niemeyer.

Dressler, W. (1983). Textuelle Kohäsionsverfahren in der Wissenschaftssprache. Eine funktionale Ableitung. *Fachsprache* 2, 51-56.

Eroms, H.-W. (1986). *Funktionale Satzperspektive*. Tübingen, Niemeyer.

Firbas, J. (1992). *Functional sentence perspective in written and spoken communication*. Cambrigde, Cambrigde University Press.

Freud, S. (1966). *Introductory lectures on psycho-analysis*. New York/London, Norton.

Freud, S. (^{4}1969). *Gesammelte Werke*. Frankfurt, Fischer.

Freud, S. (1935). *The ego and the id*. London, Hogarth Press.

Gerzymisch-Arbogast, H. (1985). Zur Thema-Rhema-Gliederung im Sachbuchtext. *Fachsprache* 1/2, 18-32.

Gerzymisch-Arbogast, H. (1987). *Zur Thema-Rhema-Gliederung in amerikanischen Wirtschaftsfachtexten. Eine exemplarische Analyse*. Tübingen, Narr.

Gerzymisch-Arbogast, H. (1989a). Fachlexikonartikel und ihre Thema-Rhema-Strukturen. Am Beispiel des Faches Wirtschaft. In: Antonin, K. et al. (eds.). *Lexicographica. International Annual for Lexicography* vol. 5. Tübingen, Niemeyer, pp. 18-51.

Gerzymisch-Arbogast, H. (1989b). Isotopy and Translation. In: Krawutschke, P. (ed.). *Translator and interpreter training*. New York, SUNY, pp. 147-170.

Gerzymisch-Arbogast, H. (1989c). Standardisierte Wörterbuchartikel des allgemeinen einsprachigen Wörterbuchs als Texte: Probleme der Kohärenz und der Thema-Rhema-Struktur. In: Hausman, F. et al. (eds.). *Wörterbücher - Dictionaries - Dictionnaires. Ein internationales Handbuch zur Lexikographie.* Berlin, de Gruyter, pp. 946-956.

Gerzymisch-Arbogast, H. (1993a). Contrastive scientific and technical register as a translation problem. In: Wright, S. & L. (eds.). *Scientific and technical translation.* New York, SUNY, pp. 21-51.

Gerzymisch-Arbogast, H. (1993b). On the thematic nature of the subjunctive in the romance languages: An empirical study contrasting examples from Spanish and English. *IRAL,* 113-128.

Gerzymisch-Arbogast, H. (1994). Zur Relevanz der Thema-Rhema-Gliederung im Übersetzungsprozeß. In: Snell-Hornby, M. (ed.). *Übersetzungswissenschaft: Eine Neuorientierung. Zur Integrierung von Theorie und Praxis.* Tübingen/Basel, Francke, pp. 160-183.

Gerzymisch-Arbogast, H. (1994). *Übersetzungswissenschaftliches Propädeutikum.* Tübingen, Francke.

Gerzymisch-Arbogast, H. (1996). *Termini im Kontext. Verfahren zur Erschließung und Übersetzung der textspezifischen Bedeutung von fachlichen Ausdrücken.* Tübingen, Narr.

Gerzymisch-Arbogast, H. (1997a). Der Leserbezug in Sigmund Freuds psychoanalytischen Schriften im Spiegel der englischen Übersetzungen. In: Wotjak, G. & Schmidt, H. (eds.). *Modelle der Translation - Models of translation.* Festschrift für Albrecht Neubert. Frankfurt/Main, Vervuert, pp. 213-233.

Gerzymisch-Arbogast, H. (1997b). Interculturally varying text norms as a problem of translating LSP texts. In: Klaudy, K. & Kohn, J. (eds.). *Transferre necesse est: proceedings of the 2nd international conference on current trends in studies of translation and interpreting. 5-7 September, 1996, Budapest, Hungary.* Budapest, Scholastica, pp. 146-153.

Gerzymisch-Arbogast, H. (1998a). *Methoden des wissenschaftlichen Übersetzens.* Tübingen, Francke.

Gerzymisch-Arbogast, H. (1998b). Isotopien in Wirtschaftsfachtexten – Ein A-nalysebeispiel. In: Hoffmann, L. et al. (eds.). *Fachsprachen – Languages for special purposes. Ein internationales Handbuch zur Fachsprachenforschung und Terminologiewissenschaft.* Berlin, de Gruyter, pp. 595-602.

Gerzymisch-Arbogast, H. (1999a). Fach-Text-Übersetzen. In: Buhl, S. & Gerzymisch-Arbogast, H. (eds.). *Fach-Text-Übersetzen: Theorie Praxis Didaktik – mit ausgewählten Beiträgen des Saarbrücker Symposiums 1996.* St. Ingbert, Röhrig Universitätsverlag, pp. 3-20.

Gerzymisch-Arbogast, H. (1999b). Kohärenz und Übersetzung: Wissenssysteme, ihre Repräsentation und Konkretisierung in Original und Übersetzung. In: Gerzymisch-Arbogast, H. et al. (eds.). *Wege der Übersetzungs- und Dolmetschforschung.* Tübingen, Narr, pp. 77-106.

Gerzymisch-Arbogast, H. (1999c). Methodik des wissenschaftlichen Übersetzens. In: Gil, A. et al. (eds.). *Modelle der Translation: Grundlagen für Methodik, Bewertung, Computermodellierung.* Frankfurt a.M., Peter Lang, pp. 287-323.

Gerzymisch-Arbogast, H. (2000). "Text-bound interpretation": Zum Aufschlusswert der Textdimension für die Dolmetschforschung. In: Schmitt, P. A. (ed.). *Paradigmenwechsel in der Translation. Festschrift für Albrecht Neubert zum 70. Geburtstag.* Tübingen, Stauffenburg, pp. 101-119.

Gerzymisch-Arbogast, H. (2001). Translation und Stil. In: Jakobs, E.-M. & Rothkegel, A. (eds.). *Perspektiven auf Stil: Festschrift zum 60. Geburtstag von Barbara Sandig.* Tübingen, Niemeyer, pp. 165-186.

Gerzymisch-Arbogast, H. (2002a/im Druck). The English Freud translations: textlinguistic considerations. In: Frank, A. P. et al. (eds.). *Übersetzung – Translation – Traduction. Ein internationales Handbuch zur Übersetzungs-forschung.* (=Handbücher zur Sprach- und Kommunikationswissenschaft (HSK)). Berlin, de Gruyter.

Gerzymisch-Arbogast, H. (2002b/im Druck). Theme-Rheme Organization (TRO) and Translation. In: Frank, A. P. et al. (eds.). *Übersetzung – Translation – Traduction. Ein internationales Handbuch zur Übersetzungsforschung.* (=Handbücher zur Sprach- und Kommunikations-wissenschaft (HSK)). Berlin, de Gruyter.

Gerzymisch-Arbogast, H. (2002c/im Druck). *Text mapping and translation.* Berlin, de Gruyter.

Groeben, N. (1982). *Leserpsychologie – Textverständnis – Textverständlichkeit.* Münster, Aschendorff.

Groeben, N. & Christmann, U. (1989). Textoptimierung unter Verständlichkeitsperspektive. In: Antos, G. & Krings, H. P. (eds.). *Textproduktion.* Tübingen, Niemeyer, pp. 165-196.

Gülich, E. & Raible, W. (1977). *Linguistische Textmodelle: Grundlagen und Möglichkeiten.* München, Fink.

Hajičová, E. (1994). Topic/focus and related research. In: Luelsdorf, P. A. (ed.) *The Prague School of structural and functional linguistics: a short introduction.* Amsterdam/Philadelphia, John Benjamins, pp. 245-275.

House, J. (1996). Contrastive discourse analysis and misunderstanding: The case of German and English. In: Hellinger, M. & Ammon, U. (eds.). *Contrastive Sociolinguistics.* Berlin, de Gruyter, pp. 345-361.

House, J. (1999). Zur Relevanz kontrastiv-pragmatischer und interkultureller Diskursanalysen für das Fachübersetzen. In: Gerzymisch-Arbogast, H. et al. (eds.). *Wege der Übersetzungs- und Dolmetschforschung.* Tübingen, Narr, pp. 43-54.

Kalverkämper, H. & Weinrich, H. (eds.) (1986). *Deutsch als Wissenschaftssprache.* 25. Konstanzer Literaturgespräch des Buchhandels, 1985. Tübingen, Narr.

Knowles, F. (1999). 'New' versus 'old'. In: Hickey, L. (eds.). *The Pragmatics of translation.* Philadelphia, Multilingual Matters, pp. 103-114.

Koenitz, B. (1987). *Thema-Rhema-Gliederung und Translation.* Leipzig, VEB Verlag Enzyklopädie.

Koskela, M. (1996). Thematic patterning in scientific and popular scientific texts. In: Kalverkämper, H. & Baumann, K.-D. (eds.). *Fachliche Textsorten: Komponenten – Relationen – Strategien.* Tübingen, Narr, pp. 774-788.

Lötscher, A. (1983). *Satzakzent und Funktionale Satzperspektive im Deutschen.* Tübingen, Niemeyer.

Lötscher, A. (1987). *Text und Thema: Studien zur thematischen Konsistenz von Texten.* Tübingen, Niemeyer.

Luelsdorff, P. A. (ed.) (1994). *The Prague School of structural and functional linguistics: a short introduction.* Amsterdam, Benjamins.

Lutz, L. (1981). *Zum Thema „Thema". Eine Einführung in die Thema-Rhema-Theorie.* Hamburg, Hamburger Buchagentur.

Mathesius, V. (1929). Zur Satzperspektive im modernen Englisch. *Archiv für das Studium der neueren Sprachen und Literaturen* 155, 202-210.

Samuelson, P. A. & Nordhaus, W. D. (^{12}1985). *Economics.* New York, Mac-Graw-Hill.

Schwinger, L. (1977). *Zur Pluralbildung von Substantiven bei Hörgeschädigten.* Villingen-Schwenningen, Neckar-Verlag.

Sgall, P. (1974). Zur Stellung der Thema-Rhema-Gliederung in der Sprachbeschreibung. In: Daneš, F. (ed.). *Papers on functional sentence perspective.* Prague, Academica, pp. 54-74.

Thein, M. L. (1994). *Die informelle Struktur im Englischen: Syntax und Information als Mittel der Hervorhebung.* Tübingen, Niemeyer.

Wall, R. E. (1973). *Einführung in die Logik und Mathematik für Linguisten.* Kronberg/Ts., Scriptor.

Weil, H (1844). *De l'ordre des mots dans les langues anciennes comparées aux langues modernes.* Paris, Question de grammaire générale.

Weinrich, H. (1986). Die Spitzenforschung spricht Englisch – oder etwa nicht? – Zur Einführung. In: Kalverkämper, H. & Weinrich, H. (eds.). *Deutsch als Wissenschaftssprache.* 25. Konstanzer Literaturgespräch des Buchhandels, 1985. Tübingen, Narr, pp. 17-19.

STRATEGIEN BEI DER FACHÜBERSETZUNG INS DEUTSCHE

Radegundis Stolze

Technische Universität Darmstadt

Das Übersetzen fachlich gebundener Texte ist Fachkommunikation als Sprechen im und über ein Fach. Das Übersetzen von Fachtexten als Fachkommunikation ist schwieriger als das Übersetzen gemeinsprachlicher Texte, denn es sind hier Gegenstände angesprochen, die nicht unbedingt allgemein verständlich sind. Man kann einen Fachtext nur übersetzen, wenn man ihn zuvor verstanden hat. Hierzu ist ein gewisses Maß an Vorkenntnissen erforderlich, denn die Fachübersetzung kann nicht sprachkontrastiv beschrieben werden. Strategisch eruiert der Übersetzer zuerst die außersprachliche Einordnung des Textes im Fach, beachtet sodann die spezifische Begriffsbildung in Bezug auf die Fachausdrücke des Fachgebiets und die fachsprachliche Wortbildung im Deutschen. Bei der Textproduktion in der Übersetzung sind vor allem die Textsortennormen und die besondere Ausdrucksweise im Funktionalstil sowie die adressatenbezogenen Aspekte der Verständlichkeit zu beachten. Der Umgang des Übersetzers mit seinem Text ist ganzheitlich angelegt.

1. Ganzheitliche Texteinordnung

Am Anfang steht die Frage: "Wie verstehe ich denn einen Fachtext? " Fachleute unterscheiden sich ja durch ihre spezifischen Kenntnisse im Rahmen ihres Arbeitsbereiches von den sogenannten Laien, die negativ definiert sind als diejenigen, die "nichts wissen", "etwas nicht gelernt haben" (Kalverkämper 1998: 2). Dies ist freilich ein relativer Begriff, denn jedermann wird durch Aus- und Weiterbildung irgendwann einmal in einem Bereich zum Experten. Das Expertenwissen der Übersetzer bezieht sich sodann, im Unterschied zu dem der Fachleute mit Fremdsprachenkenntnissen, auf die besonderen Techniken des fachsprachlichen Redens, dann ist auch der Umgang mit sprachenpaarspezifischen Unterschieden leichter möglich. Für das Verständnis und die Übersetzung ist es also wichtig zu wissen, *wer, wann, wo, wozu* diesen Text produziert hat. Dann wird das eigene vorhandene Vorwissen aktiviert. Folgende Fragen sind zu stellen:

- In welchen Wissenschaftsbereich gehört der Text: Natur- und Technikwissenschaften oder Sozial- und Geisteswissenschaften? Zu welchem Fachgebiet?

- Ist es ein älterer oder ein neuerer Text?

- Wer ist der Verfasser? Stammt der Text von einem Wissenschaftlicher, Journalisten, Werkstattangehörigen, Kaufmann, Studenten, Anonymus usw.? Die Stilebene ist jeweils verschieden.

- Wo ist der Text erschienen: Fachbuch, Zeitung, Geschäftsbrief, Bedienungsanleitung, Verwaltungsvorschrift, Bericht, usw.? Dies zeigt die Adressatenorientierung.

Das Problem besteht darin, dass ich als Übersetzerin es mit "fremden Texten" zu tun habe und übersetzen soll für Leser, die meist auch nicht zu meiner sozialen Gruppe gehören. Die Empfänger von Fachübersetzungen sind aber wiederum Fachleute des betreffenden Gebiets, und eine Übersetzung soll als Fachtext erscheinen. Man sollte daher mitdenken können, über ein gewisses technisches Verständnis verfügen und wissen, um welches Gerät oder welchen Versuch es sich handelt. Auch bei rechtlichen Texten sind juristische Grundkenntnisse hilfreich. Der Zweck der Texte ändert sich beim Fachübersetzen meistens nicht und kann daher beibehalten werden.

Die Texte sind immer als ein Ganzes zu betrachten, denn die einzelnen Elemente haben ihre spezifische Bedeutung nur innerhalb des Textganzen. Dies bedeutet, dass nicht zunächst eine Textanalyse vorgenommen wird, sondern dass der Text zuerst ganz durchzulesen ist. Viele Fragen werden schon vom Text selbst beantwortet, und der Anfang wird oft vom Ende her erst verständlich. Der Titel oder die Texteinleitung sind ein entscheidender Hinweis auf den Textinhalt und damit auf den angesprochenen Bedeutungsbereich.

2. Begriffsbildung und Fachausdrücke

Der wichtigste Aspekt an Fachtexten sind die Fachausdrücke, die korrekt wiedergegeben werden müssen. Dabei ist es wichtig, den Unterschied der Begriffsbildung in den Geistes- und Sozialwissenschaften GSW (Politik, Wirtschaft, Recht, Soziologie, Theologie, Literaturwissenschaft usw.) und in den Natur- und Technikwissenschaften NTW (Chemie, Physik, Maschinenbau, Hoch-/Tiefbau, Straßenbau usw.) zu beachten. Die Organisation der Vorstellungen ist von den Inhalten der verschiedenen Fachgebiete abhängig, und es ist einsichtig, dass

Begriffe aus dem Bereich der Sozialwissenschaften anders aufgebaut sein werden, als solche bei Software zum Beispiel.

Grundlage der naturwissenschaftlich-technischen Terminologie ist eine logisch-exakte Begriffsbildung. Es geht hier um Benennen und Klassifizieren von Gegenständen und Sachverhalten. Durch Verallgemeinerung werden die wesentlichen Eigenschaften der fachlichen Gegenstände, wie z.b. Beschaffenheit, Funktion und Beziehung, in der Definition erfasst und im Begriff als geistige Vorstellung zusammengeführt. Man unterscheidet dabei zwischen Oberbegriffen und Unterbegriffen. Ein sogenannter Oberbegriff ist recht allgemein und umfasst sehr viele Gegenstände, die über das gleiche Merkmal verfügen, z.B. *Fahrzeuge* = *Raum-, Wasser-, Luft-, Bodenfahrzeuge.* Ein Unterbegriff ist etwas spezieller, er enthält mindestens ein unterscheidendes Merkmal mehr. Ein Oberbegriff impliziert den Unterbegriff immer, aber nicht umgekehrt. Durch Hinzufügen von unterscheidenden Merkmalen entsteht eine Begriffsleiter, nebengeordnete Unterbegriffe bilden eine Begriffsreihe. Die einzelnen Begriffe sind untereinander vernetzt und haben einen exakten Standort im Begriffssystem. Begriffe werden dann mit leicht zu handhabenden Benennungen, den "Termini" bezeichnet. Oft werden neue Wörter als Benennungen auch künstlich gebildet. Diese werden in präzisen Nomenklaturen für eine gewisse Zeit festgehalten. Beispiel eines Begriffssystems:

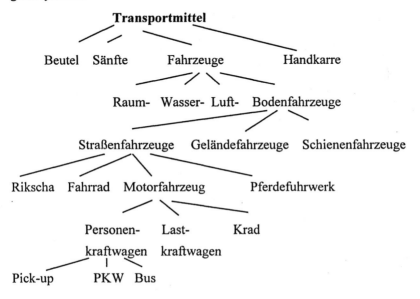

Die Termini sind freilich in mehreren Sprachen keineswegs immer bedeutungs-
gleich. Bei der Erstellung mehrsprachiger Glossare als Liste von Termini ist daher der Äquivalenzstatus zu prüfen. Wenn sich Begriffe in zwei Sprachen nicht
völlig decken, dann können die Termini nicht als "Äquivalente", sondern nur als
"Entsprechungen" bezeichnet werden. Ein Vergleich von Termini unterschiedlicher Sprachen kann grundsätzlich zu folgenden Ergebnissen führen, wie Arntz
& Picht (1982: 143) ausführen: Die Begriffe A und B stimmen voll überein und
decken sich (Äquivalenz); A ist weiter als B, schließt B aber ganz ein (Inklusi-
on); der Begriff A bzw. der Begriff B fehlt im anderen Sprachgebiet (Lücke);
die Begriffe A und B sind nur teilweise äquivalent, weil einer oder beide Begriffe über einen gemeinsamen Kern wesentlicher Merkmale hinaus noch jeweils
eigene wesentliche Merkmale aufweisen. Bei fehlender Äquivalenz bestehen die
Möglichkeiten der Übernahme oder der Lehnübersetzung eines Wortes aus der
Ausgangssprache, des Prägens eines neuen Ausdrucks oder die Schaffung einer
erklärenden Umschreibung.

Unverzichtbar für die technische Kommunikation ist die zuverlässige Exaktheit
der Terminologie in allen Sprachen. Daher gibt es überall nationale Normungs-
institutionen, welche den Bestand nationaler Fachausdrücke vereinheitlichen
und festlegen, z.B. die DIN-Norm. Die Termini werden dann in Fachwörterbüchern und Datenbanken verwaltet, mit Termini anderer Sprachen korreliert, und
sind bei der Übersetzung stets zu verwenden. Doch bei weitem nicht alle Termini sind genormt. Hier ist Terminologiearbeit erforderlich, da die Fachwörterbücher sehr rasch veralten, und permanent neue Termini entstehen, deren Äquivalenz immer zu überprüfen ist.

In einem Fachtext ist die einmal gewählte Terminologie strikt durchzuhalten,
auch wenn dies als stilistisch unschön oder langweilig empfunden wird. So werden nämlich Missverständnisse vermieden, indem ein gleicher Fachausdruck auf
denselben Gegenstand verweist. Bei Verwendung mehrerer ähnlicher Ausdrücke
(Synonyme) meint dagegen der Leser, es handele sich um verschiedene Objekte.
Auch Zahlen und Werte müssen in solchen Übersetzungen peinlich genau beachtet werden, jeder Tippfehler führt zu gravierenden Fehlern, z.B. *Spulmaschi-
ne* vs *Spülmaschine*, *nagen* vs *nageln*, *Frostschutz* vs *Forstschutz*, *sagen* vs *sägen*, usw.

Anders aufgebaut sind die Fachausdrücke in den Sozial- und Geisteswissenschaften, die "Begriffswörter". Die fachlichen Begriffe beziehen sich hier nicht

auf Gegenstände, sondern auf Inneres, Gefühle, Meinungen, Rechtsvorschriften, Wirtschaftsprozesse, politische Vorstellungen, usw. Wörter aus der Gemeinsprache erhalten einen spezifischen fachlichen Inhalt, der nunmehr neben die weiterbestehende gemeinsprachliche Bedeutung tritt, z.B. *Vater als Kindeserzeuger* und *Vater als Unterhaltsverpflichteter*. Solches ist nur mit fachbezogenem Vorwissen zu verstehen, denn den Wörtern selbst sieht man den Unterschied nicht an. Die Bedeutung von Wörtern kann hier als eine Art Gruppenleistung aufgefasst werden, indem im Dialog die Meinungen immer präziser ausdiskutiert, Gebräuche in der Gruppe herausgebildet und rechtliche Normen in der Gesellschaft gefunden und fortentwickelt werden. Ausgangspunkt der Verständigung ist die Einigung über das Wort und seine Bedeutung. Was heißt z.B. *Inflation*: Ist es ein Effekt von Preissteigerung, Güterverknappung, Lohnkämpfen, Angebotsüberhang, Importdruck, Geldmengenausweitung, Spekulationskapital, etc.? Die Antwort hängt von der wissenschaftlichen Überzeugung ab.

Gemeinsam ist allen Wissenschaften das Bemühen um Präzision, doch das Verständnis geisteswissenschaftlicher Begriffswörter ist immer nur vorläufig, es entsteht durch Konvention unter den Fachleuten, und der Streit um den Inhalt von Begriffswörtern füllt ganze Bibliotheken. Solche Begriffswörter sind interpretatorisch offen, entscheidend ist die "wissenschaftliche Schule", welche dahinter steht. Um als Übersetzer den angemessenen Fachausdruck zu finden, muss man hier also nicht in einer Datenbank recherchieren, sondern den wissenschaftlichen Hintergrund des betreffenden Textes kennen.

Die folgende Abbildung zeigt den Unterschied der Begriffsbildung:

NTW	GSW
Benennen	Beschreiben
Terminus	Begriffswort
Sprache als Bezeichnungsinstrument	Sprache als Erkenntnismittel
Gegenstandsbezogenheit	Humanorientierung
äquivalente Begriffe	intersubjektive Evidenz der Begriffe
Bedeutung systematisch fixiert	Bedeutung konventionell vereinbart
deduktive Herleitung	diskursive Präzisierung
Bedeutung normierbar	Bedeutung interpretatorisch offen
Objekteigenschaften	Wissenschaftsperspektive
kumulative Anhäufung neuer Benennungen	Uminterpretation von Bezeichnungen
Objekte, Sachverhalte	Vorstellungen, Prozesse, Entwicklungen
Terminus hat Ort im Fachbereich	Begriffswort aus Denkschule
geschlossenes System	offenes System
Analyse	Interpretation

3. Die fachsprachliche Wortbildung im Deutschen

Nach der Feststellung des Äquivalenzstatus von Termini oder der Fachhermeneutik der Begriffswörter ist auch deren fachliche Ausdrucksform wichtig. Ein Fachtext soll ja nicht laienhaft klingen, sondern er verwendet bestimmte Formeln der Wortbildung.

Es ist eine besondere Leistung der deutschen Sprache, dass sie über Wortbildungsverfahren verfügt, die sehr konzentrierte präzise Ausdrücke ermöglichen. Um einem Fachtext auch sprachliche Akzeptanz zu verleihen und zugleich sein Verständnis zu erleichtern, sind solche Wortbildungsverfahren besonders zu beachten. Hier gibt es einige Ähnlichkeiten zwischen Deutsch und Englisch im Gegensatz zu den romanischen und anderen Sprachen als Ausgangssprache bei der Übersetzung ins Deutsche.

Die wichtigsten in den Fachsprachen verwendeten Wortarten sind Substantiv und Adjektiv, da hiermit die Eigenschaften und die fachlichen Gegenstände bezeichnet werden. Verben werden im Deutschen mit der Endung *–ung* nominalisiert und dienen dann zur Bezeichnung von Vorgängen und Handlungen, z.B. *steigern > Steigerung, bearbeiten > Bearbeitung.* In der Technik werden vom

Menschen mit Hilfe technischer Mittel bestimmte technische Vorgänge an technischen Objekten vollzogen, und die begrifflichen Charakteristika der Mittel, Vorgänge und Objekte werden wissenschaftlich erfasst und mit bestimmten Wörtern und Morphemen bezeichnet. In Wortzusammensetzungen entstehen so aus einfachen umgangssprachlichen Wörtern Fachausdrücke, z.B. *heizen* > *Heizkörper* (Mittel), *formen* > *Formkörper* (Objekt), *spielen* > *Spielwaren* (Objekte), *sägen* > *Sägehandwerk* (Beruf), *drehen* > *Drehteil* (Mittel: ein sich drehendes Teil, Objekt: auf der Drehmaschine bearbeitetes Teil) (Neubert 1989: VI).

Die Menge solcher "Kategorisierungssignale" in der deutschen Fachsprache ist begrenzt, und es ist für den Übersetzer interessant, sich solche Wortbildungsprodukte zu verdeutlichen. Es gibt sie auch in anderen Einzelsprachen (vgl. Stolze 1999: 59). Man kann sie verwenden, um selbst Fachausdrücke zu bilden, und man kann Fachtexte daran erkennen. In entsprechenden Komposita steht das kategorisierende Wortelement immer in Endstellung (Handels*artikel*, Glaswa*ren*, Antriebs*bewegung*, Straßen*bau*, usw.). Das Grundwort wird durch das Bestimmungswort determiniert: *Hochofen* ('hochgestellter Ofen'). Was die formale Bildung anbelangt, so sind im Deutschen die Wortzusammensetzungen als *Substantiv-Substantiv-* oder *Adjektiv-Substantiv*-Komposition als Wortbildungsverfahren sehr produktiv (Wilss 1986). Solche Wortbildungen ermöglichen sprachökonomisch eine semantische Konzentration auf geringstmöglichem Raum.

Man vergleiche folgende Bezeichnungen: *ein planfestgestellter Autobahnabschnitt, vertaktete Direktfahrten im Nahverkehr, betriebsbedingte Änderungskündigung.*

Solche Wortzusammensetzungen sind typisch für die Fachkommunikation in deutscher Sprache, nicht allein in NWT: *Kombinationszange, Gleitgelenk, Radioaktivität, Ventilator-Zellenkühltürme, Weihnachtswohlfahrtsbriefmarkenheftchen,* etc., sondern auch in GSW: *Grundpfandrechtsbestellung, Zwangsvollstreckungsunterwerfung, Darlehensauszahlungsanspruch, Notariatsfachangestellte, Dekanatsökumenebeauftragter,* etc.

Sie sind bei einer Übersetzung ins Deutsche unbedingt zu verwenden, auch wenn dadurch eine wörtliche Strukturgleichheit mit dem Ausgangstext verschwindet. Im Deutschen und Englischen steht das Grundwort am Ende, das Bestimmungswort davor. In den romanischen Sprachen ist es umgekehrt, auch das

Russische folgt deren Ordnung. Anhand eines mehrgliedrigen Begriffs kann die Struktur verdeutlicht werden:

D: 1-2-3-4: *Bremsstörungskontrolllampe*

E: 1-2-3-4: *brake failure warning lamp*

F: 4-3-2-1: *témoin détecteur d'incident de frein*

I: 4-3-2-1: *lampada pilota di disturbo del freno*

P: 4-3-2-1: *lâmpada de controle de folha de freio*

Während es im Französischen neuerdings auch immer mehr Binomina gibt (*rince-bouteille*/Flaschenspülanlage, *faucheuse-batteuse*/Mähdrescher, *inversion chiffres*/Zahlendreher), ist hier die syntagmatische Erweiterung mit *de* oder *à* das Pendant zum deutschen Kompositum. Die begriffliche Zergliederung der Objektwelt bis in die kleinsten analysier- oder theoretisierbaren Einheiten /Zustände/Vorgänge verlangt von jeder Fachsprache entsprechend sondernde Termini, die im Vergleich zu den Bezeichnungen der Gemeinsprache auffallend vielgliedrig sein können und müssen. Dies resultiert aus dem Erfordernis, dass der Fachterminus alle charakteristischen Merkmale der präzisen Individuation enthalten muss.

Es sollten immer die zielsprachlich üblichen Wortbildungsmöglichkeiten genutzt werden. Ein Übersetzungsproblem entsteht hier nur, wenn diese Sprachtendenzen im Sprachenpaar verschieden sind, wie z.B. bei der Übersetzung aus romanischen Sprachen ins Deutsche. Beispiele:

hôpital du district	*Krankenhaus des Landkreises	> Kreiskrankenhaus
histoire des idées	*Geschichte der Ideen	> Ideengeschichte
hausse des dépenses	*Steigerung der Ausgaben	> Ausgabenerhöhung
excès de demand	*Überschuss der Nachfrage	> Nachfrageüberhang
approvisionnement	*Versorgung der Stadt	> städtische Trink-
de la ville en potable	mit Trinkwasser	wasserversorgung

Die langen französischen und italienischen Wortbildungen tendieren außerdem neuerdings zum verkürzenden Relationsadjektiv, das im Deutschen auch überwiegend der Wortzusammensetzung entspricht (Stolze 1999: 73).

maison culturelle   Kulturzentrum

orchestre symphonique	Symphonieorchester
commerce extérieur	Außenhandel
conduction électrolytique	Elektrolyseleitung
prise téléphonique	Telefonanschluss
système nerveux	Nervensystem

In den meisten Fällen finden sich komplexere fachsprachliche Wortbildungsprodukte nicht in den Fachwörterbüchern verzeichnet. Wenn der Übersetzer aber über die Bildungsmöglichkeiten im Sprachsystem informiert ist, kann er selbst solche Ausdrücke aus den Einzelangaben bilden.

Die fachsprachlichen Wortbildungen im Deutschen sind freilich nicht immer ganz eindeutig. So kann der Ausdruck *Deckenbefestigung* in einer Gebrauchsanleitung sowohl "Befestigung (eines Geräts) an der Decke" oder "Befestigungsvorrichtung am Gerät" als auch "Befestigung der Decke (des Gehäuses)" bezeichnen. Anhand von Abbildungen kann aber eine mehrdeutige Benennung oft leicht analysiert werden (Neubert 1989: VI).

Andererseits verbreiten sich fachlich induzierte Neubildungen auch in der Gemeinsprache sehr leicht, wenn wir z.B. *wheelchair accessible washroom* mit *rollstuhlzugängliche Toilette* übersetzen, ohne zu überprüfen, ob es das zusammengesetzte Adjektiv im Deutschen überhaupt gibt. Aber Vorsicht: semantische Perspektiven sind oft verschieden, denn dem deutschen *Tischbein* entspricht ein fr. "Tischfuß" (*pied de table*), der en. und dt. *Schneedecke* (*carpet of snow*) entspricht der it. "Schneemantel" (*manto di neve*), dem en. *headlight* (Vorderlampe) korrespondiert der dt. *Scheinwerfer*. Mechanisches Übertragen auf der Ebene der Wortbildung funktioniert also meist nicht. Bei der Übersetzung ins Deutsche ist jedoch generell auf eine Kondensierung der Wortbildung zu achten.

4. Der Funktionalstil

Der Sinn der Fachkommunikation ist die präzise, sprachökonomische, neutrale Informationsweitergabe über fachliche Gegenstände. Es ist eine besondere Charakteristik von Fachtexten, dass sie informativ, allgemein gültig, verfasserneutral sind. Dazu hat sich ein besonderer Funktionalstil herausgebildet, der nicht immer den gemeinsprachlichen Vorstellungen von gutem Stil entspricht. Um für

Fachübersetzungen zielsprachliche Akzeptanz zu erreichen, ist ein solcher Stil zu verwenden.

In der Tendenz zur begrifflichen Verfestigung und Sachorientierung in den Fächern treten die bedeutungsstarken Substantive mit schwachen Verben in Funktionsverbgefüge, die präzisere Information vermitteln, z.b.

- verschweigen   > auf die Nennung verzichten
- wohnen   > den Wohnsitz haben
- sich aufhalten   > den Aufenthalt haben
- wachsen   > an Größe zunehmen, Zuwachs erfahren
- zahlen   > eine Zahlung tätigen, Betrag entrichten
- verlieren   > einen Verlust erleiden.

Die für die präzise Aussageweise erforderliche explizite Spezifizierung kann durch ausführliche Attribut-Sätze und Relativsätze mit vielen Substantiven, sowie Konditionalsätze erzielt werden, es gibt nur wenige Zeiten, wie Präsens und Imperfekt. Beispiele:

- Eine Kostenerstattung kann nicht erfolgen. Eine Fristsetzung ist erfolgt. *(Substantivierung)*

- Alle damit verbundenen Eigentümerrechte und Rückgewähransprüche werden hiermit mit Wirkung ab Bezahlung des Kaufpreises, in jedem Falle aber ab Eigentumsumschreibung, auf den Käufer übertragen. *(Attributsatz)*

- Die Welle wird durch das auf der Achse festsitzende Stirnrad angetrieben. *(Attributsatz)*

- Von einem Rohstoffhersteller wurde eine Technologie zur Produktion von Kautschukpulver mit bereits inkorporiertem Füllstoff entwickelt. *(Attributsatz)*

- Der die das Recht auf Steuererhöhungen betreffenden Fragen bearbeitenden Kommission steht die alleinige Entscheidung zu. *(Attributsatz)*

- Wenn durch irgendeinen Fehler eine Spannung zwischen dem Gehäuse und der Erde auftritt, müssen... *(Konditionalsatz)*

- Immunmodulatorische Effekte wurden für eine Reihe von Hormonen wie ... gesehen. *(Imperfekt)*

Die Anonymisierung der Aussagen erfolgt besonders mittels Passivkonstruktionen und dem abstrakten Agens, denn die Aktion als solche und die Rolle der
handelnden Personen ist wichtiger als diese selbst. Beispiele:

- Dabei wird dem posttraumatisch alterierten Immunsystem mit resultieren-
  der hyperinflammatorischer Situation eine große Bedeutung als eine der
  Ursachen für septiforme Komplikationen und konsekutivem MOV beige-
  messen. *(Attributsatz mit Passiv)*
- Neuere Therapieansätze beschäftigen sich damit, Maßnahmen zur Im-
  munmodulation aufzuzeigen. *(abstraktes Agens)*
- Das Gericht weist darauf hin, dass... *(abstraktes Agens)*
- Die Durchführung des Experiments ermöglicht die allgemeine Nutzung
  der Auflösung des von einem Neutron getroffenen Atomkerns. *(abstraktes
  Agens, Funktionsverbgefüge)*
- Die Wohnung des Beschuldigten wurde durchsucht. *(Passiv ohne Täter-
  angabe)*

Mit Standardformeln wird Gleichbleibendes versprachlicht, z.B.

- "Die Kosten des Verfahrens werden gegeneinander aufgehoben",
- "Haltbar bis einschließlich... "
- "Die Ehe der Parteien wird geschieden. " usw.

Allgemeine Handlungsanweisungen erfolgen meist im imperativischen Infinitiv,
sowie mit Imperativ+*bitte*, mit *müssen*, mit *ist/sind zu.* Beispiele:

- Zum Verriegeln Schlüssel abziehen und Lenkrad einrasten.
- Deponieren Sie bitte keine schweren Gegenstände auf der Hutablage.
- Der Beckengurt muss über das Becken des Kindes verlaufen.
- Die Unterlagen sind einzureichen bis zum....

5.   Die Textsortennormen und Verständlichkeit

Die Fachkommunikation als Sprechen und Schreiben in bestimmen Fächern ist
an wiederkehrende Kommunikationssituationen entsprechend der Adressaten
gebunden, was mit der Textfunktion zusammenhängt. So haben sich hier bestimmte gleichbleibende Textsorten herausgebildet. Sehr viele Fachtexte gehören einer bestimmten Textsorte an, wie z.B. Geschäftsbriefe, Bedienungsanleitungen, Patentschriften, Gerichtsurteile, wissenschaftliche Fachartikel, Kauf-,

Lizenz- und andere Verträge, Bilanzen, Arbeitszeugnisse, usw. (Stolze 1999: 132 ff).

Solche Textsorten sind meist im gesamten Textaufbau als ihrer Makrostruktur festgelegt, weshalb die ganzheitliche Textbetrachtung sehr wichtig ist. Es gibt aufschlussreiche Textgliederungssignale wie Einleitungsformeln, Briefschlüsse, Zwischenüberschriften, Aufzählungszeichen, fixierte Textbausteine, juristische Standardformeln. Fachliche Adressaten als Leser der Fachübersetzungen erwarten entsprechende Signale in ihrem Text. Auch der logische Aufbau ist wichtig. Wenn der Ausgangstext hier Defekte aufweist, kann dies in der Übersetzung verbessert werden. Hier ist für Übersetzer die Arbeit mit Paralleltexten, also vergleichbaren Textsorten in verschiedenen Sprachen, sinnvoll, um typische Unterschiede, aber auch Ähnlichkeiten festzustellen. Wenn nicht anders verlangt, soll die zielsprachlich übliche Textsorte eingesetzt werden. Dies führt bei manchen Ausgangstexten zu stärkeren Veränderungen und Abweichungen vom wörtlichen Übersetzen.

Auch die Kommunikationsform ist wichtig, also die Frage, ob es sich um fachinterne Kommunikation zwischen Wissenschaftlern desselben Fachgebiets handelt, oder um Texte von Fachleuten für Laien (Möhn & Pelka 1984: 150). Verständlichkeit als Grundanforderung an Fachtexte, auch als Übersetzungen, meint nämlich nicht Allgemeinverständlichkeit. Vielmehr ist ein Text dann verständlich, wenn er den Wissensvoraussetzungen seiner Adressaten entspricht.

Wissenschaftliche Texte, die übersetzt werden, sollen auch in der Zielsprache der wissenschaftlichen Diktion folgen und beispielsweise eingeführte Fremdwörter beibehalten, auch wenn sich der Übersetzer oft nicht so ganz sicher ist. Demgegenüber sind bei Texten für die Öffentlichkeit, wie z.B. Bedienungsanleitungen, die Regeln der Verständlichkeit zu beachten. Als Verständlichkeitsförderer dienen u.a. kurze Sätze mit nur einer Aussage, gebräuchliche Wörter, konsistente Terminologie, Erklärung sozialwissenschaftlicher Begriffswörter (Deppert 2001: 344ff). Einige Regeln allgemeinverständlicher Textproduktion sind:

NTW	GSW
▪ Gebräuchliche Wörter verwenden ▪ Termini durchgängig gleich, keine Synonyme ▪ Chronologische Handlungsabfolge in der Aussage ▪ Kurze Sätze mit nur einer Aussage ▪ Relativsätze statt attributive Konstruktionen ▪ Keine Konditionalsätze ▪ Kein Passiv, wenn Befehl gemeint ist ▪ Verwendung grafischer Gliederungszeichen	▪ Begriffswörter definitorisch erläutern ▪ Eingeführte Fachausdrücke belassen ▪ Sparsame Synonymverwendung zur stilistischen Variation ▪ Überlange Sätze kürzen und keine Satzklammern verwenden ▪ Passivkonstruktionen zur syntaktischen Abwechslung erlaubt ▪ Inhaltlich lineare Textgliederung mit Kohärenzmarker

5. Formale Aspekte

Bei manchen Texten, v.a. bei Software und Bedienungsanleitungen, kann es wichtig sein, dass sie in eine vorgegebene Form, z.b. ein Kästchen, eine Seite oder dergleichen hineinpassen. Dann sind unter Umständen Verkürzungen erforderlich, denn deutschsprachige Texte sind wegen der Wortbildungsstrukturen tendenziell länger als englische, jedoch kürzer als solche in romanischen Sprachen. Entsprechende Textveränderungen haben dann nichts mit sprachenpaarspezifischen Schwierigkeiten zu tun, sondern gründen auf solchen außersprachlichen Zwängen.

Auch die formale Gestaltung der Texte, das Layout, ist schließlich zu beachten. Illustrationen, Abbildungen usw. sind fester Bestandteil des Textes. Der sprachliche Textteil ist auf diese hin formuliert und allein oft kaum verständlich. Deshalb sollten solche Abbildungen bei der Übersetzung auch vorliegen und einbezogen werden. Die Übersetzung sollte nicht redundant im Verhältnis zur Bildinformation sein, indem etwa Dinge beschrieben werden, die in der Abbildung ohnehin zu sehen sind.

Schriftfonts können in verschiedenen Ländern unterschiedliche Wirkung haben, vgl. deutsche Fraktur erinnert an die Zeit des Naziregimes, Kapitälchen werden in amerikanischen Texten gerne verwendet und sollten nicht im Deutschen mit Großbuchstaben wiedergegeben werden, die Franzosen und Italiener bevorzugen eine vielfache Untergliederung in A), B), C), a., b., c., 1, 2, 3, i., ii., iii., usw. Dies ist im Deutschen nicht üblich. So dürfen in der Übersetzung durchaus Veränderungen vorgenommen werden.

6. Zusammenfassung

Es ist deutlich, dass die verschiedenen genannten Strategien bei der Fachübersetzung sich jeweils am Textganzen orientieren und in je spezifischer Weise verknüpft sind. Es werden nicht einzelne Sätze miteinander verglichen, sondern es ist stets ein satzübergreifender Ansatz wichtig. Manche punktuelle Unklarheit löst sich nämlich mit Blick auf das Textganze auf. Die nachstehend aufgelisteten "translatorischen Kategorien" des Umgangs mit Texten in Bezug auf Fachsprachlichkeit, Textfunktion, Stilistik und Form sollen die Übersetzer sensibilisieren, auf was man zu achten hätte. Sie kommen in jedem Text, allerdings in unterschiedlicher Gewichtung vor. Es ist immer zu fragen, was beim gegebenen Text am wichtigsten ist, welche anderen Aspekte nachrangig sind. Wegen der Verschiedenartigkeit der Einzelsprachen kann nicht immer alles gleichermaßen in einer Übersetzung erhalten bleiben.

Textsituierung und Verstehen	
Wissenschaftsbereich	Naturwissenschaft/Technik oder Sozial-/Geisteswissenschaft, Verfasser, Erscheinungsort, Zeit
Fachgebiet	Domäne, Fachgebiet, Kommunikationsniveau
Begrifflichkeit	Wissenschaftsspezifische Begriffsbildung (Definition/ Deduktion vs. Konvention/Interpretation)

Translatorische Kategorien der Textproduktion	
Fachsprachlichkeit	Äquivalenzstatus von Termini, Fachhermeneutik der Begriffswörter, sprachspezifische Wortbildungsformen
Textfunktion	Textsorten, Makrostruktur, Adressatenspezifik, Kommunikationsform
Stilistik	Funktionalstil, Formeln, Textbausteine, Verständlichkeitsförderer, Gliederungsformen
Form	Illustrationen, Layout, Leitzeichen, Schriftfont

7. Literaturverzeichnis

Arntz, R. & Picht, H. (eds.) (1982). *Einführung in die übersetzungsbezogene Terminologiearbeit.* 2. Aufl. 1989. Hildesheim, Olms.

Deppert, A. (2001). *Verstehen und Verständlichkeit. Wissenschaftstexte und die Rolle themaspezifischen Vorwissens.* Wiesbaden, DUV.

Hoffmann, L. (1985). *Kommunikationsmittel Fachsprache. Eine Einführung.* Tübingen, Narr.

Kalverkämper, H. (1998). Fach und Fachwissen. Art. 1. In: Hoffmann, L. et al. (eds.). *HSK – Fachsprachen. Languages for specific purposes.* Berlin, de Gruyter, pp. 1-24.

Möhn, D. & Pelka, R. (1984). *Fachsprachen – Eine Einführung.* Tübingen, Niemeyer.

Neubert, G. (1989). Kurzgefasste Gegenüberstellung der Fachwortbildung im Englischen und Deutschen. Nachwort zu Kucera, A. (1989). *The compact dictionary of exact science and technology. Volume I English-German.* Wiesbaden, Brandstetter.

Snell-Hornby, M. et al. (eds.) (1998). *Handbuch Translation.* Tübingen, Staufenburg.

Stolze, R. (1999). *Die Fachübersetzung. Eine Einführung.* Tübingen, Narr.

Wilss, W. (1986). *Wortbildungstendenzen in der deutschen Gegenwartssprache. Theoretische Grundlagen Beschreibung – Anwendung.* Tübingen, Narr.

KOLLOKATIONEN IN DER FACHSPRACHE:

SCHWERPUNKT FRANZÖSISCH

Franz Josef Hausmann

Universität Erlangen-Nürnberg

Fachsprache hat zwei Dimensionen, das Einzelwort, der Terminus, der meist im Zentrum der Terminographie steht, und die ebenfalls fachsprachliche Kontextualisierung des Terminus in seinen Kollokationen. Diese zweite, oft vernachlässigte Dimension soll in diesem Beitrag im Zentrum der Aufmerksamkeit stehen. Die Demonstration erfolgt in zwei Schritten. In einem ersten Kapitel wird ein für das Fremdsprachenlernen fruchtbarer Kollokationsbegriff entwickelt. Das zweite Kapitel rezensiert sodann ein rezentes Lernwörterbuch der französischen Wirtschaftssprache, das dem Kollokationslernen in vorbildlicher Weise Raum gibt. Es handelt sich um den *Dictionnaire d'apprentissage du français des affaires* (DAFA) von J. Binon u.a. (Paris, Didier, 2000).

1. Was sind Kollokationen?

Die Kollokation ist die phraseologische Kombination von Basis und Kollokator (Hausmann 1999a, b). Die Basis ist ein Wort, das ohne Kontext definiert, übersetzt und gelernt werden kann. Der Kollokator ist ein Wort, das nicht ohne Kontext definiert, übersetzt und gelernt werden kann. Eine typische Basis ist etwa das Wort *Streichholz*. Es bedarf keines Kontextes, um dieses Wort definieren zu können ("kleines Stäbchen aus Holz mit einem Kopf aus einer leicht entzündlichen Masse, die sich beim Reiben auf einer dafür präparierten Fläche entzündet") und um es in andere Sprachen übersetzen zu können (französisch *allumette*, englisch *match*). Ein typischer Kollokator ist etwa das Verbum *anreißen*. Hier sind Definition und Übersetzung ohne Kontext nicht möglich ("am Rande einreißen"? "mit Hilfe einer Leine in Gang setzen"? "mit einem spitzen Gerät Linien angeben"? "zur Sprache bringen"?). Erst im Kontext wird der Kollokator definierbar, übersetzbar und lernbar: *ein Streichholz anreißen* = anzünden (französisch: *craquer une allumette*, englisch *to strike a match).* Bezeichnet man die Ebene des semantischen Kontextverhaltens der Wörter als Semiotaxis, so kann man die Basen als "semiotaktisch autonom" beschreiben, die Kollokatoren hingegen als "semiotaktisch abhängig". Phraseologisch (oder idiomatisch) ist die

Kombination dann, wenn sie in der vorliegenden Form in der Sprache (der Sprache als Norm, nicht nur der Sprache als System) üblich ist und vor anderen, theoretisch möglichen, bevorzugt wird. So sagt man im Französischen zwar auch *gratter* und *frotter une allumette*, aber nicht etwa **tirer une allumette,* während man im Deutschen üblicherweise nicht sagt: *ein Streichholz *ankratzen, *anreiben.* Mit den sogenannten idiomatischen Redewendungen (z.B. *jemanden durch den Kakao ziehen* oder *er geht mir auf den Wecker*) teilen die Kollokationen eine gewisse Blockverfügbarkeit (sie sind im Gedächtnis als phraseologische Einheit gespeichert), sie unterscheiden sich aber von ihnen durch die Existenz der Basis. Die Redewendungen haben keine Basis, da sie nur *en bloc* Bedeutung haben und die verwendeten Wörter nicht für sich selbst stehen. Es geht in den obigen Beispielen weder um Kakao noch um einen Wecker, wohingegen es in der obigen Kollokation sehr wohl um ein Streichholz geht. Redewendungen sind nicht das Ergebnis kompositioneller Kombination (z.B. *ein Haus zerstören*) noch von Semiotaxis (*einen Baum fällen*). Man hat versucht, Ähnlichkeit und Unterschied zwischen Redewendung und Kollokation dadurch auf den Begriff zu bringen, dass man die Redewendung als *Phrasem* bezeichnet und die Kollokation als *Halbphrasem.*

Für den Fremdsprachenlerner liegt ein wichtiger Unterschied zwischen Redewendung und Kollokation darin, dass die Redewendung vorrangig ein Problem der Sprachrezeption aufwirft, die Kollokation hingegen ein Problem der Sprachproduktion. Wer nicht ein paar Tausend Redewendungen passiv beherrscht, der wird beim Verstehen vieler Texte, z.B. vieler Zeitungstexte, scheitern. Dagegen ist eine korrekte Text*produktion* auch ohne Einsatz von Redewendungen denkbar. Der didaktische Stellenwert einer Lehre der Redewendungen zum aktiven Gebrauch ist zweifelhaft. Umgekehrt stellt sich für die Kollokationen kein über die Kenntnis der beteiligten Wörter hinausgehendes Verstehensproblem. Die Basen sind oftmals Wörter des Grundwortschatzes, die Bedeutung der Kollokatoren ergibt sich aus ihrer Kombination mit der Basis. Wer weiß, dass italienisch *doccia* französisch *douche* entspricht und *fare = faire*, der versteht schon, dass *fare la doccia* offenbar französisch *prendre une douche* entspricht. Ganz anders ist die Situation, wenn es darum geht, das französische *prendre sa douche* auf italienisch auszudrücken. Nun reicht es nicht mehr, dass man ganz allgemein die Wörter *doccia* und *fare* kennt. Man muß wissen, dass der Kollokator zu *doccia* nicht etwa *prendere* ist – obwohl *prendre le train = prendere il treno* – sondern *fare*. Wer das nicht weiß, kann das Wort *doccia* in der Mehrzahl der Fälle gar nicht adäquat benutzen. Das Problem der Kollokation liegt mithin in der aktiven Verfügbarkeit des Kollokators, das Problem der Redewendung dagegen in der Verstehbarkeit der gesamten Einheit.

Was nun die Wortarten betrifft, so kann man sagen, dass die typische Basis ein Substantiv ist, sei es konkret (*Schuh, Aufzug, Nagel, Geld*) oder abstrakt (*Krankheit, Problem, Sieg, Termin, Zorn*). Zur substantivischen Basis gesellt sich als typischer Kollokator ein Adjektiv (*knapp, verwickelt, heikel*) oder ein Verb, sei es ein ganz banales (*tun, machen, holen*), sei es ein spezifischeres (*einlaufen, abheben, aufgreifen, einhalten*), wobei das Verb syntaktisch die Basis als Objekt regieren kann (wie die vier genannten transitiven Verben) oder von der Subjektsbasis regiert werden kann (*Wind flaut ab, Zorn verraucht*). Der Kollokator der Substantivbasis kann aber auch seinerseits substantivisch sein. Die Basen *Hitze, Zorn* und *Wut* haben als Kollokatoren *Wallung, Ausbruch* und *Anfall* (*Hitzewallung, Zornausbruch, Wutausbruch, Wutanfall*, nicht aber *Zornanfall oder *Hitzeanfall, im Französischen hingegen *bouffée de chaleur* und *bouffée de colère*). Verb und Adjektiv sind nur in soweit Basis, als sie von adverbialen Kollokatoren determiniert werden (*es regnet in Strömen, diametral entgegengesetzt*).

Wieviele Kollokationen muß ein Fremdsprachler aktiv beherrschen? Wenn man sich klar macht, dass eine große Zahl banalster Alltagsaussagen kollokativ geregelt ist (Sagt man *tun* oder *machen* oder beides? Sagt man englisch *broad* oder *wide* oder beides mit und ohne Bedeutungsunterschied?) und dass man nicht nur die kontrastiv abweichenden Kollokatoren lernen muss (spanisch *dar un paseo* "einen Spaziergang *geben"), sondern wegen der dadurch erfolgten Destabilisierung des Lerners auch die übereinstimmenden, dann wird klar, dass es sich um Zehntausende von Einheiten handelt.

Gute einsprachige Wörterbücher sind reich an Kollokationen, aber es ist uns kein allgemeines einsprachiges Wörterbuch bekannt, das eine systematische Kontrolle der Kollokationsangaben ausübte. Die einzelne Kollokation steht im Basisartikel oder in beiden oder weder in dem einen noch in dem anderen. Als Beispiel nehmen wir das größte existierende Wörterbuch einer modernen Sprache, den *Trésor de la langue française* (TLF). Hier zuerst 15 Kollokationen mit nominaler Basis und ihr Vorkommen im jeweiligen Artikel:

craquer	(+)	une allumette	(+)
frotter	(-)	une allumette	(+)
gratter	(+)	une allumette	(+)
briser	(+)	ses chaussures	(-)
planter	(+)	un clou	(+)
passer	(-)	sous la douche	(+)
prendre	(+)	une douche	(-)
un problème	(-)	épineux	(-)
un silence	(-)	de cathédrale	(-)
un silence	(-)	épais	(-)
se murer	(+)	dans le silence	(-)
le vent	(+)	est tombé	(+)
une courte	(-)	victoire	(-)
une voix	(-)	caverneuse	(+)
une voix	(-)	sépulcrale	(+)

Das gleiche bei 15 Kollokationen mit adjektivaler Basis:

grièvement	(+)	blessé	(-)	
tristement	(+)	célèbre	(+)	
monstrueusement	(+)	égoïste	(-)	
hautement	(+)	caractéristique	(-)	
souverainement	(+)	indifférent	(-)	
souverainement	(+)	injuste	(-)	
rigoureusement	(+)	indispensable	(-)	
supérieurement	(+)	intelligent	(-)	
passablement	(+)	intelligent	(+)	
remarquablement	(-)	intelligent	(+)	
gravement	(+)	malade	(+)	
incurablement	(+)	paresseux	(-)	
globalement	(-)	positif	(+)	(bilan ~)
unanimement	(-)	reconnu	(+)	
incurablement	(+)	stupide	(-)	

Im Allgemeinen ist das Vorkommen der Kollokation im Kollokatorartikel wahrscheinlicher als im Basisartikel, weil die allgemeinen einsprachigen Wörterbücher die semasiologische Perspektive privilegieren (Definition des Kollokators) und nicht die onomasiologische (Kontextualisierung der Basis). Ein letztes charakteristisches Beispiel dafür ist die Kollokation *diamétralement opposé* (so auch deutsch: *diametral entgegengesetzt*), die sich im TLF s.v. *diamétralement* gleich dreimal findet, im Artikel *opposé* hingegen nicht.

Auf Kollokationsangaben spezialisierte Wörterbücher sollten sich auf Basisartikel beschränken und diese möglichst vollständig mit Kollokatoren füllen. So helfen sie dem Benutzer wirksam beim Formulieren von Texten. Dem methodischen Anspruch genügen bislang nur wenige Wörterbücher.

Im allgemeinen zweisprachigen Wörterbuch ist der onomasiologische Zugang zum Kollokator nicht auf den Basisartikel beschränkt. Wenn ich wissen will, wie der Kollokator *knapp* der Kollokation *knapper Sieg* im Französischen ausgedrückt wird, so stehen mir die Artikel *knapp*, *Sieg* und *victoire* offen. In welchen der drei Artikel die Lösung *courte victoire* am besten verzeichnet wird, lässt sich nicht einfach beantworten. Wir können lediglich sagen, dass uns bislang kein Wörterbuch bekannt ist, das in diesem Punkt eine stringente Methode verfolgte.

2. Ein Kollokationswörterbuch der französischen Wirtschaftssprache

Die beste uns bekannte Kollokationsbeschreibung in einem existierenden Wörterbuch findet sich in einem Lernwörterbuch der französischen Wirtschaftsfachsprache (Binon u.a. 2000). Die recht differenzierte Struktur dieses Wörterbuchs muß vorab erläutert werden, um den Stellenwert der Kollokationsbeschreibung klarzumachen.

Die Makrostruktur besteht zuerst einmal aus 3.200 alphabetisch geordneten Fachwörtern, die definiert und mit Äquivalenten der Sprachen Deutsch, Englisch, Spanisch, Italienisch und Niederländisch versehen werden. Ferner wird ihnen ein nach vier Frequenzebenen gestaffelter Frequenzwert zugeteilt. Dies ist die erste Schicht des Wörterbuchs. Die zweite Schicht besteht aus einem angehängten fünffachen Index (D - F, E - F, Sp - F, I - F, Nl - F) zur ersten Schicht (mit rund 16.000 Einträgen). Die dritte Schicht besteht aus 135 substantivischen Basisartikeln, die ungewöhnlich reich ausgestattet sind, vor allem mit Kollokatoren. Es handelt sich um die folgenden Artikel:

achat, actif, action, affaire, agence, allocation, amortissement, argent, assurance, audit, balance,

banque, bénéfice, bien, bilan, bourse, budget, cadre, caisse, capital, change, charge, chèque, chômage, clientèle, commande, commerce, compétitivité, comptabilité, compte, concurrence, conjoncture, consommation, contrat, contribution, cotisation, courbe, coût, créance, crédit, croissance, cycle, débit, déficit, demande, dépense, dépôt, dette, direction, distribution, économie, effet, embauche, emploi, emprunt, entreprise, épargne, excédent, exportation, fabrication, facture, faillite, finance, fiscalité, fluctuation, flux, fonds, fourniture, frais, gestion, grève, importation, impôt, indicateur, indice, industrie, inflation, innovation, intérêt, investissement, licenciement, liquidité, livraison, location, magasin, main-d'œuvre, management, marchandise, marché, marketing/mercatique, monnaie, montant, obligation, offre, ouvrier, paiement, passif, patronat, performance, perte, placement, plus-value, prêt, prix, production, productivité, profession, profit, promotion, publicité, recette, remboursement, rémunération, rendement, rentabilité, rente, ressources, revenu, salaire, secteur, service, société, solde, stock, subvention, syndicat, tarif, taux, taxe, transport, travail, valeur, vente, versement, virement.

Nehmen wir als Beispiel den Internationalismus *chèque*. Das Wort selber braucht man ja kaum zu lernen. Der deutsche Lerner jedenfalls beherrscht es schon, mit Ausnahme der Orthographie, die aber für den Fremdsprachler nur geringen Lernaufwand erfordert. Das Problem liegt in der Kontextualisierung. Welche Kontexte müssen gebildet werden können? Im wesentlichen zwei: Zuerst verschiedene Typen von Schecks. Diese werden durch Attribute ausgedrückt, mit Hilfe attributiver Adjektive (*chèque barré*) und attributiver Substantive (*chèque en bois, chèque-valise*). Zum zweiten muss der Umgang mit Schecks versprachlicht werden können. Der Scheck ist Gegenstand eines Rollenspiels mit drei Mitspielern, dem Aussteller (siehe unser Wörterbuch s.v. *tireur*), der Bank (s.v. *tiré* = der Bezogene) und dem Begünstigten (s.v. *bénéficiaire*). Der Verkehr der Mitspieler untereinander im Rollenspiel "Scheck" wird durch Verben ausgedrückt.

Das Wörterbuch gibt dem Rollenspiel die Überschrift "Wer macht was?". Die Mitspieler werden (wie bei Mel'cuk 1984 ff.) durch einen Buchstaben vertreten, dessen Identität in der einleitenden Definition des Wortes *chèque* festgelegt wird: (in Übersetzung) "Zahlungsmittel, das der Inhaber eines Bankkontos (der Aussteller-x) ausstellt und das eine Bank (den Bezogenen-y) anweist, dem Begünstigten (z) die eingetragene Summe auszuzahlen."

Anmerkung zur Übersetzung: Die Übersetzung wurde mit Hilfe des hier beschriebenen Wörterbuchs erstellt. Die möglicherweise wichtige Präzision *à vue* (payer ~), die in der Definition vorkommt, lässt sich mit Hilfe des Wörterbuchs nicht übersetzen. Man muss ein allgemeines Wörterbuch benutzen, um auf das Äquivalent *bei Vorlage* zu kommen. Wir halten das für eine okkasionelle Lücke in der Wörterbuchinformation. Solcher Lücken sind recht viele (siehe unten).

Die verbalen Kollokatoren können nun nach den drei Mitspielern geordnet werden. Was macht der Aussteller? Er stellt zuerst aus. Welche Verben stehen dafür zur Verfügung? *Tirer, émettre, établir, faire* und *libeller un chèque*. Jedoch kommen weitere Kontextbeschränkungen hinzu. Bei *tirer* lautet der Satzplan: *x tire un chèque sur y*. Bei allen anderen Verben lautet die Expansion: *d'un montant de nn euro/...* Bei *établir, faire* und *libeller* ergibt sich noch die Expansionsmöglichkeit *à l'ordre de z*.

Weitere Handlungen des Ausstellers x werden ausgedrückt mit Hilfe der Kollokatoren *régler, payer* (un achat, un commerçant (z)) *par, barrer un chèque* (samt Verweis auf *chèque barré* mit Definition, aber ohne Übersetzung; *Verrechnungsscheck* kommt im Wörterbuch nicht vor), *faire opposition à un chèque* (ohne Übersetzung), *endosser un chèque* (à qn) (mit Verweis auf *chèque endossé* samt Definition und Übersetzung). Bei *faire opposition à* ist als Subjekt neben dem Aussteller auch die Bank möglich (x, y). Ist das richtig?

Was tut die Bank (y)? Hier gelten vier Verben: *accepter un chèque (en paiement), refuser le paiement d'un chèque* (mit Antonymzeichen), *honorer un chèque* (Übersetzung fehlt!), *certifier un chèque* (mit Verweis auf *chèque certifié* samt Definition, aber ohne Übersetzung). Beim ersten der Verben ist auch der Begünstigte als Subjekt möglich. Ausschließliches Subjekt ist der Begünstigte bei den Verben *présenter, remettre un chèque à ..., encaisser un chèque* (auprès d'une banque) und (fam.) *toucher un chèque*. Schließlich ist auch der Scheck Subjekt mit dem Kollokator *être porté en compte* (der auch s.v. *compte* erscheint, aber nirgends übersetzt wird).

Die 19 verbalen Kollokatoren sind übrigens mit mustergültiger Übersichtlichkeit in Kolonne angeordnet, wobei in einer zweiten, parallelen Kolonne 15 substantivische Ableitungen der Verben erscheinen, z. B. neben *endosser* die Ableitungen *endossement* und *endossataire (d'un chèque)*, die man als abgeleitete Kollokationen ansehen kann. Leerstellen wie bei *libeller* und *honorer*, die keine Ableitungen kennen, werden damit unmittelbar auffällig. Hinzu kommen in ausgewählten Fällen unsignierte Beispiele zu den verbalen Kollokationen, in diesem Falle fünf, so z.B. zu *honorer un chèque* das Beispiel: *La banque a refusé d'honorer mon chèque parce qu'il était périmé.*

Die adjektivischen Kollokatoren kennzeichnen verschiedene Schecktypen, insgesamt zehn: *un chèque bancaire, postal, barré, non barré, certifié, nominatif, endossé, couvert, périmé et faux*. Im Unterschied zu den verbalen Kollokatoren werden die adjektivischen definiert, weil ihre Bedeutung sich nicht aus dem in der Definition des Schecks entfalteten Rollenspiel ergibt. An die Stelle der Definition kann im Einzelfall auch ein Verweis oder ein Beispielsatz treten. Verweise können, ebenso wie Synonym- und Antonymangaben, die Definition ergänzen.

Die nominalen Kollokatoren bilden mit der Basis Präpositionalgruppen oder asyndetische Verbindungen. Folgende Präpositionalgruppen erfahren eine Behandlung, welche der der adjektivischen Kollokatoren ähnelt: *un carnet de chèques, le bénéficiaire d'un chèque, un chèque au porteur, à ordre, en blanc, de banque, de voyage, sans provision, en bois, d'un montant de, d'une valeur de.* Die Übersetzung ist in vielen Fällen nicht sichergestellt. So erscheint z.B. nirgends das Äquivalent *Blankoscheck* oder das Äquivalent *Überbringer*.

Folgende asyndetische Nominalverbindungen werden wie die Präpositionalgruppen bearbeitet: *chèque-repas, chèque-restaurant, chèque-service, chèque emploi-service, chèque cadeau, chèque-surprise, chèque-carburant, chèque-vacances, eurochèque, traveller's chèque*. Zusätzlich sind sie auch Lemmata der Makrostruktur, was ihnen fünffache Übersetzung beschert und in fünf Fällen doppelte Definition. Und schließlich werden sie, weil sie zur Makrostruktur gehören, zu Beginn des Großartikels *chèque* in einer Übersicht aufgeführt, die alle Lemmata derselben Wortfamilie auflistet. Diese Sonderbehandlung ergibt sich aus ihrem linguistisch begründeten Wortstatus, sachlich ist sie nicht zu rechtfertigen. Der *chèque en blanc*, der nicht Lemma der Makrostruktur ist, nicht in fünf Sprachen übersetzt wird und nicht in der Übersicht zum Großartikel erscheint, ist keinesfalls weniger wichtig als der *chèque-repas*, dem alle diese Vergünstigungen zuteil werden. Hier hat das Wörterbuch eine unbestreitbare Schlagseite. Freilich wird man zugeben, dass Papierlexikographie pragmatische Lösungen braucht. Die systematische Ausweitung des Übersetzungsangebots auf alle Kollokationen hätte den Band weit über seine 700 Seiten hinausgetrieben. Im Gegenzug muss aber auch klar sein, wie begrenzt die Indices den Informationsreichtum des Bandes erschließen.

Auch die erste Schicht der 3200 französischen Fachwörter enthält Kollokationen, allerdings keine französischen, dafür ist ja die dritte Schicht da, sondern auf der Äquivalentseite, wo immer es nötig ist. So werden z.B. die Wörter *dégraisser, déstocker* und *retirer* im Deutschen mit Zusatz der Basis wiedergegeben, also nicht einfach *abbauen* oder *abheben* sondern: (Personal) *abbauen*, (Lagerbestände) *abbauen*, (Geld) *abheben*. Hier wird dem französischen Benutzer die Kollokation in der Zielsprache angegeben, was für Sprachproduktion unumgänglich ist. Logischerweise enthält somit auch die zweite Schicht der Indices Kollokationseinträge, allerdings werden wiederum wie in der ersten Schicht, vorwiegend Kollokatoreinträge mit Basis versehen, nicht umgekehrt. Wir finden also im deutschen Index: *abbauen* (Lagerbestände), *abbauen* (Personal), *abheben* (Geld). Kollokation ist etwa auch das Kompositum *Briefkastenfirma* (Kollokator + Basis), das man im deutschen Index findet mit Verweis auf den Artikel *société-écran*, wo man neben Definitionsangabe der ersten Schicht noch einen Verweis auf die ausführlichere Definition der dritten Schicht findet, ferner die Frequenzangabe und natürlich die Äquivalente engl. *umbrella company*, span. *la sociedad interpuesta*, it. *la società fantasma* oder *di copertura*, nld. *de brievenbusmaatschappij* (f.) oder *de lege vennootschap* (f.).

Man kann deshalb sagen, dass die erste und zweite Schicht des Wörterbuchs den Einzelwörtern vorbehalten ist und Kollokationen nur zur Identifikation von Kollokatoren einsetzt und zwar durch Zusatz der Basis. Die dritte Schicht hingegen ist die der Kontextualisierung der Einzelwörter, soweit sie Basis sind, durch Hinzufügen der Kollokatoren.

Wir hoffen, gezeigt zu haben, dass das vorliegende Fachwörterbuch in der internationalen Wörterbuchlandschaft einmalig und vorbildlich ist. Zahllose Sprachen und Fächer könnten sich glücklich preisen, ähnliches zu besitzen. Die belgischen Autoren arbeiten derzeit an einem vergleichbaren Kollokationswörterbuch der französischen Allgemeinsprache.

3. Literaturverzeichnis

Binon, J. et al. (2000). *Dictionnaire d'apprentissage du français des affaires. Dictionnaire de compréhension et de production de la langue des affaires.* Paris, Didier.

Hausmann, F. J. (1999a). Le dictionnaire de collocations – Critères de son organisation. In: Greiner N. et al. (eds.). *Texte und Kontexte in Sprachen und Kulturen.* Festschrift für Jörn Albrecht. Trier, WVT, pp. 121-139.

Hausmann, F. J. (1999b). Semiotaxis and learners' dictionaries. In: Herbst, Th. & Popp, K. (eds.). *The Perfect Learners' Dictionary.* Tübingen, Niemeyer, pp. 205-211.

Mel'cuk, I. et al. (1984-1999). *Dictionnaire explicatif et combinatoire du français contemporain. Recherches lexico-sémantiques.* 4 Vol. Montréal, Presses de l'Université.

TLF (1971-1994). *Trésor de la langue française.* Dictionnaire de la langue du XIXe et du XXe siècle (1789-1960). 16 vol. Paris, Gallimard.

JURISTISCHE FACHWÖRTERBÜCHER ENGLISCH-DEUTSCH
UND IHRE VERWENDUNG
IN FACHSPEZIFISCHEN ÜBERSETZUNGSKURSEN

Martin Schnell

Universität Augsburg

Der Beitrag biet… …-deutscher
Fachwörterbüch… …denheit der
Rechtssysteme h… …chen englischen und deuts… …hende Darstellungen ohne… …em Hintergrund wird für e… …fachspezifi-
schen Übersetz… …e demnach
auch nicht prim… …gelegt sein.
Eine qualitative… …am ehesten
die Nutzung ele…

1. Ein grun… · Englisch-Deutsch

Diesem Beitrag… …n zugrunde:

Von Beseler, D.… …sh-German. Berlin, de Gruy…

Collin, P.H. et al. (²1998). *PONS Fachwörterbuch Recht*. Englisch-Deutsch / Deutsch-Englisch. Stuttgart, Klett.

Dietl, C.-E. & Lorenz, E. (⁶2000). *Wörterbuch für Recht, Wirtschaft und Politik*. Bd. 1 Englisch-Deutsch. München, C.H. Beck.

Köbler, G. (⁵2001). *Rechtsenglisch. Deutsch-englisches und englisch-deutsches Rechtswörterbuch für jedermann*. München, Vahlen.

Romain, A. et al. (⁵2000) *Wörterbuch der Rechts- und Wirtschaftssprache*. Bd. 1 Englisch-Deutsch. München, C.H. Beck.

Unter den genannten Werken nimmt Köblers *Rechtsenglisch* insofern eine Sonderstellung ein, als es zwar den Anspruch erhebt, für "jedermann" gedacht zu sein, also wohl auch für juristische Fachleute, diesem Anspruch aber in keiner

Weise gerecht wird. Gleichwohl werden Dozenten in fachbezogenen Englisch-
programmen für Juristen kaum umhin kommen, sich auch mit diesem Wörterbuch zu beschäftigen, allein schon weil man erfahrungsgemäß relativ häufig von
Seiten der Studierenden mit dem Buch konfrontiert wird, die es zumeist, nicht
zuletzt aufgrund des erschwinglichen Preises, als einziges zweisprachiges
Rechtswörterbuch kaufen. Dieser Aufsatz kann natürlich keine detaillierte Besprechung der oben aufgezählten Wörterbücher bieten, so dass es an dieser Stelle genügen muss, eine wesentliche Schwäche des *Rechtswörterbuchs für jedermann* an einem Beispiel zu demonstrieren. Gleichzeitig kann dieses Beispiel a-
ber auch die grundlegende Problematik illustrieren, der sich Verfasser eines eng-
lisch-deutschen Rechtswörterbuchs gegenüber sehen.

Als Ausgangspunkt der Kritik sollen folgende Einträge (Köbler [5]2001) dienen:

> **unpaid magistrate (F.)** Schöffin (F.)

> **unpaid magistrate (M. bzw. F.)** Schöffe (M.)

Abgesehen von dem etwas eigentümlichen Bemühen um "politische Korrekt-
heit" durch getrennte Einträge für feminine und maskuline Formen ist die
Gleichsetzung von *magistrate* und *Schöffe/Schöffin* inhaltlich problematisch.
Um nur einen Unterschied zwischen der Rolle von *magistrates* im englischen
Recht und der von Schöffen im deutschen Recht zu nennen: *magistrates* können
bestimmte Fälle auch ohne die Mitwirkung von Berufsrichtern entscheiden,
Schöffen nicht. Noch problematischer wird die Sache, wenn man folgende wei-
tere Einträge aus Köblers Wörterbuch ([5]2001) hinzuzieht:

> **juryman (M.)** Schöffe (M.)

> **jurywoman (F.)** Schöffe (M.), Schöffin (F.)

Auch hier ist die politisch "über"korrekte Geschlechtsspezifizierung im zweiten
Eintrag lediglich von untergeordnetem Interesse. Viel wichtiger ist erneut die
1:1-Gleichung von *juryman/jurywoman* und *Schöffe/Schöffin*. Legitimerweise
darf der Benutzer des Wörterbuchs wohl schließen, dass *unpaid magistrates* das
Gleiche sind wie *jurymen/jurywomen*. Zusätzliche Unklarheit ergibt sich
schließlich aus den Einträgen zu *juror* (Köbler [5]2001):

> **juror (F.)** Geschworene (F.), Schöffin (F.)

> **juror (M. bzw. F.)** Geschworener (M.), Schöffe (M.)

Als Wörterbuchbenutzer darf man mit Recht fragen, ob es also einen Unterschied gibt zwischen *juryman/jurywoman* und *juror*. Ist ein *juryman* immer ein Schöffe, während ein *juror* mal einem Schöffen, mal einem Geschworenen entspricht? Die Frage ist natürlich nur mit einem klaren "Nein" zu beantworten. Zum einen ist diese Differenzierung zwischen *juryman/jurywoman* und *juror* nicht nachvollziehbar. Zum anderen aber – und das wiegt erheblich schwerer – sind vereinfachende Äquivalenzen der hier gezeigten Art insgesamt oft wenig hilfreich. Schöffen, *magistrates* und *jurors* ist gemeinsam, dass sie jeweils als juristische Laien an Gerichtsverhandlungen beteiligt sind, aber eben in verschiedener Weise. So sind beispielsweise die Rollen von *jurors* und Richter in einem englischen oder amerikanischen Gericht streng getrennt: die *jurors* entscheiden über Tatfragen, während der Richter darüber zu wachen hat, dass das geltende Recht zur Anwendung kommt. Schöffen hingegen beraten und entscheiden zusammen mit dem (bzw. den) beteiligten Berufsrichter(n) über alle relevanten Fragen eines Falles, und zwar mit gleichem Stimmrecht.

Einem englischen Terminus schlicht einen deutschen Terminus gegenüberzustellen, wie es Köbler vielfach tut, wird der Komplexität der Materie in aller Regel nicht gerecht. Allerdings ist auch mit einer unkommentierten Aufzählung verschiedener "Äquivalente", wie etwa in von Beseler & Jacobs-Wüstefeld ([4]1986), wenig mehr Klarheit gewonnen:

> **jury 1.** Geschworenen-, Schwur-, Schöffengericht *n*; Jury *f*; Geschworene *pl*, Schöffen *pl*; Geschworenenbank *f*;

Die grundlegende Problematik, die es bei der Erstellung eines englischdeutschen Rechtswörterbuchs zu bewältigen gilt, ergibt sich aus der Gebundenheit der jeweiligen Termini an ganz verschiedene Rechtssysteme. Zwar versucht Köbler dieser Problematik mit einer Einführung ins englische und amerikanische Recht ([5]2001: IX-XXXIV) zu begegnen, aber es ist fraglich, ob dies eine zweckmäßige Art ist, Informationen in einem Wörterbuch zugänglich zu machen, wenn die einzelnen Einträge lediglich vereinfachende Äquivalenzen bieten. Unter den untersuchten Wörterbüchern ist es Dietl & Lorenz ([6]2000), das die ausführlichsten Erklärungen zu einzelnen Einträgen bietet. Im Klappentext heißt es:

> "Übersetzungen und Erläuterungen britischer und US-amerikanischer Fachausdrücke werden jeweils in ihren Anwendungszusammenhang gestellt. Missverständnisse und typische Fehler einer 'Wörterbuchüberset-

zung', die gerade im juristischen Gebrauch fatal sein können, werden so vermieden.

Für Begriffe, die wegen der Verschiedenheit der Rechtssysteme keine Entsprechung in der deutschen Sprache finden, werden äquivalente Übersetzungen angeboten. Weitere Orientierungshilfen bestehen in den zahlreichen Anmerkungen, erläuternden Hinweisen und rechtsvergleichenden Kommentaren."

Man mag sich hier allenfalls über den Anspruch streiten, in jedem Falle "äquivalente Übersetzungen" bieten zu können, aber folgende Einträge aus Dietl & Lorenz (^{6}2000) zeigen, wie ausführlich sich der Benutzer dieses Wörterbuchs informieren kann:

barrister (*voller Titel:* ~-**at-law**) *Br* Barrister, (*plädierender*) Rechtsanwalt (*cf.* *counsel*); → **utter~**

Der barrister hat das ausschließliche Recht, bei bestimmten Gerichtsverfahren aufzutreten (aber kein Anwaltszwang!). Er wird nicht durch den Mandanten, sondern durch den solicitor beauftragt.

Die Ausbildung und Zulassung erfolgt durch die → Inns of Court. Die wichtigsten Richterposten werden durch die barristers besetzt.

Die Gebühren der barristers sind gesetzlich nicht geregelt. Der General Council of the Bar hat gewisse Richtlinien erlassen

consideration 1. Gegenleistung, Entgelt *(als Wirksamkeitsvoraussetzung e-s formlosen schuldrechtl. Vertrages);* Preis, Kaufpreis

Das aus dem Common Law stammende Rechtsinstitut ist eine Besonderheit des englischen Vertragsrechts. Danach ist ein Vertrag, wenn er formlos abgeschlossen ist, nur klagbar, wenn sich der Kläger zu einer consideration verpflichtet hat (executory ~) oder die consideration gegeben hat (executed ~), die allerdings nicht angemessen zu sein braucht.
Eine consideration ist für die Klagbarkeit nicht erforderlich, wenn über den Vertrag eine gesiegelte Urkunde (deed) vorliegt.
Die Lehre von der consideration hat in der neueren Rechtspraxis allerdings einige Abschwächungen erfahren.
Das schottische Vertragsrecht kennt das Prinzip der consideration nicht

Dietl & Lorenz ([6]2000)

Während sich also in Dietl & Lorenz teilweise sehr detaillierte Hinweise in deutscher Sprache finden, ist der Ansatz des *PONS Fachwörterbuchs Recht* gerade aus sprachdidaktischer Sicht interessant: neben einer deutschen Entsprechung findet sich für jeden Terminus auch eine englische Erklärung (dabei wurde laut Vorwort mit einem begrenzten Definitionswortschatz gearbeitet, wodurch die Erklärungen den Bedeutungsangaben eines einsprachigen Lernerwörterbuchs vergleichbar sind, keinesfalls hingegen als juristische Definitionen im engeren Sinne aufgefasst werden dürfen). Ein Beispiel (Collin et al. [2]1998):

peremptory challenge *noun* objecting to a juror without stating any reason **Ablehnung (eines Geschworenen) ohne Angabe von Gründen**

Während dieser Eintrag als weitgehend gelungen bezeichnet werden kann, tritt die oben erwähnte Grundproblematik an einer anderen Stelle des *PONS-Wörterbuchs* wieder umso deutlicher zu Tage:

first degree murder *noun (US)* premeditated and deliberate murder **vorsätzlicher Mord**

Da ein Mord nicht fahrlässig begangen werden kann, ist die deutsche Entsprechung in Form einer Tautologie juristisch wenig überzeugend. Allerdings bietet auch der betreffende Eintrag in Dietl & Lorenz ([6]2000) keine befriedigende Entsprechung:

murder of the first degree *Am* schwerer (mit malice aforethought begangener) Mord

Zwar wird mit dem Querverweis auf *malice aforethought* ein wichtiger Hinweis gegeben, aber das deutsche Äquivalent *schwerer Mord* ist ebenfalls fragwürdig, da es eben auch keinen Mord in einem minderschweren Fall gibt. Erneut ergeben sich die Schwierigkeiten aus dem Umstand, dass im deutschen Recht Tötungsdelikte in anderer Weise voneinander abgegrenzt werden als im englischen oder amerikanischen Recht. Zudem ist dieses Beispiel auch geeignet, eine weitere Komplexität der Sachlage aufzuzeigen. Innerhalb der USA gelten in verschiedenen Bundesstaaten unterschiedliche Definitionen von *first-degree murder*. Natürlich stoßen Wörterbücher schnell an die Grenzen des Machbaren, wenn nicht nur zwischen englischem und amerikanischem Gebrauch unterschieden wird, sondern auch noch Unterschiede eben einzelner Bundesstaaten bzw. die Besonderheiten beispielsweise des schottischen oder neuseeländischen (oder umgekehrt etwa des österreichischen) Rechts Berücksichtigung finden sollten. Trotzdem weist de Groot (1999: 204, 209-210) völlig zu Recht auf diese zusätzliche Problematik hin.

2. Die englisch-deutsche Übersetzung im Rahmen von fachbezogenen Fremdsprachenprogrammen für Studierende der Rechtswissenschaft

Der Stellenwert der Übersetzung im Fremdsprachenunterricht und als Prüfungsform wird seit langem kontrovers diskutiert (einen Überblick über die Diskussion bietet beispielsweise Krings [3]1995: 325-332). Trotzdem hat gerade die Übersetzung aus der Fremdsprache in die Muttersprache nach wie vor ihren festen Platz in vielen Fremdsprachenausbildungen und -prüfungen. So ist etwa auch bei der anstehenden Reform der bayerischen Lehramtsprüfungsordnung für Neuphilologen geplant, zwar die Übersetzung in die Fremdsprache als eigenen Prüfungsteil abzuschaffen, die Übersetzung in die Muttersprache soll jedoch beibehalten werden. Auch im fachsprachlichen Bereich wird die Her-Übersetzung vielfach für unverzichtbar, oder zumindest wünschenswert erachtet. Was die fachspezifische Fremdsprachenausbildung für Studierende der Rechtswissenschaft betrifft, findet sich die Übersetzung in die Muttersprache als Prüfungsteil in den entsprechenden Prüfungsordnungen der Universitäten Augsburg, Münster, Passau und Trier, um nur einige Beispiele zu nennen.

Es soll an dieser Stelle nicht das generelle Für und Wider in der Übersetzungs-diskussion aufgewärmt werden. Wie erwähnt, ist die Übersetzung als Ausbil-dungskomponente und Prüfungsform vielerorts Realität, die es sinnvoll zu ges-talten gilt. Kaum zu bestreiten ist jedoch, dass die Einbeziehung einer deutsch-englischen Übersetzung in fremdsprachliche Ausbildungsgänge und Prüfungen gerade im Bereich Jura nicht unproblematisch ist. Neben der allgemeinen Schwierigkeit, dass die Übersetzung im Fremdsprachenunterricht im Normalfall in einer "künstlichen" Kommunikationssituation stattfindet (ohne echte Adressa-ten und ohne einen realen Übersetzungszweck), stellt sich die Frage nach geeig-neten Textsorten. Die Ausbildungsgänge, von denen hier die Rede ist, zielen in der Regel darauf ab, sprach- und sachkompetente Juristen hervorzubringen, nicht aber Fachübersetzer. Von daher ist fraglich, ob juristische Fachtexte im engeren Sinne (z.B. Gesetze, Verträge, Gerichtsurteile) die ideale Basis für ent-sprechende Übersetzungen bieten. Die zur Verfügung stehende Zeit reicht im Normalfall kaum aus, einen adäquaten Übersetzungsunterricht anhand verschie-dener, teilweise terminologisch sehr dichter und z.T. stark formalisierter Textsorten sinnvoll durchzuführen. Es ist schon viel erreicht, wenn der Überset-zungsunterricht in diesem Rahmen einen Beitrag dazu leisten kann, bei den Teilnehmern ein Bewusstsein für die Probleme des Transfers juristischer Inhalte in eine andere Rechtssprache zu fördern. Für diesen Zweck können fachbezoge-ne Texte, wie beispielsweise journalistische Texte zu juristischen Themen, unter Umständen vollauf genügen.

Was die Rolle von Fachwörterbüchern bei diesem Übersetzungsunterricht an-geht, soll anhand eines Beispiels demonstriert werden, was mit Förderung des Problembewusstseins gemeint ist. Folgender Satz ist der Anfang eines Textes, der zur Übersetzung ins Deutsche ausgewählt wurde:

> *A new government study to be released this summer reaches the startling conclusion that American juries are far more reluctant than judges to im-pose punitive damages.*

Die Erfahrung zeigt, dass die meisten Studierenden sich schnell damit zufrieden geben, *punitive damages* im Wörterbuch nachzuschlagen und mit einem dort gefundenen "Äquivalent" wiederzugeben. Derer finden sich verschiedene, z.B. *verschärfter Schadenersatz* (Collin et al. [2]1998), *Strafe einschließender Scha-densersatz* (Dietl & Lorenz [6]2000) oder auch *Strafschadensersatz* (Köbler [5]2001). Das Problem ist allerdings einmal mehr, dass wir es bei den *punitive damages* mit einem Rechtsinstitut zu tun haben, das das deutsche Recht nicht vorsieht und für das es von daher auch keine eindeutige deutsche Entsprechung gibt. So entschloss sich beispielsweise auch der Verfasser einer einschlägigen Dissertation dazu, den englischen Terminus beizubehalten. Zum Problem der Übersetzbarkeit sagt er u.a.: "Auch die wohl geläufigste Übersetzung mit 'Strafschadensersatz' ist mit Vorsicht zu genießen, möchte man, gerade vom deutschen Rechtssystem kommend, in dem der Ausspruch von Strafe und Schadensersatz in einem Atemzug dem Juristen übel aufstößt, nicht der Voreingenommenheit verfallen" (Müller 2000: 8).

In einem Übersetzungsunterricht, in dem nicht allein das Endprodukt zählt, sondern in dem ebenso viel Wert auf die Erarbeitung einer Übersetzung gelegt wird, sollte also zum kritischen Umgang mit den in Wörterbüchern gebotenen Entsprechungen ermuntert werden. Die verschiedenen Wörterbucheinträge könnten nebeneinander gestellt und diskutiert werden. Eventuell könnte es auch eine fruchtbare Übung sein, gemeinsam an einem "Mustereintrag" zu arbeiten. Und als "Lösung" für den genannten Textanfang kann es dann beispielsweise durchaus sinnvoll sein, *punitive damages* ebenfalls als englischen Terminus beizubehalten und nur bei erster Erwähnung zu erläutern (z.B. als "Strafzahlungen in Zivilverfahren, die zusätzlich zum eigentlichen Schadensersatz zuerkannt werden können").

3.   Ausblick

In unterschiedlichem Maße lassen alle genannten Wörterbücher aus Benutzersicht Wünsche offen. Vermutlich wird es jedoch allein schon aus Platzgründen kaum jemals möglich sein, in ein herkömmliches Wörterbuch alle Informationen aufzunehmen, die aus Sicht der Benutzer möglicherweise für wünschenswert erachtet werden, zumal wenn sie, wie etwa Dietl & Lorenz ([6]2000) und Romain et al. ([5]2000), auch noch zusätzlich den großen Bereich der Wirtschaftssprache abdecken wollen. Eine deutliche Verbesserung der gegenwärtigen Nachschlagemöglichkeiten ließe sich daher wohl am ehesten durch die Nutzung elektronischer Medien erzielen. Man könnte sich beispielsweise vorstellen, eine *online*-Datenbank aufzubauen, in der man zu einem Suchbegriff nicht nur einfache, oftmals nicht adäquate Äquivalente abspeichert, sondern umfangreiche Glossen (zur Glossierung im Fachwörterbuch vgl. Schneider 2000). Durch die elektronische Form käme den Platzrestriktionen weit weniger Bedeutung zu. Das Wörterbuch könnte über das Internet zugänglich gemacht werden, es ließen sich Querverweise auf einschlägige im Internet verfügbare Texte einarbeiten, und das gesamte Wörterbuch könnte als ein potenziell offenes Projekt konzipiert werden (während man bei einem traditionellen Print-Wörterbuch Verbesserungen nur im Abstand von mehreren Jahren in Neuauflagen einarbeiten kann, gäbe es bei einem *online*-Wörterbuch prinzipiell die Möglichkeit, das Werk bei Bedarf einem ständigen Revisionsprozess zu unterziehen). Natürlich ließen sich ebenso andere Vorzüge elektronischer Wörterbücher nutzen, wie etwa die Möglichkeit, die Aussprache eines Wortes durch Anklicken akustisch geboten zu bekommen.

Ein letztes Beispiel soll genügen, um zu zeigen, in welche Richtungen ein solches *online*-Wörterbuch die derzeitigen Nachschlagemöglichkeiten erweitern könnte, entweder als Alternative oder aber als Ergänzung zu den gängigen Wörterbüchern. Der 8. Zusatzartikel zur Verfassung der Vereinigten Staaten verbietet *cruel and unusual punishment*. Von den untersuchten Wörterbüchern findet sich ein entsprechender Eintrag zu *cruel and unusual punishment* lediglich in Romain et al. ([5]2000). Allerdings decken die gegebenen Äquivalente *grausame Bestrafung* und *Tortur* kaum ab, was mit *cruel and unusual punishment* gemeint ist, nämlich jegliche Bestrafung, die in einem krassen Missverhältnis zu einer begangenen Tat steht (vgl. *Black's Law Dictionary* [5]1979). Diese Information sollte der Benutzer ebenso erhalten wie einen Hinweis auf das *8th Amendment*. Außerdem wäre es unter Umständen sinnvoll, von einem entsprechenden Eintrag im *online*-Wörterbuch einige *links* zu Texten im Internet zu legen, in denen die in Amerika schon lange geführte Diskussion thematisiert wird, ob es sich bei der Todesstrafe um *cruel and unusual punishment* handelt.

4. Literaturverzeichnis

Bausch, K.-R. et al. (eds.) ([3]1995). *Handbuch Fremdsprachenunterricht*. Tübingen, Francke.

Forner, W. (ed.) (2000). *Fachsprachliche Kontraste oder: Die unmögliche Kunst des Übersetzens*. Frankfurt a.M., Peter Lang.

Gnutzmann, C. (ed.) (1988). *Fachbezogener Fremdsprachenunterricht*. Tübingen, Narr.

de Groot, G.-R. (1999). Zweisprachige juristische Wörterbücher. In: Sandrini, R. (ed.). *Übersetzen von Rechtstexten. Fachkommunikation im Spannungsfeld zwischen Rechtsordnung und Sprache.* Tübingen, Narr, pp. 203-227.

Krings, H.P. (³1995). Übersetzen und Dolmetschen. In: Bausch, K.-R. et al. (eds.). *Handbuch Fremdsprachenunterricht.* Tübingen, Francke, pp. 325-332.

Müller, P. (2000). *Punitive Damages und deutsches Schadensersatzrecht.* Berlin, de Gruyter.

Sandrini, P. (ed.) (1999). *Übersetzen von Rechtstexten. Fachkommunikation im Spannungsfeld zwischen Rechtsordnung und Sprache.* Tübingen, Narr.

Schaeder, B. (2000). Fachwörterbücher – als Hilfsmittel bei der Übersetzung fachlicher Texte. In: Forner, W. (ed.). *Fachsprachliche Kontraste oder: Die unmögliche Kunst des Übersetzens.* Frankfurt a.M., Peter Lang, pp. 113-127.

Schneider, F. (2000). Die Glosse im zweisprachigen Wirtschaftswörterbuch. *Lebende Sprachen 45,* 22-25, 68-72, 116-121.

Stark, D. & Hartwieg, O. (1988). Die fachsprachliche Analyse und Übersetzung juristischer Texte. Ein interdisziplinäres Lehrprojekt für Anglisten und Juristen. In: Gnutzmann, C. (ed.). *Fachbezogener Fremdsprachenunterricht.* Tübingen, Narr, pp. 174-188.

Stolze, R. (1999). Expertenwissen des juristischen Fachübersetzers. In: Sandrini, R. (ed.). *Übersetzen von Rechtstexten. Fachkommunikation im Spannungsfeld zwischen Rechtsordnung und Sprache.* Tübingen, Narr, pp. 45-62.

Stolze, R. (1999). *Die Fachübersetzung. Eine Einführung.* Tübingen, Narr.

KURZWÖRTER IN FACH- UND GEMEINSPRACHE: SEUCHE ODER SEGEN?

Udo O.H. Jung

Universität Bayreuth

Kurzwörter, auch unter den Bezeichnungen Abkürzung und Akronym bekannt, sind eine alltägliche Plage, mit der sich auch Fremdsprachenlehrer auseinandersetzen müssen. Deshalb wird im ersten Teil über deren Erscheinungsformen und Bildungsmechanismen berichtet. Im zweiten Teil geht es um die Frage, wie und wo Fremdsprachenlehrer sich über die Bedeutung von Kurzwörtern informieren können, wenn sie mit ihren Schülern authentische Texte lesen oder sich mit der Literatur ihres Faches beschäftigen wollen. Es wird ein Instrument vorgeführt, das Kurzwörter als Ausgangspunkte für Information und Weiterbildung auflistet.

1. Einleitung

Seit sie um die Wende vom 19. zum 20. Jahrhundert und dann verstärkt während des 1. Weltkriegs ins Bewusstsein einer breiteren Öffentlichkeit traten, haben Kurzwörter die Gemüter erregt. In den dreißiger Jahren nahm sich sogar die Politik der Kurzwörter an. Am 4. April 1934 ließ der Reichsminister des Inneren, Wilhelm Frick, verlautbaren: "Abgekürzte Namen oder Zeichen sind nur ein künstlicher Notbehelf und vor allem dann eine Gefahr für das Leben einer Sprache, wenn sie als wirkliche Wörter behandelt und in den täglichen Sprachgebrauch überführt werden" (Muttersprache 49 (5), p. 154). Die Nazis haben auch diesen Kampf verloren, zumal sie selber zu den eifrigsten Schöpfern von Kurzformen gehörten. Das KL, respektive KZ, ist zum Epitheton ihrer Schreckensherrschaft geworden. Der 2. Weltkrieg hat das Schwungrad der Abkürzungsmaschinerie noch einmal kräftig angetrieben: Ohne kurze und präzise, leicht zu übermittelnde Kommandos sind Menschen und Gerät nur schwer zu bewegen. Paul Zumthor (1951: 23) hat danach gemutmaßt, dass Deutschland und Kontinentaleuropa zwischen zwei sprachlichen Blöcken, dem "bloc anglo-américain" und dem "bloc polono-russe" gleichsam eingeklemmt waren. Dies galt für das nach dem Krieg geteilte Deutschland natürlich in noch stärkerem Maße. Dennoch, wer sich die Fachliteratur des Sprach- und Literaturwissenschaftlers vornimmt, wird feststellen, dass dessen Zeitschriften und Bücher bis Mitte der 60er Jahre mehr oder minder frei von Abkürzungen sind. Erst danach greift die Seuche der Kurzwörter auch auf dieses Gebiet über. Diese Entwicklung korreliert positiv mit der Zahl der Eintragungen in dem vermutlich größten Abkürzungslexikon, Gales Acronyms, Initialisms & Abbreviations Dictionary (Crowley & Sheppard), das nicht gezielt auf eine bestimmte Berufssparte zugeschnitten ist. Cannon (1989: 104) berichtet, dass die Erstauflage des Jahres 1960 lediglich 1.200 Einträge gehabt habe – 12.000 oder gar 120.000 scheinen der Wahrheit näher zu kommen. Die 12. Auflage von 1987 verzeichnete demgegenüber bereits 425.000 Einträge.

Kurzwörter sind, wie Steinhauer (2000: 1) es formuliert hat, "zum Charakteristikum des 20. Jahrhunderts geworden". Als Beleg dafür, wie stark das Alltagsleben bereits von Kurzwörtern durchseucht ist, zitiert die Autorin einen der erfolgreichsten Musiktitel in Deutschland im Frühjahr 1999 (Steinhauer 2000: 1). Das Stück heißt *MfG* – Mit freundlichen Grüßen – und besteht praktisch nur aus Abkürzungen:

> MfG
>
> Nun, da sich der Vorhang der Nacht von der Bühne hebt,
>
> kann das Spiel beginnen, das uns vom Drama einer Kultur berichtet.
>
> ARD, ZDF, C&A
>
> BRD, DDR und USA
>
> BSE, HIV und DRK
>
> GbR, GmbH - ihr könnt mich mal
>
> THX, VHS und FSK
>
> RAF, LSD und FKK
>
> DVU, AKW und KKK
>
> RHP, USW, LMAA
>
> PLZ, UPS und DPD
>
> BMX, BPM und XTC
>
> EMI, CBS und BMG
>
> ADAC, DLRG - ojemine
>
> EKZ, RTL und DFB
>
> ABS, TÜV und BMW

KMH, ICE und Eschede

PVC, FCKW - is nich OK

"Vom Drama einer Kultur" berichtet der Song, und bei genauerem Hinsehen wird auch deutlich, was damit gemeint ist. In Deutschland macht sich mittlerweile niemand mehr etwas daraus, die Gaspatronen für den Sahneaufschäumer im EKZ, im Einkaufszentrum, zu erstehen. Das KZ im EKZ bleibt unbemerkt. Fremdsprachenlehrer aller Schularten müssen sich mit diesem Phänomen auseinandersetzen. Ihre Sorgen hat eine polnische Französischlehrerin folgendermaßen beschrieben: "Cela", sagt sie und meint damit die Auflösung der Kurzformen, "peut condamner le lecteur étranger de journaux français à jouer aux devinettes et/ou à ne pas saisir la juste portée civilisationnelle de l'information relatée" (Wlassoff 1996 : 44).

Wie sehr die Kommunikation durch die Verwendung von Akronymen, wie einige Kurzwörter auch heißen, gestört werden kann, zeigt die kürzlich erschienene Rezension einer fachdidaktischen Publikation zum Thema "Assessing English for Academic Purposes". Die Rezensentin steht vermutlich nicht allein auf weiter Flur, wenn sie klagt:

> "However, the collection is not without its weaknesses. One minor problem is the frequent use of acronyms that may be familiar to British applied linguistics readers but were puzzling to this Canadian reviewer. Sometimes these were explained in the text but too often they were not, and I remain mystified by GUME" (Horst 2002: 129).

Kurzwörter müssen aber nicht immer nur als "maladie du siècle" (Gessner 1974) auf den Plan treten. Sie können sogar lebenserhaltend sein. Die Christen im heidnischen Rom schützten sich vor Verfolgung durch das Fischsymbol. Das griechische *Fisch* ist ein Akronym für *Jesus Christus, Gottes Sohn, Retter*. Und der austro-jüdische Schriftsteller Albert Drach berichtet, er habe einem französischen Beamten vorgelogen, die Abkürzung IKG in seinem Pass habe die Bedeutung *in katholischem Glauben* (erzogen). Der Franzose mag die List durchschaut haben, aber er bewahrte den Juden Drach von der *Israelitischen Kultusgemeinde* vor Deportation und Vergasung.

Abkürzungen und Akronyme überspringen gelegentlich auch mühelos sprachliche Grenzen und helfen dann, die (internationale) Kommunikation zu verbessern. Aus dem Zungenbrecher Fluorchlorkohlenwasserstoff wird einfaches FCKW, aus dem umständlichen *Radio Detecting and Ranging* das jedem Autofahrer geläufige Radar. Niemand fragt auch mehr, was ursprünglich einmal hinter Aids stand, weil die Lexikalisierung abgeschlossen ist. Ob nun die Anbiederung des *Deutschen Instituts für Ernährungsmedizin und Diätetik*, abgekürzt DIET, zu den begrüßenswerten Erscheinungen der Abkürzungswelle gehört, sei dem Urteil anderer überlassen (vgl. den Beitrag von Schrammen in diesem Band). Aber die Beispiele zeigen bereits, dass Akronyme und Abkürzungen durchaus auch ihre positiven Aspekte haben können. Die Kurzwörter sind aus dem modernen Leben nicht mehr wegzudenken. Manch einer nutzt sie deshalb für seinen Unterricht, wie etwa Marek (1996), der ein Chanson mit dem Titel C.Q.F.D. von Gilbert Laffaille – es ist nach dem Muster von *MfG* gemacht – mit seiner Klasse erarbeitete.

Darüber hinaus aber gibt es noch einen weiteren Grund, warum Kurzwörter nicht nur als Seuche verdammt, sondern als *blessing in disguise*, wie die Engländer sagen, begrüßt werden können. Darüber mehr im zweiten Teil dieser Arbeit. Im ersten Teil geht es um ihre Erscheinungsformen und um die Regeln, nach denen sie gebildet werden.

2. Literaturbericht

Die wissenschaftliche Auseinandersetzung mit dem Phänomen beginnt an der Wende vom 19. zum 20. Jahrhundert. Wer das zurückverfolgen möchte – von den frühen *clipping*-Sammlungen im Angloamerikanischen (Wittmann 1914) oder den im slawischen Raum auftretenden Formen (Baecklund 1940) – der möge die folgenden Titel zum Leitfaden nehmen:

Rodhe (1907) sammelt sein Korpus bei deutschen Studentenverbindungen, Zeitungen und Wirtschaftsunternehmen. Pound (1914) behandelt angloamerikanische *blends*. 1920 folgt eine Arbeit (Kjellman) über das Französische. Müller (1923) schließt Abkürzungen und Akronyme aus und behandelt nur neuenglische *clippings*. Baecklund (1940) ist die erste größere Arbeit über das Russische. Nach dem Krieg nimmt Zumthor (1951) den Faden wieder auf. Bergstrøm-Nielsen (1952) folgt ihm mit einer Arbeit über ausschließlich deutsche Kurzwörter. Immer noch eine der besten Arbeiten über das Englische ist Fritz Wölckens Aufsatz aus dem Jahr 1957. In der DDR tut sich 1963 Thea Schippan erstmals hervor. Etwa zur gleichen Zeit erscheinen amerikanische Forschungen zum Thema (Heller & Marcis 1968), nachdem Hans Marchand 1960 die „categories and types of present-day English word-formation" vorgestellt hatte. Erste kontrastive Analysen (Englisch vs. Französisch) legt 1971 Monnot vor. Das Interesse am Französischen wird geweckt und aufrecht erhalten von George (1975) und Trescases (1976). Bellmenn (1977) und Hofrichter (1977) tun das Ihrige für das Deutsche. Für das Russische ist auf Lipka (1977) zu verweisen. Von nun an wird die Erscheinungsdichte der Publikationen immer größer: Algeo (1978), Gebhardt (1979), Calvet (1980), Menzel (1983), Vieregge (1983), Scherer (1984), Steinhäusl (1984), Germain & Lapierre (1988), McArthur (1988), Cannon (1989), González (1989), Greule (1996). Zur besseren Würdigung der hier vorgelegten bibliographischen Angaben gehört der Hinweis, dass lediglich die als wichtig und wegweisend angesehenen Publikationen aufgezählt worden sind.

Im deutschsprachigen Raum sind kürzlich hintereinander zwei Dissertationen (Kobler-Trill 1994 und Steinhauer 2000) angefertigt worden, die zusammengenommen als Ausgangspunkt für die weitere Aufarbeitung herangezogen werden können.

3. Über Siglen und Kurzwörter

Die im Jahr 2000 gedruckte Arbeit von Steinhauer sattelt auf der Passauer Dissertation von Kobler-Trill aus dem Jahr 1994 auf. Es besteht Einverständnis darüber, dass eine erste wichtige Unterscheidung zu treffen ist zwischen Siglen, in der Literatur auch Tachygraphen genannt, und Kurzwörtern. Siglen verhalten sich wie Symbole: Ein Leser, der das Symbol § in einem Text sieht, weiß, dass er aufgefordert ist, Paragraph zu sagen. Auf Siglen wie u.s.w., bzw. oder km/h reagiert der Leser also mit den entsprechenden Langformen: und so weiter, beziehungsweise, Kilometer pro Stunde. Alle anderen Kurzformen stehen auf der gegenüberliegenden Seite der Trennungslinie. Als Kurzwörter werden sie nicht in die entsprechenden Langformen "zurückübersetzt", sondern als solche gesprochen, "denn das Wesen der Kurzwörter ist ja per definitionem ihre mündliche Realisation" (Steinhauer 2000: 80).

Bereits an dieser Stelle muss jedoch darauf hingewiesen werden, dass Kurzwörter Produkte des, wie Paul Zumthor (1951) sich ausdrückt, *instinct linguistique* einer breiteren Öffentlichkeit sind. Und so darf es nicht verwundern, dass die Grenze zwischen Siglen und Kurzwörtern, betrachtet man sie über einen längeren Zeitraum, durchlässig ist. Inzwischen ist es nicht unüblich, von /kaːemˈhaː/

statt von *Kilometer pro Stunde* zu sprechen. Ein solcher Klassenwechsel ist natürlich nichts Außergewöhnliches. Er sollte jedoch als Hinweis dafür interpretiert werden, dass es auf diesem Feld zwar nützliche, aber keineswegs "wasserdichte" Kategorien gibt. Wie sich noch zeigen wird, wiederholt sich der Vorgang andernorts.

3.1 Über *clippings* und *blends*

In der deutschsprachigen Literatur werden die als clippings und blends bekannten Phänomene unter den Bezeichnungen unisegmentale Kurzwörter und Wortverschmelzungen (Portmanteau-Wörter) geführt. Gabriele Stein hat 1973 bereits über 100 bibliographische Angaben dazu gefunden (Stein 1973). Was ist gemeint?

Wie der Terminus sagt, wird ein Teil, werden Teile von Wörtern abgeschnitten. Hans Marchand (1960) ist zwar nicht der erste, aber einer der einflussreichsten Linguisten in Deutschland, die sich zu diesem Thema geäußert haben. Er benutzt die Ausdrücke *back-clipping* (Kopfwörter) und *fore-clipping* (Endwörter), um zu erklären, wie aus *University* das gekürzte *U* und aus *alligator* durch Auslassung des vorderen Teils *gator* wird. In einigen wenigen Fällen, wenn aus *influenza flu* wird, scheint der vordere *und* der hintere Teil der Basisform gekürzt worden zu sein. Im Deutschen heißt dieser Typ Rumpfwort, da von dem Eigennamen *Elisabeth* nur das Mittelstück *Lisa* übrig bleibt.

Clippings unterscheiden sich von anderen Produkten der Wortkürzung dadurch, dass nur zusammenhängende Teile der Basisform übrig bleiben. Wie das amerikanische Beispiel *U* (für *University*) und das deutsche *E* für *Entlassungskandidat* (Soldatenjargon der NVA) jedoch zeigen, verschwimmen hier die Grenzen zur Initial- oder Buchstabenkürzung. Es wird über das gesamte Wort hinweg gekürzt und nicht allein über Ende und Mitte hinweg. Anfang, Mitte und Ende sind unglücklicherweise auch keine linguistischen Kriterien, die man eindeutig auf Wortbestandteile anwenden könnte. Und ob, wie Marchand mutmaßt, *clippings* tatsächlich aus der Sprechsprache stammen, kann angezweifelt werden. Es gibt, zumindest im Englischen, Beispiele für *clippings*, die eindeutig aus der Sprechsprache stammen:

Basisform	Clipping
naturally	natch
business	biz
delicious	delish
vicious	vish
prostitute	pross
stupid	stupe
ambition	ambish
position	posish
plutocrat	plute
secession	secesh
nuclear	nuke
temporary	tempo /'tempəʊ/
professional	pro /prəʊ/
information	info /'ɪnfəʊ/
advertisement	ad /æd/
laboratory	lab /læb/

Das Französische hat Belege wie *sensass* und *occase* für *sensationnel* und *occasion*. Die Beispiele zeigen, dass die Orthographie angepasst wurde, um den sprechsprachlichen Ursprung zu signalisieren. In allen anderen Fällen ist zu beobachten, dass die *clippings* entweder aus der Schriftsprache stammen oder einen phonologischen Regularisierungsprozess durchlaufen haben.

Wie die zuletzt genannten Beispiele zeigen, gibt es erhebliche Diskrepanzen zwischen der Aussprache der jeweiligen Basisform und dem *clipping*, eine Beobachtung, die auch auf andere Formen der Kürzung zutrifft. Ein /'fɔːpɔː/ kann nicht vom /'fɒlkspɒliːˌtsɪstn/ abstammen. Wer die Kurzwörter nur als Endprodukt von Kürzungsprozessen betrachtet und nicht auf die Zwischenstufen achtet, kann leicht in die Irre gehen. Aber es gibt auch den umgekehrten Fall, dass nämlich die Schreibung eine bestimmte Aussprache suggeriert, diese aber nicht genutzt wird, um die Beziehung zwischen Basis- und Kurzform nicht zu zerstören. So würde man erwarten, dass ein Muttersprachler des Englischen ein *clipping* wie *ave* (avenue) als /eɪv/ realisierte, tatsächlich aber geben die Lexika /æv/ an. Die Beziehung zu /'ævənjuː/ bleibt erhalten.

Aus dem Bereich dessen, was Marchand *word manufacturing* nennt, stammen die *blends*, Wortverschmelzungen oder *Portmanteau*-Wörter. Sie werden aus zwei separaten Wörtern zusammengesetzt und verschmolzen: Aus *smoke* und *fog* wird *smog*. Diese Zusammensetzungen (Berman 1961; Cannon 1986; Hansen 1963; Müller-Schotte 1953; Pound 1914; Schwarz 1970) stellen ein gesondertes Kapitel der Wortbildung dar und sollen hier aus Platzgründen nicht weiter verfolgt werden.

Statt dessen kehren wir zu jenen *clippings* zurück, bei denen nur noch der Anfangsbuchstabe der Basisform übrig bleibt. Sie sind von Initial- oder Buchstabenkürzungen nicht zu unterscheiden.

3.2 Über Akronyme und Abkürzungen

Normalerweise werden Buchstabenkurzwörter in zwei Gruppen geteilt, in solche, die mit dem Buchstabennamen gesprochen werden, und solche, die in ihrer Buchstabenfolge ein potentielles Wort realisieren können. Letztere heißen Akronyme. Aus der Basisform North Atlantic Treaty Organisation wird das Akronym NATO gebildet. Es wird im Deutschen /'naːtoː/ und im Englischen /'neɪtəʊ/ gesprochen. Die gekürzte Form des Kompositums Lastkraftwagen wird jedoch /'ɛlkaːveː/ gesprochen. Hier liegt übrigens eine Abweichung gegenüber dem sonst im Deutschen üblichen Betonungsmuster vor. Anders als das Ungarische, das alle Abkürzungen auf dem ersten Glied betont, hat das Deutsche Endbetonung wie in VW /fauˈveː/. Lediglich dort, wo kontrastive Wortbetonung erforderlich ist – /'peːkaːveː/ vs. /'ɛlkaːveː/ – wird das erste Glied betont.

So klar die Unterscheidung in Akronyme und Abkürzungen auf den ersten Blick erscheinen mag, auch hier sind die Grenzen fließend. Anglophone Sprecher sind sich nicht immer einig, ob sie nun das *U*nidentified *F*lying *O*bject – UFO – als /juːefˈəʊ/ oder als /'juːfəʊ/ aussprechen sollen.

Der *instinct linguistique* experimentiert auch gern und laufend mit den ihm zu Gebote stehenden Möglichkeiten. Eine Abkürzung wie DBAG (für Deutsche Bahn AG) macht eine Wandlung durch: Aus /deːbeːaːˈgeː/ wird /'deːbak/, d.h. die letzten 3 Buchstaben von DBAG werden zu einem Akronym zusammengezogen. Falls ein neuer Terminus gebraucht würde, könnte man von Initionym, einer Mischung von Initialwort und Akronym sprechen. Sein Gegenstück, das Akronitial aus Akronym und Initialwort, ist ebenfalls belegt. So heißt der Weltfremdsprachenlehrerverband, die *F*édération *I*nternationale des *P*rofesseurs de *L*angues *V*ivantes (FIPLV) /ˈfɪplˌfaʊ/.

Schließlich gilt es, darauf hinzuweisen, dass Buchstabenkürzungen auch durch *Expansion* wieder "rückgängig" gemacht werden können. Als Beispiel diene uns der bekannte Lebensmittelkonzern EDEKA ~ Edeka. Es handelt sich hier nicht, wie man vermuten könnte, um ein Silbenkurzwort im Sinne von Steinhauer (2000: 52) – "aus Silben oder Silbenresten der Vollform". Denn *Edeka* ist aus *Einkaufsgenossenschaften deutscher Kolonialwaren- und Lebensmittel-Einzelhändler*, abgekürzt *E.d.K.*, hervorgegangen. Das hätte, wenn überhaupt, zu Edek*o* führen müssen. Man hat statt dessen die Buchstabennamen von E.d.K. für diese Bildung durch nachträgliche Expansion herangezogen und so den Wortcharakter des Kurzwortes noch stärker betont.

Abkürzungen und Akronyme verhalten sich aber grundsätzlich gleich. Sie können einen Artikel zu sich nehmen und/oder ein Adjektiv; sie können Plurale bilden und auch durch Suffigierung neue Wortbildungen ermöglichen. Wir sprechen von *dem* UFO, der *neuen* Nato und dem ewigen *FDJler*. Im Deutschen sind relativ wenige Wortbildungsmuster bekannt geworden, die aus Akronymen neue Wörter machen. Im Englischen, besonders aber im Französischen sieht das ganz anders aus: Es entstehen neue Substantive (CALList, NIMBYism), Adjektive (WASPish, VATable, VATless) und Verben (IMBify).

Ganz gelegentlich trifft man auf *diskontinuierliche* Kurzformen. Das *Bundesgesetz über individuelle Förderung der Ausbildung* kann nicht die Basisform für *Bafög* abgeben, wenn man postuliert, dass die Kurzformen den Basisformen linear zu folgen haben. Des weiteren gibt es Kurzwörter 2. Grades. *LISC* etwa enthält das bereits lexikalisierte *LOTE* (= *Languages other than English*) und bedeutet *LOTE I*mplementation *S*trategy *C*ommittee. Zu guter letzt gilt es noch, auf Kurzwörter aufmerksam zu machen, denen ein epenthetischer Vokal beigefügt wird. So steht *PLSS* für *P*ortable *L*ife *S*upport *S*ystem und wird /plɪs/ ausgesprochen. Ein ähnlicher Fall liegt im Deutschen vor. Hier wird aus dem Kurzwort *SMS* für *S*hort *M*essage *S*ystem das Verb *simsen* abgeleitet. Wer eine *SMS* verschickt, der *simst.*

3.3 Über Silbenkurzwörter, Mischkurzwörter u.a.

Den Buchstabenwörtern ist hier besonders viel Raum zugestanden worden, weil sie in aller Regel 90% der in Texten vorkommenden Kurzwörter ausmachen (Steinhauer 2000: 257). Erwähnenswert sind jedoch auch die Silbenkurzwörter, weil sie, historisch gesehen, eine frühere Entwicklungsstufe darstellen: *Krimi* (Kriminalroman), *Reibi* (Reichsbischof), *Reimuka* (Reichsmusikkammer), *Grohag* (Großglockner-Hochalpenstraßen-Aktiengesellschaft) oder *GröFaZ* (Größter Feldherr aller Zeiten) sind – folgt man der Literatur – als Beispiele zu nennen. Man muss jedoch Vorsicht walten lassen. Während *Kri-mi* zweifellos aus Silben zusammengesetzt ist, die aus der Basisform extrahiert worden sind, handelt es sich bei den Bestandteilen anderer Kurzwörter zwar um Silben, nicht aber um Silben, die den Basisformen entnommen worden sind. Dies gilt z.B. für die *Lok*, deren Basisform, in Silben zergliedert, *Lo-ko-mo-ti-ve* lautet. Die Bestandteile von Mischkurzwörtern sind, wie der Name schon sagt, von unterschiedlicher Qualität: Silben, Morpheme, Buchstabenfolgen.

Und es gibt noch eine Reihe von anderen Kurzformen – z.B. den Typ *U-Boot* oder den ähnlich aussehenden, aber davon unterschiedenen Typ *S-Kurve* – die aber alle zahlenmäßig kaum ins Gewicht fallen. Der Einfachheit halber verweise ich deshalb auf die Auseinandersetzung mit dem Phänomen in den beiden Dissertationen von Kobler-Trill und Steinhauer und wende mich im Interesse einer besseren unterrichtlichen Bewältigung des Problems der Frage zu:

4. Wie können (Fachsprachen)lehrer der Lage Herr werden?

"Wissenschaft ist", so lautet die Scherzdefinition, "wenn man weiß, wo's steht." Und deshalb wird sich der Blick auch zunächst einmal auf das Internet richten. Die Auflösung für die in dem eingangs zitierten Song MfG vorkommenden Abkürzungen findet man tatsächlich im World Wide Web unter www.diefantastischen4.de. Und wirft man eine der vielen Suchmaschinen an, erhält man eine Reihe von URLs, Internetadressen also, die als Sesam-öffne-Dich zu teilweise recht umfangreichen Datensammlungen fungieren. Es folgen einige dieser URLs nicht ohne den Hinweis, dass solche Webseiten von heute auf morgen, auch spurlos, verschwinden können.

Internetadressen für Akronymgeschädigte:

http://www.acronymfinder.com/

http://www.ucc.ie/cgi-bin/acronym

http://www.curia.ucc.ie/infolnet/acronyms/acro.html

http://www.ulib.iupui./subjectareas/gov/docs_abbrev.html

http://www.acronymsearch.com/index.php2.acronym

http://www.ciw.uni-karlsruhe.de/kopien/babel.html

http://www.chemie.fu-berlin.de/cgi-bin/acronym

Wer als Fremdsprachenlehrer die eine oder andere Adresse ansteuert, der wird u.U. fündig, wenn es um Abkürzungen und Akronyme allgemeiner Natur geht. Wer fremdsprachige Originalquellen benutzt, ist dankbar für jede derartige Hilfestellung. Und auch der Fachsprachenlehrer kommt auf seine Kosten, weil viele dieser Datenbanken aus dem Bedürfnis der Fachwissenschaft nach eineindeutiger sowie kurz und bündiger, terminologisch gesicherter Kommunikation entstanden sind.

Keine dieser Datenbanken befriedigt jedoch die Bedürfnisse der fachlichen Kommunikation von Fremdsprachenlehrern im engeren Sinne. Die eingangs zitierte kanadische Rezensentin stand, man erinnere sich, ratlos vor dem Akronym GUME. In den 70er Jahren wurde in Didaktikerkreisen eifrig über die *Göteborg Undervisningsmetoder i Engelska*, über das sogenannte GUME-Projekt gefachsimpelt und geschrieben. Einzig eine Datenbank, die durch langjährige und systematische Suche in den wichtigsten Fachzeitschriften und Fachbüchern entstanden wäre, könnte die benötigte Hilfe bereitstellen. Welches die wichtigsten Zeitschriften für den auf wissenschaftlicher Basis operierenden Fremdsprachenlehrer sind, darf inzwischen als geklärt gelten (Jung 2001[3]), und die Datenbank existiert auch.

5.   The Foreign Language Teacher's Multilingual Dictionary of Acronyms and Abbreviations

Das im Titel apostrophierte Lexikon ist die weitergeführte Version der Datenbank, die Anfang der 90er Jahre in Buchform unter dem Titel The Dictionary of

Acronyms and Abbreviations in Applied Linguistics and Language Learning (Jung & Jung 1991) erschien. Es umfasst mittlerweile 20.000 Einträge hauptsächlich in den Sprachen Englisch, Französisch, Deutsch, Russisch, Spanisch und Italienisch. Aber auch kleinere europäische Idiome (Niederländisch, Portugiesisch, Dänisch, Schwedisch, Polnisch) sind in dem Maße vertreten, wie die Beschäftigung mit Ihnen sich in den ca. 150 abgesuchten Fachzeitschriften widerspiegelt. Hinzu kommen als Quellen die wichtigsten Fachbücher, so dass der Anspruch erhoben werden kann, die Fachliteratur des Fremdsprachenlehrers von etwa 1900 bis zum heutigen Tage sei abgesucht und die darin vorkommenden Kurzformen dokumentiert worden.

Welche Zugangsmöglichkeiten bietet nun das Lexikon dem Lehrer? Makrostrukturell ist es zweigeteilt. Im ersten Teil sind die Kurzwörter alphabetisch sortiert: GUME folgt auf GUM (*Gosudarstvennyi universal'nyi magazin*), auf GUME folgt GUMSLL (*Georgetown University Monograph Series in Languages and Linguistics*). Der zweite Teil ist ein Invertierter Index. Hier folgt auf die wiederum alphabetisch sortierten Vollformen die Kurzform, denn Lehrer fragen auch andersherum. Sie wollen wissen: "Wie erfahre ich etwas über Tafelbilder?" "Wie und wo kann ich mich am besten über den computergestützten Fremdsprachenunterricht orientieren?" "Was ist von der Diskussion über Lernstrategien und Lerntechniken zu halten?" "Wie vergleichen sich die gängigen Tests?" Der durch Schlagwörter erweiterte Invertierte Index verweist sie auf die entsprechenden Kurzwörter. Nun ist der Verweis von der Vollform *Lerntechnik* auf das Kurzwort *LT* noch keine Information, derenthalben man ein Lexikon von hinten aufschlagen würde, eher umgekehrt. Dafür steht der 1. Teil zur Verfügung. Dieser 1. Teil hat nun zusätzliche Kategorien und Erweiterungen. Erweiterungen wie Pro, Sty, Txb, Jnl, Dic, Rdr, Lit etc. etc. geben Auskunft darüber, ob es sich bei dem Kurzwort um eine professionelle Vereinigung, eine Lehr- und/oder Lernstrategie, ein Lehrbuch, eine Zeitschrift, ein Lexikon, eine Lektüre oder um linguistische Terminologie etc. etc. handelt – eine erste Präzisierung vor allem für Benutzer, die der jeweiligen Sprache nicht mächtig sind. Dann jedoch folgen auf die beiden ersten Kategorien (Kurzwort und Langform) Informationen meist bibliographischer Natur, die es dem Novizen gestatten, sich in ein Thema einzuarbeiten. Nehmen wir noch einmal das Kurzwort *LT*. Angehängt an die Vollform findet der Lexikonbenutzer 7 bibliographische Hinweise zum Thema *Lerntechnik*. Und er wird weiter verwiesen auf die Kurzwörter *LK* (für *Lernkompe-*

tenz) und *LL* (für *Language Learner*), *LSQR* (für *Learning Strategies Review Questionnaire*) und *SILL* (für *Strategy Inventory for Language Learning*), die ihrerseits wieder über bibliographische Hin- und Querverweise verfügen, so dass allmählich ein dichtes Informationsnetz zum Thema aufgebaut wird. Je nachdem, ob die schnelle Aufklärung über die Bedeutung eines Kurzworts oder Sachinformation zu einem Teilbereich des Fremdsprachenunterrichts gesucht wird, nutzt der Informationssucher den ersten oder den zweiten Teil der Datenbank. In jedem Fall hat er gute Chancen, dass er auch fündig wird. Er wird nicht nur der Plage der Kurzwörter Herr, sondern lernt, sie auch als Segen zu interpretieren, weil sie ihm helfen, sein Feld zu bestellen.

6. Literaturverzeichnis

Algeo, J. (1978). The taxonomy of word making. *Word* 29, 122-131.

Baecklund, A. (1940). *Die univerbierenden Verkürzungen der heutigen russischen Sprache*. Uppsala, Almquist & Wiksell.

Bellmenn, G. (1977). Zur lexikalischen Kürzung im Deutschen. *Kwartalnik Neofilologiczny* 24 (2-3), 141-150.

Bergstrøm-Nielsen, H. (1952). Die Kurzwörter im heutigen Deutsch. *Moderna Språk* 46, 2-22.

Berman, J.M. (1961). Contribution on blending. *Zeitschrift für Anglistik und Amerikanistik* 9, 278-281.

Calvet, L.-J. (1980). *Les sigles*. Paris, PUF (Que sais-je? Nr. 1811).

Cannon, G. (1986). Blends in English word-formation. *Linguistics* 24 (4), 725-753.

Cannon, G. (1989). Abbreviations and acronyms in English word-formation. *American Speech* 64, 99-127.

Crowley, E.T. & Sheppard, H.E. (1960ff.). *Acronyms, Initialisms & Abbreviations Dictionary*. Detroit, Gale.

Gebhardt, K. (1979). Abkürzungen, Akronyme, Sigel und Ableitungen von Sigeln im heutigen Französisch. In: Ernst, G. & Stefenelli, A. (eds.). *Sprache und Mensch in der Romania. Heinrich Kuen zum 80. Geburtstag*. Wiesbaden, Franz Steiner Verlag, pp. 80-93.

George, K.E.M. (1975). Abbreviated words in contemporary French. *Modern Languages* 56, 82-85.

Germain, C. & Lapierre, A. (1988). Le sigle, définition, caractéristique et emploi. *Cahiers de Lexicologie* 53 (2), 55-74.

Gessner, M.P. (1974). Maladie du siècle? Les S.I.G.L.E.S. *Französisch heute* 4, 171-177.

González, F.R. (1989). La derivación de las siglas. *Boletin de la Real Academia Española* 69, 211-255.

Greule, A. (1996). Reduktion als Wortbildungsprozeß der deutschen Sprache. *Muttersprache* 106 (3), 193-203.

Hansen, K. (1963). Wortverschmelzungen. *Zeitschrift für Anglistik und Amerikanistik* 11, 117-142.

Heller, L.G. & Marcis, J. (1968). A typology of shortening devices. *American Speech* 43, 201-208.

Hofrichter, Werner (1977). *Zu Problemen der Abkürzung in der deutschen Gegenwartssprache.* Linguistische Studien, Reihe A, Arbeitsberichte 44, Akademie der Wissenschaften der DDR – Zentralinstitut für Sprachwissenschaft.

Horst, M. (2002). Review of *Assessing English for Academic Purposes. System* 30 (1), 127-129.

Jung, U.O.H. (1995). Clippings, blends, acronyms. In: Ahrens, R. et al. (eds.). *Handbuch Englisch als Fremdsprache (HEF).* Berlin, Erich Schmidt, pp. 116-119.

Jung, U.O.H. (2001³). Paris in London oder Welche Zeitschriften sollte der Fremdsprachenlehrer lesen? In: Jung, U.O.H. (ed.). *Praktische Handreichung für Fremdsprachenlehrer.* Frankfurt a.M., Peter Lang, pp. 440-446.

Jung, H. & Jung, U.O.H. (1991). *The dictionary of acronyms and abbreviations in applied linguistics and language learning.* 2 vols. Frankfurt a.M., Peter Lang.

Kjellman, H. (1920). *Mots abrégés et tendances d'abréviations en français.* Uppsala, University of Uppsala (Uppsala Universitets Årsskrifts 1920. Filosofi, Språkvetenskap och Historiska Vetenskaper 2).

Kobler-Trill, D. (1994). *Das Kurzwort im Deutschen.* Eine Untersuchung zu Definition, Typologie und Entwicklung. Tübingen, Niemeyer.

Lipka, B. (1977). *Die Kurzwörter in der heutigen russischen Standardsprache.* München, Trofenik.

Marchand, H. (1969²). *The categories and types of present-day English word-formation.* A synchronic-diachronic approach. München, C.H. Beck'sche

Verlagsbuchhandlung. (Chapter ix. Clipping, pp. 441-450; chapter x. Blending and Word-Manufactoring, pp. 451-454).

Marek, W. (1996). Die Kunst, die Welt in zwei flüchtigen Minuten zu portraitieren: Gilbert Laffaille. *Der fremdsprachliche Unterricht – Französisch* 1, 33-39.

McArthur, T. (1988). The cult of abbreviation. *English Today* 15, 36-42.

Menzel, H-B. (1983). *Abkürzungen im heutigen Französisch*. Rheinfelden, Schäuble Verlag.

Monnot, M. (1971). Examen comparatif des tendances de syllabation dans les mots abrégés de l'anglais et du français. *Français Moderne* 39, 191-206.

Müller, L. (1923). Neuenglische Kurzformbildungen. *Gießener Beiträge zur Erforschung der Sprache und Kultur Englands und Nordamerikas*. 1. Band/2. Abhandlung, pp. 33-76.

Müller-Schotte, H. (1953). Das blending und sein Ergebnis, das portmanteauword. *Die Neueren Sprachen* 2, 449-454.

Pound, L. (1914/1967). *Blends*. Their relation to English word formation. Heidelberg/Amsterdam, Universitätsverlag Carl Winter/Swets & Zeitlinger.

Rodhe, E. (1907). Abkürzungen durch Anfangsbuchstaben. *Moderna Språk* 1 (4), 53-59.

Scherer, H. (1984). Siglen. Bemerkungen zu einem sprachlichen Jahrhundert-Phänomen am Beispiel des Französischen. *Sprache und Literatur in Wissenschaft und Unterricht* 54, 73-93.

Schippan, T. (1963). Zur Bildung des Kurzwortes in der deutschen Sprache. *Deutschunterricht* 16, 539-545.

Schwarz, U. (1970). Die Struktur der englischen Portmanteau-Wörter. *Linguistische Berichte* 7, 40-44.

Stein, G. (1973). *English word-formation over two centuries: in honour of Hans Marchand on the occasion of his sixty-fifth birthday, 1 October 1972*. Tübingen, Narr (TBL N° 34).

Steinhauer, A. (2000). *Sprachökonomie durch Kurzwörter*. Bildung und Verwendung in der Fachkommunikation. Tübingen, Narr.

Steinhäusl, U. (1984). *Kürzungstendenzen im heutigen Spanisch: Wortkürzungen und Sigelbildungen*. Würzburg phil. Diss.

Trescases, P. (1976). Remarques sur quelques abréviations : la prolifération des sigles en français contemporain. *French Review* 49, 703-712.

Vieregge, W. (1983). Zum Gebrauch von Kurzwörtern im Neuhochdeutschen. *Sprachwissenschaft* 8 (1-2), 207-235.

Wittmann, E. (1914). Clipped words: a study of back-formations and curtailments in present-day English. *Dialect Notes* 4 (2), 115-145.

Wlassoff, M. (1996). Les sigles courants du français. *Le Français dans le Monde* 284, 44-46.

Wölcken, F. (1957). Entwicklungsstufen der Wortbildung aus Initialen. *Anglia* 75, 317-333.

Zumthor, P. (1951). *Abréviations composées*. Amsterdam, North-Holland Publishing Company.

DIE VERMITTLUNG EINER FACHKOMMUNIKATIVEN KOMPETENZ ALS BERUFSRELEVANTE PERSPEKTIVE DER UNIVERSITÄREN FREMDSPRACHENAUSBILDUNG

Klaus-Dieter Baumann

Universität Leipzig

Die Vermittlung fachkommunikativer Kompetenz gewinnt gegenwärtig in den universitären und berufsbezogenen Ausbildungsprozessen zunehmend an Bedeutung. Die Befähigung zur effizienten Bewältigung von kommunikativen Handlungssituationen im Fach kann nur durch einen integrativen fachlich-fachsprachlichen (Fremd-)Sprachenunterricht erfolgen. Dieser ist auf die Entwicklung einer fachkommunikativen Kompetenz gerichtet, die sich aus fachsprachendidaktischer Sicht als eine hierarchisch geordnete Gesamtheit von Teilkompetenzen darstellt. Die Hinführung zur Fachkommunikation in der Mutter- und/oder Fremdsprache macht es erforderlich, die Determinanten der Vermittlungsperspektive auf interdisziplinärer Grundlage umfassend zu definieren. Dies wird in der Folgezeit in der Fachsprachendidaktik zu einer stärkeren kommunikativ-kognitiven Orientierung führen. Eine wichtige Wegstrecke zu diesem Ziel ist mit der Entwicklung integrierter Studiengänge bereits abgesteckt worden.

1. Fachsprachendidaktische Überlegungen zur fachkommunikativen Kompetenz

Die methodologischen Positionen einer immer deutlicher zur Interdisziplinarität übergehenden Fachsprachenforschung haben der Fachsprachendidaktik neue Perspektiven eröffnet, da das strukturell-funktionale und kommunikativ-kognitive Herangehen an die Fachkommunikation zum einen Aufschluss über die umfassenden Determinationsmechanismen bei der Produktion und Rezeption von mündlichen bzw. schriftlichen Fachtexten bietet und zum anderen die Lerner durch den gezielten Einsatz entsprechender Lehr- und Lernverfahren dazu befähigt, ein dynamisches (produktives/rezeptives), fächer- bzw. ausbildungsspezifisches kommunikatives Können zu entwickeln. Ausgehend von den jeweiligen individuellen und gesellschaftlichen Voraussetzungen des Erwerbs und der Vermittlung von Fachsprache sowie Fachwissen besteht das Bemühen der gegenwärtigen Fachsprachendidaktik vor allem darin, die praktische Lern- und Lehrtätigkeit im Interesse der kommunikativen Bewältigung fachlicher Situationen zu optimieren. Auf diesem Weg sollen die Lerner zu einer umfassenden kommunikativen Handlungsfähigkeit im Fach geführt werden, die in Anlehnung an die Überlegungen von Buhlmann und Fearns als Fähigkeit des Lerners verstanden wird, sich in der Zielsprache angemessen zu informieren und zu verständigen. Angemessenes Verstehen bedeutet in diesem Zusammenhang, dass die Lerner in der Lage sind, mit ihren zur Verfügung stehenden sprachlichen Mitteln und Arbeitsstrategien Fachtexten ein Maximum an Informationen zu entnehmen. Eine angemessene Verständigung setzt zudem voraus, dass sich die Lerner auf der Wissensstufe, auf der sie sich befinden, eindeutig und sachlich differenziert äußern können (Buhlmann & Fearns 1987). In diesem methodologisch weitgefassten Rahmen der Wissensvermittlung und –aneignung findet die Fachsprachendidaktik ihre wissenschaftliche Verankerung als theoriegeleitete und anwendungsbezogene Beschäftigung mit fachlichen und kommunikativen Ausbildungsprozessen.

Auf methodischer Ebene ist es den Vertretern der Fachsprachendidaktik bisher jedoch nur in unzureichendem Maße gelungen, die weitreichenden Erkenntnisse der Fachsprachenforschung in praxiswirksame didaktische Strategien zur Darstellung von lehr- und lernrelevanten Mitteln der Fachkommunikation umzusetzen. Nach wie vor werden kontroverse Debatten über eine thematische, strukturelle und/oder funktionale Progression bei der Erstellung von fachsprachlichen Lehrbüchern bzw. in der mutter- und/oder fremdsprachlichen Fachsprachenausbildung geführt. Eine komplexe Synthese methodischer Konzepte, wie sie die Fachsprachenforschung mit ihrer interdisziplinären Betrachtungsweise nahe legt, will dabei nur in einigen Ansätzen gelingen (Schneider 1982).

Eine Ursache der didaktisch unbefriedigenden Vermittlung von Fachkommunikation besteht zum einen in der lang anhaltenden Orientierung der Fachsprachendidaktik an der in der zweiten Hälfte des 19. Jahrhunderts vorherrschenden Grammatik-Übersetzungs-Methode des Altsprachlichen Unterrichts und zum anderen in der lexikologisch-terminologischen Entwicklungsetappe der Fachsprachenforschung der fünfziger Jahre, die Spezifika der Fachsprache ausschließlich in ihren Wortschätzen sah. Da die Methoden des fachbezogenen (Fremd-)Sprachenunterrichts in ihrer historischen Abfolge keineswegs im Rahmen didaktischer Theoriebildung konzipiert wurden, führte dies bis in die achtziger Jahre hinein zu einer lehrstrategischen Konzentration auf Vermittlungsprobleme im Bereich der Syntax, der Wortbildungslehre und der lexikalischen Semantik (Hoffmann 1984).

Ein weiterer Grund für das nichtadäquate Verhältnis von Fachsprachenforschung und Fachsprachendidaktik liegt in dem heterogenen didaktischen Grundanliegen des fachbezogenen Sprachunterrichts, das im Zusammenhang steht mit dem differenzierten Komplex der Unterrichtsbedingungen und der Frage, wie weit die Adressatenspezifik der fachbezogenen Sprachausbildung gehen sollte bzw. wie weit sie hinsichtlich Zielstellung, Stoff- und Inhaltskonzeption, Planung und Kontrolle des kommunikativen Könnens, Einsatz von Unterrichtsmitteln und Vermittlungstechniken bei der Unterrichtsgestaltung, Bezogenheit auf bestimmte (Fach-) Textsorten, Kurstypen, Lehrmaterialien usw. gehen kann.

Unter diesen Gesichtspunkten muss sich die Fachsprachendidaktik zukünftig darauf konzentrieren, Ziele, Inhalte und Methoden eines Vermittlungsprozesses zu beschreiben, in dem Fachlichkeit Teil eines kommunikativen Gesamtverhaltens ist (Baumann 1994).

Indem die jeweilige Kommunikation im Fach als Komplex fachinhaltlicher, sprachlich-formaler und funktional-kommunikativer Fähigkeiten und Verhaltensweisen verstanden wird, ergibt sich für die Fachsprachendidaktik ein erfolgversprechendes interdisziplinäres Herangehen, das fachdidaktische, mutter- und fremdsprachentheoretische, allgemein- und fachsprachenorientierte, unterrichtstheoretische und unterrichtspraktische Überlegungen zur fachbezogenen Sprachausbildung vereint (Bausch et al. 1995).

Dem Fachsprachenunterricht kommt erfahrungsgemäß besonders in den ersten Ausbildungsabschnitten eine integrierende Funktion zwischen Sprachunterricht und Fachstudium zu.

In ihren didaktisch-methodischen Untersuchungen zur Vermittlung von Fachsprache weisen Buhlmann und Fearns nachdrücklich auf die Bedeutung der um die fachliche Dimension erweiterten fachsprachlichen Ausbildung hin:

> "Fachsprachenunterricht kann die Lerner auf den Fachunterricht vorbereiten, einmal indem er kompensatorische Strategien im Bereich der Informationsentnahme und Textproduktion aufbaut, zum anderen, indem er Denkelemente zur Verfügung stellt und damit den Auf- bzw. Ausbau von Denkstrukturen ermöglicht, zum dritten, indem er die Lerner mit bestimmten stilistischen Eigentümlichkeiten der Kommunikation im Fach bekannt macht (Präzision, Differenziertheit, Hierarchisierung, Ökonomie etc.)" (Buhlmann & Fearns 1987: 85).

Dem fachsprachlichen Unterricht kommt aus dieser komplexen fachsprachendidaktischen Perspektive die Aufgabe zu, die Lerner mit praxisrelevanten Fachtextsorten vertraut zu machen bzw. zu einem situationsadäquaten Gebrauch der Fachtexte im Prozess der Fachkommunikation zu befähigen.

In aktuellen Arbeiten zur Fachsprachendidaktik wird übereinstimmend deutlich gemacht, dass Merkmale der Fachkommunikation wie z.b. "Fachlichkeit", "Adressatenspezifik" und "Zielorientiertheit" zu denjenigen Kategorien des fachbezogenen Fremdsprachenunterrichts gehören, die einen besonderen didaktischen Stellenwert besitzen, da sie in entscheidendem Umfang das weitere Bedingungsgefüge der fachsprachlichen Ausbildung determinieren (Bausch et al. 1995).

Ein solches integratives Herangehen bietet dem Fachsprachenunterricht den notwendigen methodisch-didaktischen Rahmen, um den Lernern die komplexen Grundlagen fachkommunikativer Kompetenz erfolgreich vermitteln zu können.

2. Die Entwicklung fachkommunikativer Kompetenz auf der Grundlage von Teilkompetenzen

Die universitär orientierte Fachsprachenausbildung gehört neben dem berufsbezogen Fremdsprachenunterricht in der betrieblichen Aus- und Weiterbildung (z.B. *Air Traffic Language, Seaspeak, Library English, Business English, English for Electrical Engineers*) zu den wichtigsten Bereichen der Vermittlung von Fachsprache und umfasst zahlreiche Unterrichtsformen, die von inhaltlich differenzierten, fertigkeitsorientierten, intensiven und/oder extensiven, studienvorbereitenden, fakultativen und/oder obligatorischen studienbegleitenden Kurstypen bis zu integrierten Fach-(Fremd-) Sprache-Studiengängen reichen (Baumann et al. 1992: 32 ff).

Das Ziel dieser Ausbildung im Bedingungsgefüge des fachbezogenen Sprachunterrichts besteht darin, dem Lerner die kommunikativen Tätigkeiten des Fachtextproduzierens und Fachtextrezipierens auf der Grundlage textsortenbezogener Sprachfertigkeiten (Lesen, Hören, Sprechen, Schreiben, Übersetzen) zu vermitteln, um ihm dadurch die Entwicklung einer fachkommunikativen Kompetenz zu ermöglichen.

Unter *fachkommunikativer* Kompetenz wollen wir die Fähigkeit der jeweiligen Lerner verstehen, (mutter- und/oder fremdsprachliche) Fachtexte als interkulturell, sozial, situativ und funktional bestimmte, sachlogisch gegliederte, semantisch strukturierte, linear-sequentiell sowie hierarchisch organisierte sprachliche Einheiten zu produzieren bzw. zu rezipieren.

Im Rahmen dieses komplexen Determinationsmechanismus ist im fachbezogenen Fremdsprachenunterricht fachkommunikative Kompetenz auf der Basis eines ganzheitlich funktionierenden Systems von Teilkompetenzen systematisch zu entwickeln.

Dabei lassen sich folgende, mit Bezug auf die beim Lerner angestrebte fachkommunikative Kompetenz deszendent angeordnete Teilkompetenzen unterscheiden:

2.1 Die interkulturelle Teilkompetenz

Unter dem Einfluss der didaktisch orientierten *Cross-Cultural Studies*, die sich vor allem in den USA und in Australien auf breiter methodischer Basis entwickelt haben, hat sich die Fachsprachenforschung der achtziger Jahre in verstärktem Umfang der kulturellen Gebundenheit von Fachkommunikation zugewandt (Kalverkämper 1998: 69 ff).

So konnte in zahlreichen kontrastiven Fachtextanalysen darauf hingewiesen werden, dass die Kommunikation im Fach offensichtlichen kulturspezifischen Einflüssen unterliegt, die sich in Form kulturdeterminierter fachlicher Kommunikationsstrategien manifestieren (Baumann & Kalverkämper 1992).

Galtung hat die sprachliche Umsetzung intellektueller Stile (Fachstile) bereits zu Beginn der achtziger Jahre thematisiert. Dabei kam er z.B. zu folgenden Einsichten:

"Die teutonische wie auch die gallische Form der Theoriekonstruktion erfordern ein sprachliches Vermögen, das nur wenige meistern...Die teutonischen und gallischen intellektuellen Diskurse sind ihrer Art nach darwinistische Kämpfe, in denen nur die Stärksten überleben, abgehärtet und befähigt, die Bedingungen des nächsten Kampfes zu diktieren. Die sachsonischen - die US-Varianten mehr noch als die UK-Varianten - und die nipponischen Praktiken sind toleranter, demokratischer, weniger elitär." (Galtung 1985: 166).

In seinen interkulturell orientierten Analysen hat Clyne linguistische sowie soziologische Fachtexte englisch- und deutschsprachiger Autoren unter den Gesichtspunkten von Linearität, Symmetrie bzw. Proportionalität, Hierarchie und Kontinuität verglichen. Dabei kommt er zu dem Ergebnis, dass in beiden Sprachen unterschiedliche Vertextungsstrategien - die "Writer Responsibility" für das Englische bzw. die "Reader Responsibility" für das Deutsche - bestehen. In diesem Zusammenhang neigen deutsche Wissenschaftler mehr zu Exkursen als ihre englischsprachigen Kollegen, sie verzichten weitgehend auf interne Organisationshinweise und Textgliederungssignale und referieren häufiger Standpunkte und Darstellungen wissenschaftlich anerkannter Autoritäten (Clyne 1981: 61-66).

Für die didaktische Aufbereitung des fachbezogenen Fremdsprachenunterrichts ist die Berücksichtigung der interkulturellen Gebundenheit von Fachkommunikation eine wichtige Gestaltungsgröße. Insbesondere im Hinblick auf die fortschreitende Globalisierung unseres gesellschaftlichen Lebens ist immer wieder auf die Bedeutung der kulturell determinierten Kommunikations- und Textstrukturen bzw. die im Zusammenhang damit stehenden kulturspezifischen Verhaltensgewohnheiten hingewiesen worden.

Dabei sind z.B. folgende Lern- und Diskurstechniken interkulturell markiert:

1. mechanisches Auswendiglernen von Lehrstoffen;

2. fehlende Problematisierung der Unterrichtsstoffe;

3. additive Strukturierungsprinzipien;

4. personenbezogenes Mitteilungsverhalten und

5. reaktives Unterrichtsverhalten (Verzicht auf Fragen, Kritik usw.) (Fluck 1992: 181).

Die aus kulturspezifischen Verhaltensgewohnheiten resultierenden Kommunikationsprobleme, die den fachbezogenen Fremdsprachenunterricht beeinträchtigen können, gilt es, durch interkulturelles Problembewusstsein und die Vermittlung kulturadäquater Kommunikationsstrategien im Fach zu minimieren.

2.2 Die soziale Teilkompetenz

Fachkommunikative Kompetenz schließt die Entwicklung der sozialen Teilkompetenz ein. Diese bezieht sich auf das situative Bedingungsgefüge, das im Bewusstsein der Lerner als potentielle Träger von sozialen Rollen widergespiegelt wird und über die Vermittlung bestimmter Leistungsvoraussetzungen (individuelles Wissens- und Könnensniveau) zur Produktion und Rezeption von Fachkommunikation veranlasst. Bei einer zumeist situationsgebundenen Ausbildung der sozialen Teilkompetenz müssen folgende Aspekte berücksichtigt werden:

1. *Elemente der fachlichen Tätigkeitssituation der an der Kommunikation Beteiligten*:

Konstellation der Kommunikationspartner; Spezifik des betreffenden Fachgebietes; historisch konkretes Entwicklungsniveau und Entwicklungstempo der Fachwissenschaft (vgl. Genetik, Biotechnologie, Informatik usw.); Verhältnis von Fachkommunikation und übergeordneter fachlicher Tätigkeit u.a.

2. *Elemente der sozialen Situation der Partner in der Fachkommunikation*:

Sozialer, wissenschaftlicher u.a. Status der Kommunikationspartner (Vorwissen: symmetrische vs. asymmetrische Kommunikationsbeziehungen); Wertvorstellungen, soziale Normen, Gewohnheiten, Denkmuster der Partner; Bekanntheitsgrad und soziale Nähe bzw. Distanz der Kommunikationspartner: bekannt, kaum bekannt, nicht bekannt u.a.

3. *Elemente der Umgebungssituation der Partner in der Fachkommunikation*:

Qualität der zwischenmenschlichen Beziehungen: offizielles Verhältnis, gebunden an eine starke Öffentlichkeit der Situation, an bestimmte Eigenschaften des Individuums: unverbindlich-höfliches, zwangloses, freundschaftlich-wohlwollendes, persönlich-entspanntes, intimes Verhalten zwischen Partnern; Grad der inhaltlichen und sprachlichen Kompetenz der Kommunikationspartner; Alter, Geschlecht u.a. (Baumann 1992: 170 ff).

Die genannten Elemente der fachlichen Tätigkeitssituation, der sozialen und Umgebungssituation werden durch ein konkretes Rollenspiel im fachlichen Kommunikationsprozess umgesetzt.

Aus fachsprachendidaktischer Sicht ist die adäquate Umsetzung sozialer Kenntnisse im Rollenspiel relevant, da es vor allem an die folgenden vier Voraussetzungen gebunden ist:

1. die Kenntnis der Rollenspezifik;

2. das Vorhandensein einer Motivation, die dieser Rolle entspricht;

3. die Fähigkeiten und Fertigkeiten, welche die Umsetzung einer bestimmten
   Rolle erfordert, und

4. die kritische Analyse des Rollenspiels mit den sich daraus ergebenden
   methodischen Schlussfolgerungen für den fachbezogenen Sprachunterricht.

Somit wird die soziale Teilkompetenz der Lerner an der Adäquatheit ihres Kom-
munikationsverhaltens erkennbar. Dieses basiert auf dem Vermögen der
Beteiligten, die jeweilige Kommunikationssituation umfassend zu analysieren
und sich auf den Kommunikationspartner einzustellen.

2.3 Die Teilkompetenz des Fachdenkens

Bestehende Unterschiede in der fachkommunikativen Kompetenz der Lerner
lassen sich zu einem großen Teil auf den jeweiligen individuellen Grad der rela-
tionalen Vernetzung des begrifflichen Wissens zurückführen. Die Effizienz der
begrifflichen Organisation auf der Ebene des Textes kann experimentell durch
die Berechnung des Behaltenseffektes von fachlichen Informationen bei den
verschiedenen Lernern – in Abhängigkeit von deren Vorwissen – nachgewiesen
werden.

Somit bezieht sich die Teilkompetenz des Fachdenkens auf die kognitiven Aspekte, die das Funktionieren von Fachbegriffen, Denksystemen und gedankli-
chen Modellen in der kommunikativen Tätigkeit der Lerner beeinflussen.

Auf den engen Zusammenhang zwischen der Entwicklung kognitiver Fähigkeiten und der Sprachentwicklung hat Köhnlein in seinen Überlegungen zur Wei-
terentwicklung der Fachsprachendidaktik hingewiesen:

"Der Erwerb von Kognitions- und damit auch Fachwissen lässt sich be-
greifen als Prozess der begrifflichen Nachbildung (Rekonstruktion) von
Sachverhalten im Rahmen aktiver und selbständiger Informationsaufnah-

me, -verarbeitung und –speicherung, der zu einer (partiellen) Veränderung der kognitiven Struktur führt" (Köhnlein 1982: 63).

Damit wird z.b. das Beherrschen von Begriffsbezeichnungen zu einem Hinweis, inwieweit Lern- bzw. Lehrprozesse erfolgreich verlaufen sind.

In interdisziplinär orientierten Untersuchungen zur Fachkommunikation zeigt sich, dass die im Fachtext materialisierten konkreten Sender-Empfänger-Strategien zur Vermittlung fachlicher Inhalte einen methodisch aussichtsreichen Zugang zur Betrachtung der Teilkompetenz des Fachdenkens bieten. Die Entfaltung der kognitiven Inhalte erfolgt im Prozess der Fachkommunikation stets auf der Grundlage jener Vorannahmen, die der Textproduzent bezüglich des Wissens, der Einstellungen und der Motivation der Textrezipienten besitzt. Insofern ist die Teilkompetenz des Fachdenkens eng mit der Fähigkeit der Lerner zur Selbst- bzw. Fremdreflexion (Selbst- bzw. Fremdbild) verbunden. Der Kommunikationseffekt weist dabei auf die Adäquatheit der betreffenden Sender-Empfänger-Strategien hin (Baumann 1992: 144 ff).

2.4   Die fachliche Teilkompetenz

Die fachkommunikative Kompetenz der Kommunikationspartner wird in den sachlich begrenzbaren Kommunikationsbereichen entscheidend durch die fachliche Teilkompetenz gesteuert. Darunter sind der auf fachspezifische Inhalte bezogene Sachverstand, das fachorientierte Wissens- und Kenntnisniveau sowie die damit verbundenen Fähigkeiten und Fertigkeiten der Individuen zu verstehen.

Die fachliche Teilkompetenz ist ein Hinweis dafür, inwieweit der an der Kommunikation Beteiligte sein Fachgebiet überschaut und beherrscht.

In didaktischen Ausführungen wird die fachliche Teilkompetenz in enger Beziehung zu Qualität und Quantität von Fachwissen untersucht, welches übereinstimmend als das gesellschaftlich entwickelte (zusammengetragene) Wissen als auch die vom Individuum angeeigneten Kenntnisse verstanden wird (Klix 1982). Ihre besondere Aufmerksamkeit richten didaktische Ansätze auf die Entwicklung von Kenntnissen als Ergebnis von Lernprozessen. Insofern stellen Fachkenntnisse grundlegende Bestandteile der kommunikativen Ausbildungsorientierung dar und gehören zum Grundbestand der Leistungsvoraussetzungen des kommunizierenden Individuums (Fluck 1992).

In unseren interdisziplinären Analysen zur Fachkommunikation gehen wir davon aus, dass Kenntnissysteme Leistungsdispositionen verdeutlichen, die zum erfolgreichen kommunikativen Handeln im Fach befähigen. Dabei beruhen Kenntnisse auf individuell erworbenen Abbildern des historisch konkreten gesellschaftlichen Wissens und werden im Gedächtnis gespeichert. Die Gedächtniseintragungen, die Wissensinhalte abbilden, werden aus kognitionswissenschaftlicher Sicht als Wissensrepräsentationen bezeichnet (Hillert 1990).

In Analysen zur sprachlichen Repräsentation fachwissenschaftlicher Kenntnisse ist nachgewiesen worden, dass Begriffe die Bausteine von Kenntnissystemen und Wissensstrukturen sind. Begriffe als semantische Repräsentationen von Objektmengen stellen das Ergebnis von Klassenbildungen über Objekte dar. Dabei können sowohl materielle als auch ideelle Objekte der Realität zum Gegenstand solcher Klassenbildungen werden. Die Funktion von Begriffen wird bei der Regulierung von fachbezogenen und kommunikativen Handlungen deutlich, denn für die Kommunikationspartner werden die Begriffe zur Voraussetzung für eine effiziente fachkommunikative Handlungsorientierung durch eine adäquate Objektidentifizierung.

Die Erkenntnis, dass fachkommunikative Kompetenz den sprachlichen Zugriff auf Fachwissen bzw. einen kommunikativ effektiven Wissenstransfer zwischen unterschiedlichen Kommunikationspartnern einschließt, hat in der gegenwärtigen Fachsprachendidaktik dazu geführt, eine grundlegende Neukonzipierung fachsprachenrelevanter Ausbildungsformen anzumahnen. Dabei werden aus fachsprachenidaktischer Sicht die integrierten Fach-Sprache Studiengänge favorisiert, die auf eine zu erwerbende Sprach- und Fachkompetenz gerichtet sind.

2.5 Die funktionale Teilkompetenz

Bei einer Betrachtung der funktionalen Teilkompetenz zeichnet sich deutlich ab, dass diesem Phänomen Modelle menschlichen Verhaltens zugrunde liegen (Leontjew 1987). So umfasst die funktionale Teilkompetenz die Fähigkeit der Lerner, jene sprachlichen und nichtsprachlichen Mittel adäquat zu gebrauchen, die das Denken bzw. die Handlungs- und Erkenntnisfähigkeit im jeweiligen Fachgebiet auf dem jeweiligen Erkenntnisstand repräsentieren. Die Elemente des Begriffssystems des Lerners befinden sich dabei in komplizierter Wechselbeziehung mit dem lexikalisch-grammatischen System der Einzelsprache und den im Fachgebiet gängigen Organisationsstrukturen sprachlicher Kommunikation.

Die funktionale Teilkompetenz der Lerner steht in einem engen Zusammenhang mit den Grundtypen kognitiver Prozesse, derer der Mensch prinzipiell fähig ist. Diese werden im Hinblick auf ihre sprachliche Realisierung auch als geistigsprachliche Komplexverfahren oder *communicative procedures* bezeichnet (Deskription, Narration, Exposition, Argumentation und Instruktion) (Werlich 1975; Baumann 1992).

Die genannten kognitiven Prozesse implizieren jene Faktoren des Kommunikationsprozesses, die mit der Wahrnehmung in Raum und Zeit, der Analyse bzw. Synthese begrifflicher Vorstellungen, dem Aufdecken von Relationen zwischen Elementen und dem Anweisen zukünftigen Handelns korrelieren.

Die funktionale Teilkompetenz der Lerner entwickelt sich dabei im Rahmen der komplexen Wechselbeziehungen, die zwischen den Faktoren des fachbezogenen Kommunikationsprozesses bestehen (kognitive Grundmuster – Komplexverfahren – Kommunikationsverfahren – Textintentionen – Textfunktionen).

Die Betrachtung der funktionalen Teilkompetenz hat tiefgreifende Konsequenzen für eine weiterführende didaktisch-methodische Reform des fachbezogenen Fremdsprachenunterrichts. So kann zukünftig nur durch eine stärkere inhaltliche Koordinierung von fachsprachlichem Unterricht und Fachstudium die kommunikative Disponibilität der Lerner entscheidend erweitert werden.

2.6   Die textuelle Teilkompetenz

Während bis in die fünfziger Jahre die Darstellung von Fachwortschätzen und fachbezogenen grammatischen Minima den Schwerpunkt bei der Vermittlung von Fachsprachen im Fremdsprachenunterricht bildete, gilt seit den siebziger Jahren der Fachtext als Ausgangs- und Zielpunkt unterrichtlichen Bemühens.

Dabei kommen den Fachtexten unter fachsprachendidaktischen Gesichtspunkten vor allem zwei Funktionen zu:

1.   Sie dienen als Modell für die Anwendung von Sprache in fachlichen Situationen und

2.   Sie stellen das sprachliche Material bereit, das als Arbeitsgrundlage für die Lehr- und Lernprozesse notwendig ist (Bausch et al. 1995).

In der Fachsprachendidaktik wird gegenwärtig das Prinzip der Fachtextauswahl auf der Grundlage konkreter Ausbildungsziele und berufsspezifischer Bedürfnisse und im Hinblick auf immer weitergehende Lernzieldifferenzierungen allgemein anerkannt (Fluck 1992).

So wurde in mehreren Fachtextuntersuchungen gezeigt, dass die Kenntnisse über Textstrukturen die Aufnahme und Integration der im Text vermittelten Informationen nachhaltig beeinflussen können (Baumann 1992). Ganz offensichtlich hängt der Behaltenseffekt von Informationen von deren erwartbarer Stellung in der Makrostruktur des Textes ab. Strukturelle Eigenschaften des Textes nehmen folglich Einfluss auf die Zeitspanne, die vom Lerner für die Rezeption des Textinhaltes benötigt wird.

In Analysen verschiedener Fachtextsorten wurde außerdem nachgewiesen, dass sich an den Übergängen zwischen den einzelnen Strukturbestandteilen des Textes beim Lerner die für das Erfassen und Verstehen benötigte Zeit und Energie erhöhen.

Wenn der strukturelle Aufbau eines Textes in einer Weise verändert wird, dass er von der erwartbaren Textstruktur abweicht, dann verschlechtern sich die Rezeptionsbedingungen für den Textinhalt beträchtlich (Kintsch et al. 1982: 828 ff). Dieses Problem wird zudem durch die Erkenntnisse der kontrastiven Fachtextlinguistik über die kulturgebundene Teil- bzw. Nichtäquivalenz bestimmter Fachtextsorten verschärft (vgl. die Fachtextsorten fachbezogener Essay, Börsenbericht, Patentschrift, Betriebswandzeitung, Betriebszeitung, Nekrolog usw.).

Folglich beeinflusst die textuelle Teilkompetenz – d.h. das Wissen des Lerners über die jeweilige Makrostruktur des Textes bzw. der Textsorte – die Effektivität des Dekodierungsprozesses der im Text enthaltenen Informationen erheblich und bestimmt in einem hohen Grad das entsprechende Fachlichkeitsniveau des Textes (Baumann 1994).

2.7 Die stilistische Teilkompetenz

Um einem fachlichen Adressatenkreis inhaltliche Sachverhalte näher zu bringen, ist von dem Textproduzenten ein bestimmter Formulierungsaufwand erforderlich. Unterschiedliche Präsuppositionen der Kommunikationspartner führen dazu, dass Elemente einer partnerbezogenen Redundanz einbezogen werden müssen. So muss sich der Textproduzent in interfachlichen bzw. fachexternen Texten mit verständnisfördernden Elementen auf das Wissensniveau seiner Rezipienten einstellen. Dabei spielen stilistisch relevante Elemente eine bedeutende Rolle. Die stilistische Teilkompetenz beinhaltet folglich die Fähigkeit der Lerner, stilkonstituierende Zusammenhänge im Kommunikationsprozess adäquat umzusetzen.

Die analytische Betrachtung der stilistischen Teilkompetenz weist darauf hin, dass die stilistische Variabilität in der fachlichen Sprachverwendung einen wichtigen Aspekt der Befähigung des Lerners zum wirkungsvollen Sprachgebrauch darstellt.

2.8 Die textsyntaktische Teilkompetenz

Diese Teilkompetenz umfasst diejenigen syntaktischen Kenntnisse, die sich auf die im Fachtext realisierten sprachlichen Mittel und die Beziehungen zwischen ihnen beziehen. Dabei ergibt sich aus der Relation zwischen dem Umfang des syntaktischen Systems einer Einzelsprache und der für den fachbezogenen Fremdsprachenunterricht zur Verfügung stehenden Zeit aus didaktischen und lernpsychologischen Gründen die Notwendigkeit, eine Auswahl der zu vermittelnden textsyntaktischen Gegenstände zu treffen.

Die Kompliziertheit der Selektion besteht darin zu entscheiden, welche syntaktischen Kenntnisse für die Fachtextproduktion und Fachtextrezeption notwendig sind, um die Lerner zur rezeptiven bzw. produktiven Kommunikation im Fach zu befähigen. Aus fachsprachendidaktischer Sicht gehören folgende Eigenschaften von Texten zu den ausbildungsrelevanten textsyntaktischen Kategorien: Tempusfolge, Thematisierung und Rhematisierung, Ellipsenbildung, Bedeutungsexpansion und Bedeutungskondensation, lineare Anordnung einzelner Textkonstituenten, texteröffnende und -schließende syntaktische Fertigstücke in bestimmten Fachtextsorten (z.B. des Rechts), anaphorische und kataphorische Textkonstituenten, Referenzstrukturen (Proformen, Deiktika, Indefinita, Nomina propria und Appellativa) und Prädikationsstrukturen von Fachtexten, die Verschränkung von Fachtext und Bildtext, parataktische und hypotaktische Satzkonfigurationen und Mittel der Satzverflechtungen, Redeformen (Monolog, Dialog, Polylog) und Wiedergabe fremder Rede (Zitate) sowie textkonstituierende Funktionen der Wortstellung.

In sprachstatistischen Untersuchungen haben Hoffmann und Piotrowski (1979) auf die unterschiedliche Relevanz bestimmter textsyntaktischer Erscheinungen für den fachlichen Kommunikationsprozess hinweisen können.

Eine Aufgabe der Fachsprachendidaktik besteht darin, auf der Grundlage der diesbezüglichen Resultate Einengungen und Schwerpunktsetzungen bei der Vermittlung syntaktischer Erscheinungen vorzunehmen.

2.9   Die lexikalisch-semantische Teilkompetenz

Die gegenstandsadäquate Auswahl und Verwendungsweise lexikalisch-semantischer Einheiten in der Fachkommunikation durch den Lerner stellen ein grundlegendes Kriterium für die Betrachtung der lexikalisch-semantischen Teilkompetenz dar. Die besondere Bedeutung der lexikalisch-semantischen Teilkompetenz für die Entwicklung der fachkommunikativen Kompetenz ist vor allem auf folgende Aspekte zurückzuführen:

1.   Die lexikalisch-semantische Ebene ist neben den produktiven Wortbildungsmodellen und -typen der dynamischste Teil des Sprachsystems und gewährleistet in entscheidendem Maße die Anpassung der lexikalischen Bedeutung an die jeweiligen Kommunikationsbedingungen.

2.   Der Wortschatz reflektiert die soziale Differenzierung der fachsprachlichen Kommunikation auf vielfältige Weise. So geben z.B. Veränderungen in der Lexik Hinweise auf den spezifischen Charakter des Erkenntnisprozesses der Menschen und auf den Entwicklungsstand der geistigen Auseinandersetzung mit der sie umgebenden Umwelt.

3.   Die Terminologie als Kern des Fachwortschatzes spiegelt dabei auf spezifische Art die Einheitlichkeit und Differenziertheit der praktischen und theoretischen Tätigkeit des Menschen wider (Schippan 1984).

4.   Da das terminologische System der Systematik der betreffenden Fachwissenschaft folgt und den höchsten Grad der begrifflichen Abstraktion verkörpert, führen Termini zu einer optimalen Verständigung zwischen den Fachleuten. Wenn die Termini einer Wissenschaft in einen anderen Kontext übertragen werden – der für Nichtfachleute bestimmt ist – bedürfen sie expliziter Erläuterungen.

Da die Fachkommunikation vor allem durch die Verwendung von Termini gekennzeichnet ist, nimmt die Entwicklung der lexikalisch-semantischen Teilkompetenz im fachbezogenen Fremdsprachenunterricht einen besonderen methodischen Stellenwert ein.

Aus fachsprachendidaktischer Sicht muss jedoch vor der Gefahr gewarnt werden, den fachbezogenen Fremdsprachenunterricht mit einer Form von Terminologieunterricht gleichzusetzen. Zudem sollte bedacht werden, dass das in der Terminologielehre vorherrschende ideale Terminuskonzept der Eineindeutigkeit, Selbstdeutigkeit, Präzision, Ökonomie, Abgeleitetheit von einer bestimmten Theorie, höchsten begrifflichen Abstraktion und stilistischen Neutralität durch eine textbezogenere Betrachtungsweise ersetzt werden muss, denn Termini fungieren als hochkondensierte Fachtexte (Kalverkämper 1987: 39-78).

3. Literaturverzeichnis

Baumann, K.-D. & Kalverkämper, H. (eds.) (1992). *Kontrastive Fachsprachenforschung*. Tübingen, Narr (Forum für Fachsprachen-Forschung 20).

Bausch, K.-R. et al. (eds.) (1995). *Handbuch Fremdsprachenunterricht*. Tübingen/Basel, Francke.

Buhlmann, R. & Fearns, A. (2000). *Handbuch des Fachsprachenunterrichts. Unter besonderer Berücksichtigung naturwissenschaftlich-technischer Fachsprachen*. Tübingen, Narr.

Clyne, M. (1981). Culture and discourse structure. *Journal of Pragmatics 5*, 61-66.

Fluck, H.-R. (1992). *Didaktik der Fachsprachen*. Tübingen, Narr.

Galtung, J. (1985). Struktur, Kultur und intellektueller Stil. Ein vergleichender Essay über sachsonische, teutonische, gallische und nipponische Wissenschaft. In: Wierlacher, A. (ed.). *Das Fremde und das Eigene. Prolegomena zu einer interkulturellen Germanistik*. München, Iudicium, pp. 151 - 193.

Hillert, D. (1990). *Sprachprozesse und Wissensstrukturen. Neuropsychologische Grundlagen der Kognition*. Opladen, Westdeutscher Verlag.

Hoffmann, L. (1984). *Kommunikationsmittel Fachsprache. Eine Einführung*. Berlin 2. Auflage, völlig neu bearb. (Sammlung Akademie Verlag 44).

Hoffmann, L. (1988). *Vom Fachwort zum Fachtext. Beiträge zur Angewandten Linguistik*. Tübingen, Narr (Forum für Fachsprachen-Forschung 5).

Hoffmann, L. & Piotrowski, R.G. (1979). *Beiträge zur Sprachstatistik*. Leipzig, VEB Verlag Enzyklopädie.

Kalverkämper, H. (1987). Vom Terminus zum Text. In: Sprissler, M. (ed.) (1987). *Standpunkte der Fachsprachenforschung*. Tübingen, Narr (Forum Angewandte Linguistik 11), pp. 39-78.

Kalverkämper, H. (1998). Interkulturalität. In: Lundquist, L. et al. (eds.). *LSP. Identity and interface. Research, knowledge and society*. Proceedings of the 11th European symposium on language for special purposes. Vol. 1. Copenhagen, Samfundslitteratur/Gylling, Narayana Press, pp. 69 - 99.

Kintsch, W. et al. (1982). Role of rhetorical structure in text comprehension. *Journal of Educational Psychology* 74, 828 - 834.

Klix, F. (1983). *Erwachendes Denken. Eine Entwicklungsgeschichte der menschlichen Intelligenz*. Berlin, Deutscher Verlag der Wissenschaften.

Köhnlein, W. (1982). *Exemplarischer Physikunterricht. Beispiele und Anmerkungen zu einer Pädagogik der Physik*. Bad Salzdetfurth, Didaktischer Dienst, Franzbecker.

Leontjew, A. N. (1987). *Tätigkeit - Bewußtsein - Persönlichkeit*. Berlin, Volk und Wissen.

Schippan, T. (1984). *Lexikologie der deutschen Gegenwartssprache*. Leipzig, Bibliographisches Institut.

Schneider, B. (1982). *Sprachliche Lernprozesse. Lernpsychologische und linguistische Analyse des Erst- und Zweitsprachenerwerbs*. Tübingen, Narr (Tübinger Beiträge zur Linguistik 99).

Werlich, E. (1975). *Typologie der Texte*. Heidelberg, Quelle & Meyer.

HALLO SPORT: DIE INTERDEPENDENZ VON GEMEIN- UND FACHSPRACHEN AM BEISPIEL DES SPORTS

Ernst Burgschmidt

Universität Würzburg

Sportsprachen sind auf den ersten Blick durchaus allgemein-verständlich und auch nicht wie Botanik oder Chemie neolateinisch/-griechisch strukturiert. Sie sind oft von einfachen Bewegungsverben und Nomina für Geräte, Maße, Kleidung u. a. geprägt – Wörter, die aber semantisch spezifiziert und durch Wortbildung differenziert und flexibel erweitert erscheinen. Nur wenige Sportarten wie Turnen, Fechten oder Schach haben eine sehr komplexe Terminologie entwickelt, viele allgemeine Bewegungssportarten haben neben der Fachterminologie eine breite Kolloquialität bewahrt. In der Lehre der Sportsprachen ist es notwendig, neben der Sprache auch immer das entsprechende Sachwissen über die Vorgänge und die Wettkampfmodalitäten zu vermitteln. Neben der kompetitiven Seite des Sports soll dessen gesundheitsfördernde Wirkung nicht vergessen werden. Im Folgenden wird ein Raster vorgestellt, mit dem ein Überblick über Sach- und Sprachbereiche der meisten Sportarten in einem Kurs zu Fachsprachen vermittelt werden kann.

1. Einführung: Verwendung von Sportsprachen

Sport ist heute eine der wichtigsten Freizeitbetätigungen der Menschen. Sport ist durch Medien (besonders das Fernsehen), durch Werbung, durch die Unsummen von Geld für die Stars, durch einen unwiderstehlichen Drang nach Höchstleistungen, aber auch durch seine dunklen Seiten (Doping, Fouls, Chauvinismus) in fast aller Munde. Der Breitensport und Sport zur Stärkung der Gesundheit werden dadurch nicht weniger wichtig, auch wenn sich diese Bereiche oft mehr im Stillen, in lokalen Vereinen oder in der Rehabilitation abspielen.

Auch wenn Sport eher eine Betätigung des Körpers und der Einstellung ist, so wird er doch von Sprache begleitet. Das gilt für Sportarten, wo der Mensch allein oder im Team im Mittelpunkt steht, aber auch für Sportarten mit Automobilen oder mit Tieren wie Springreiten, Galoprennen und Trabfahren, Military, Stierkampf und Fuchsjagd (wobei letztere durchaus nicht unumstritten sind).

Natürlich bilden Sportarten bestimmte Wortschätze konkreter wie abstrakter Natur aus, dazu Wortbildungen, Idiome und Metaphern, doch gibt es meist kein

übergreifendes Nomenklatursystem wie in den lateinisch bzw. griechisch durch-
"organisierten" Wortschätzen der Zoologie, Botanik und Chemie (wobei hier
durchaus auch einzelsprachliche Pendants, etwa bei Pflanzen und Elementen,
existieren). Manche "technischen" Sportarten entwickeln, besonders im Regelwerk, durchaus eine gewisse Standardisierung von Begriffen, Maßen, Gewichten, Ablaufregularien, Zeiten und Rekorden. Doch existieren im Sport kaum
"Doppelsprachen" wie in manchen Naturwissenschaften, sondern es handelt sich
um spezifizierte Allgemeinsprache, wobei aber die sportartspezifische Bedeutung eines *drive, spin* oder *break* durchaus semantische und derivationale Diffe-
renzierungen zeigen und bei Begriffen wie e.(englisch) *off-drive, leg-spin, offside, top-spin* dem Laien durchaus Rätsel aufgeben kann. Nach der Äußerungs-
art und Repräsentation von sportspezifischer Sprache kann man drei Grundtypen
unterscheiden:

a) Sprache **im** Sport/Wettkampf – meist nur gesprochene Sprache, bestehend aus
Befehlen, Warnungen, Flüchen, Siegesjubel, im weiteren Sinne aus Pfiffen der
Schiedsrichter oder des Publikums, semiotisch gesehen aus Farbentragen, Fah-
nenschwenken usw.

b) Sprache **beim** Sport/Spiel/Wettkampf – meist gesprochen, durch Beobachter
und Reporter für Rundfunk und Fernsehen, durch Interviews, Ergebnisdienst
usw., aber auch geschrieben durch Programme zu Ablauf, Teilnehmer u. a.

c) Sprache **über** Sport/Spiel/Wettkämpfe – eher geschrieben als gesprochen, so
in Berichten in Zeitungen, in Features, mehr oder weniger abgekürzten Ergebnissen, in Büchern, Regelwerken, Lexikonartikeln usw.

2.   Sportsprachen und ihre Elemente

Termini, Metaphern, aber auch verkürzende Syntax haben sich in vielen Ländern und Sprachen entwickelt. Für einen erheblichen Teil der heute international
verbreiteten Sportarten (besonders Mannschaftssportarten wie Fußball, Rugby,
Hockey; Leichtathletik und *stick and racket games* wie Cricket, Tennis, Golf u.
a.) haben aber England und Englisch ab dem 18. Jahrhundert aus einer Vielzahl
von Gründen heraus (Wettleidenschaft, Einfügung in Schul- und Universitäts-
sport, Arbeitersport mit Entwicklung von Professionals, Organisation und Reg-
lementierung) dem modernen Sport den Weg bereitet, auch wenn heute in vielen
Sportarten andere Länder und Kontinente dominieren. Viele Sprachen haben

englische Lehnwörter (dt. Ecke aus e. *corner* u. a.). So wird im Folgenden Sportsprache außer durch Deutsch vorwiegend mit englischen Beispielen illustriert.

Auch können nicht alle Sportarten adäquat berücksichtigt werden. So sind die oft auch mit Namen der Erfinder verbundenen Teildisziplinen und Figuren im Turnen und Eislaufen nicht erwähnt; auch das Fechten mit seiner Waffentechnik und Schritten und die Brett- und Kartenspiele, die ja auch sportlich-wettkampfmäßig betrieben werden, bleiben außer Betracht.

Mit Blick auf Lehrer von Fachsprachen und Interessierte zu einzelnen Sportarten und Sportsprachen wird nun ein Raster aufgezeigt, mit dem ein umfassenderes, wenn auch nicht vollständiges Wissen über Spezifika der Sportsprachen entwickelt werden kann. Dabei spielt der nominale Bezeichnungswortschatz die Hauptrolle, auch wenn wichtige Aktionen durch Adjektive modifiziert (Weitsprung, Tiefschlag) und Bewegungsabläufe durch Verben und ihre zahlreichen Nominalisierungen (Spieler, Abfahrer; Schwung, Spielzug) repräsentiert sind. Das Grobraster bilden Teilnehmer, Aktionen und Regeln; übergreifende Aspekte wie Texttypik, Idiomatik und Metaphorik, die sehr individuell einzelne Sportarten charakterisieren können, werden abschließend kurz angesprochen.

3. Teilnehmer am Sport

3.1 Aktive – Zuschauer

Viele Sportbegeisterte sind am Sport eher passiv beteiligt. Seit dem Altertum (Olympische Spiele, *Circenses*) ist aber das Publikum, sei es direkt präsent in Stadien, Hallen und an Strecken, oder heute mit Hilfe von Übertragungsmedien (Hörfunk, Fernsehen, Videos) beteiligt, ein wesentlicher Faktor für Einschätzung und Popularität von Sportarten und Akteuren. Auch die Leser von Sportnachrichten sind in ihrer Erwartung von Berichten ein wichtiger Gestaltungsfaktor für Redakteure und Reporter. Dass viele Zuschauer auch wetten, führt zur Wichtigkeit der Kenntnis von Ergebnissen, aber auch von Vorschauen.

3.2 Status der Beteiligung am Sport

Außer durch Einzelkämpfer wird Sport ja im Wesentlichen durch Konfrontation geprägt. Mannschaften/e. *teams* spielen gegeneinander, wobei die Spieler verschiedene Funktionen haben können (Angriff/Verteidigung), unterschiedliche Erfahrung haben (e. *veterans/rookies*) oder Ersatzspieler (e. *substitutes*) sein können oder müssen. Der einzelne Gegner (e. *opponent*) oder in Kleingruppen der Mitspieler (e. *partner*) können genauer bezeichnet werden. Zu den Schiedsrichtern vgl. Kap. 5.7.

3.3 Tätigkeit im Sport

Oft werden die Teilnehmer an einer Sportart sehr pauschal nach der Hauptaktion oder nach dem Spiel, das sie betreiben, benannt. Es handelt sich meist um deverbale oder denominale Ableitungen auf *–er* wie Schwimmer, Radfahrer, Läufer oder Golfer, e. *cricketer* usw. Die nähere Identifizierung geschieht dann durch Funktionsbeschreibung (vgl. 3.2.) oder Namen (s. 3.6.).

3.4 Sportgerät

Viele Sportarten werden mit Sportgeräten ausgeführt. Solche können Hindernisse (z. B. e. *hurdles*), Turngeräte, Latten (Hochsprung) sein, aber auch Schlag- oder Verteidigungswerkzeuge wie Schläger (e. *bat* in Cricket und Baseball, e. *club* im Golf, e. *stick* im Hockey, e. *racket/racquet* im Tennis und Squash) und Waffen im Fechtsport (Degen, Säbel, Florett). In vielen Mannschaftsspielen sind Ball (ob rund oder eiförmig, klein oder groß, leicht oder schwer) und Ziele für den Ball (Tore, Körbe, e. *wickets* im Cricket, e. *holes* im Golf) essentiell.

3.5 Wettkampfstätten

Auch wenn für informelle, aber auch oft heftig durchgeführte Spiele eine Wiese oder ein gepflasterter Hof oder das Eis eines zugefrorenen Weihers ausreichen kann, so ist die Typik der Wettkampfstätten heute doch ein (oft teurer) Aspekt von Sport, so für Fußball- und Schwimmstadien, Sporthallen usw. Für manche Wettkämpfe (wie Stadtmarathons) sind Absperrungen und viele Ordner nötig.

3.6 Sportkleidung

Sportkleidung hängt natürlich davon ab, ob leichte Beweglichkeit (Trikot und Shorts für Leichtathletik) oder Schutz (z. B. *American Football*, Fechten, Boxen) gefragt sind. Traditionell haben aber besonders bei Mannschaftskämpfen die Farben eine wichtige, auch emotive Funktion und sind teilweise in Vereinsnamen (z. B. Rotweiß Essen, e. *The Reds* für den FC Liverpool) eingegangen. Fahnen und Schals zeigen die Fan-Zugehörigkeit. Zudem hat die Mode für manche Sportarten eigene Branchen entwickelt (Skisport, Tennis u. a.).

3.7 Namen von Sportarten und Sportlern

Manche Sportarten haben rein deskriptive Bezeichnungen (Abfahrtslauf/e. *downhill*), andere haben etymologisch oft verdunkelte Bezeichnungen wie Cricket und Golf oder sind kolloquial vereinfacht (e. *soccer* aus *Association Football*). Die Akteure werden nach Funktionen (vgl. 3.3.), oft aber mit ihren Namen, so mit Nachnamen ohne Anrede-Titel, bei großer Popularität mit Vornamen oder Spitznamen ("Ente" Lippens) bezeichnet. Von entscheidender Wichtigkeit sind Namen bei Pferderennen (Pferd, Jockey, Trainer, Besitzer!).

4.   Aktionen im Sport

4.1   Mentale versus physische Aktion

Sporterfolg ist vom Willen und von der gewählten Taktik ebenso abhängig wie von der physischen, durch Konstitution und Training bestimmten Leistung. Insofern weist Sportsprache auch ein erhebliches psychologisches und medizinisches Vokabular auf – Berater, Trainer, Psychologen und Ärzte sind heute ständige Begleiter der Sportler. Für Gewinnen und Verlieren ist der genannte Bereich ein wichtiges Einschätzungs- und Wortfeld.

4.2   Allgemeine und spezielle Bewegung

Viele allgemeine Verben und ihre Nominalisierungen charakterisieren Einzel- wie Mannschaftssportarten, so hier einige englische Verben: *run, swim, fly, drive, pull, swing, cut, spin, jump, pass* u. a. Oft werden sie mit Adverbialen der Intensität, der Dauer oder Richtung verbunden. Spezielle, meist für einzelne Sportarten typische Verben sind etwa (englisch): *lob, bowl, intercept, slice* u. a. Manche Verben, vorwiegend kolloquialer Art, bezeichnen Intensität wie: *hammer, smash, press* u.a.

4.3   Ausdehnung und Begrenzung

Spezifizierung lokaler und direktionaler Art kann durch Adjektive (Hoch-/Weitsprung) oder Partikeln (Abschlag, Einwurf; e. *kick-out, throw-in*) oder durch Komposita mit Körperteilen als Determinanten (z. B. dt. Kinnhaken; e. *leg spin* von *legside!, backhand return* u. a.) erzielt werden. Begrenzung kann auch zeitlicher und organisatorischer Art, wie Start/Finish, Spurt oder Zuweisung von Aufschlag (e. *service/return*) sein. Schließlich haben auch die Resultate ihr eigenes Vokabular (e. *result, final score, time clocked* u. a.).

5.   Regeln und Regelungen

5.0   Vorbemerkung

Solange Sport eher lokal betrieben wurde, waren Regelungen eher Verhandlungssache vor Sport-/Spielbeginn. Zunehmende Professionalisierung und Überregionalität (besonders durch bessere Verkehrsmöglichkeiten ab der Mitte des 19. Jahrhunderts) haben national und international zur Vereinheitlichung von Regeln, Maßen, Spieldauer usw. geführt. Rekord-Aufzeichnungen und Wetten haben dies noch verstärkt.

5.1   Zahl der Teilnehmer

Während bei Stadtmarathons inzwischen Zehntausende starten, sind doch die meisten Wettkämpfe heute zahlenmäßig eindeutig reglementiert, von Einzel/Doppel (1:1 bzw. 2:2) im Tennis zu 11:11 im Fußball und 15:15 in der *Rugby Union*. Lauf- und Schwimmbahnen bringen Teilnehmerbegrenzungen für Vorläufe und Finale. Auch bei Auswechslung (1-3 Spieler im Fußball; Mannschaftsteile bei Eishockey und *American Football*) gelten genaue Regeln.

5.2   Maße und Gewichte

Hier geht es um Renndistanzen, Spielfeldbegrenzungen und Gewichte (etwa beim Kugelstoßen/e. *shot*, Speerwerfen/e. *javelin*). Das englische System (*inch, foot, yard, mile; stones, ounces*) hat hier oft mit dem metrischen Dezimalsystem konkurriert (lange Zeit die Opposition: das klassische Meilenrennen gegenüber

1500m). Beim Gewichtheben, Ringen und Boxen spielen Gewichte eine besondere Rolle auch für die Teilnehmer (Gewichtsklassen).

5.3 Dauer der Spiele und Wettkämpfe

Viele Mannschaftsspiele werden durch Pausen unterteilt: Halbzeiten (e. *first/second half*), Viertel, Innings (Baseball, Cricket), Runden beim Boxen, Sätze und Spiele beim Tennis, Tage bei Cricket Testmatches (Pausen: *lunch*, *tea*!). Spezielle Termini für Anfang (Anstoß/e. *kick-off*) oder Entscheidungsspiele (etwa e. *tie-break* im Tennis) sind üblich. Die Messung von Leistungen wird in der Zeitnahme heute oft bis zur tausendstel Sekunde geführt.

5.4 Ergebnisse

Hier ist zwischen der Einfachzählung (so der Zeitdauer bei Läufen, Schwimmen, Skifahren, s. 5.3), der Summe von Toren (Fußball, Hockey), Summe mit Wertigkeiten von Leistungen (etwa 5 Punkte für ein *try* in der Rugby Union, 3 Punkte für ein *dropped goal*), Summe von Schlägen in (bis zu vier) Durchgängen im Golf und der additiven Zählung (etwa 0:15/e. *love fifteen* bis *game* im Tennis) zu unterscheiden. Ergebnisse können zu Bewertungspunkten (z. B. 2 bis 3 Punkte bei Sieg) in Ligen führen. Fehler können Abzüge oder Erhöhung der verbrauchten Zeit (z. B. Strafminute beim Biathlon) bedingen.

5.5 Organisation von Wettkämpfen

Nationaler und internationaler Vergleich haben zu einer Vielzahl von Organisationsformen und -namen geführt, von einfachen Meetings (Leichtathletik) zu Meisterschaften mit Ligen und Auf- und Abstieg, von regelmäßig wiederkehrenden Kontinental- und Weltmeisterschaften zu Olympischen Spielen usw. In manchen Sportarten gehört zur Organisation auch das Setzen (e. *seeding*) von Spielern, etwa im Tennis, wo verhindert werden soll, dass die besten Spieler zu früh aufeinander treffen, oder im Skifahren, wo die erste Gruppe bessere Schneeverhältnisse haben darf.

5.6 Regeln und Gesetze

Von einfachen Regeln (keine Tiefschläge/e. *no hitting below the belt* im Boxen) bis zu sehr komplexen und von den Schiedsrichtern oft nur mit großer Konzentration zu beachtenden Regeln (etwa Abseits/e. *offside* im Fußball, e. *strike/ball* im Baseball, e. *throwing* im Cricket) gilt, dass Theorie und Praxis nicht immer leicht miteinander vereinbar sind. Tatsachenentscheidung gegen Video-Überwachung gehört zu den heiß-diskutierten Bereichen des heutigen Sports, da oft viel Geld involviert ist. Die Regelsprache ist oft fast juristisch, mit Konditionalsätzen, Konjunktiven usw., wie folgendes Beispiel zeigen mag:

Definition of a Throw.

A ball shall be deemed to have been thrown if, in the opinion of either umpire, the process of straightening the bowling arm, whether it be partial or complete, takes place during that part of the delivery swing which directly precedes the ball leaving the hand. This definition shall not debar a bowler from the use of wrist in the delivery swing. (Note a zu Law 24 *No Ball* im Cricket).

5.7 Schiedsrichter und Strafen

Die Aufsicht über Abläufe und Wertungen haben Schiedsrichter. Das Kompositumsglied *-richter* im Deutschen zeigt den schon in 5.6 erwähnten juristischen Zusammenhang. Das Englische hat mit *umpire, referee, touch judge, linesman* u. a. eine breitere Palette. Strafen/e. *penalties* können auf verschiedene Weise von Strafstößen, Strafminuten/ –zeiten bis zur Disqualifikation (z. B. mit roter Karte/e. *red card*) führen. Die traditionelle Differenzierung von *fair/foul* gilt sportethisch noch immer, auch wenn versteckte Fouls immer mehr zunehmen. Im Prinzip sind auch Handicaps (z. B. beim Golf oder für die Gewichte bei Pferderennen) ein System von "Strafe" und Begünstigung, hier allerdings zur Schaffung von annähernd gleichen Chancen.

5.8 Wetten

Besonders in England seit dem 18. Jahrhundert, heute aber allgemein weit verbreitet wird auf Sieg und Niederlage gewettet, was viel zur Beliebtheit von Sportwettkämpfen und zu ihrer Organisation beigetragen hat. Vom Handschlag bis zur Ausfüllung des Totoscheins oder zum Kauf eines Wett-Tickets beim Pferderennen ist Wetten eine wichtige Begleiterscheinung des modernen Sports mit eigener Terminologie und Quotenarithmetik, wobei neben der Erhöhung der Spannung, dem Frust des Verlierers, der Freude des Gewinners auch die finanzielle Unterstützung mancher Sportarten zu beachten ist.

5.9 Werbung

Viel Geld wird heute in den Sport für Werbung gepumpt, ob es nun Firmennamen auf Trikots, in der Bandenwerbung oder für ein Sportgerät (z. B. Skier) sind, oder wie traditionell Brauereiwerbung für Fußballvereine. Die Bildübertragung hat diesen Zweig enorm verstärkt. Gewisse Regelungen sind jedoch auch hier notwendig.

6. Sport-Linguistik: Sprache und Text

6.1 Wortschatz und Wortbildung

Der sportsprachliche Wortschatz leitet sich weitgehend aus der Gemeinsprache her: Bewegungsverben, Nomina für Spielgerät, Spielorte, Maße, Gewichte usw., Adjektive und Partikeln für Richtungs- und Geschwindigkeitsangaben, Zahlwörter für Zeit, Maße, Ergebnisse. Dass "Kriegs"wortschatz (e. *win/defeat, attack/defence*) eine Rolle spielt, liegt am komplexen und kompetitiven Charakter des Sports. Die Erweiterung des Wortschatzes in den Sportsprachen geschieht vorwiegend durch Ableitung *(-er, -Ø)* und Komposition, also die üblichen Mittel der allgemeinsprachlichen Wortbildung.

6.2 Syntax

Syntax ist durch Kürze der Einheiten beim Wettkampf selbst und bei der zeitgleichen Reportage gekennzeichnet. Imperative bei den Spielern (z. B. *Wait! No! Two!* im Cricket), verblose Sätze, Ellipsen und Anakoluthe, aber auch Begründungsnebensätze (oft unverbunden) charakterisieren die gesprochene Sprache. Konträr dazu ist die Regelsprache oft sehr komplex mit viel Hypotaxe und Verneinungen. Die geschriebenen Alltagstexte (Spielberichte, Personen-Features, wissenschaftliche Abhandlungen) weisen je nach Zielpublikum unterschiedlich dichte Syntax auf.

6.3   Texttypik

In den Medien Rundfunk und Fernsehen herrscht die aktuelle Berichterstattung mit deskriptiver Texttypik und der Textform Reportage vor. Selektiv narrative Texttypik mit Hervorhebung von Höhepunkten findet sich in den geschriebenen Berichten der Tagespresse und in den speziellen Sport-Publikationen. Bei starker Ergebnisorientierung ist hier totale Kondensierung (ohne Verben und Adverbien – nur Namen, Zahlen, Punkte in Listenform) möglich, wie bei Cricket, Pferderennen, Fußball- und Golfergebnissen. Bei Interviews ist interaktive Texttypik (Frage, Antworten), bei Lehre und Training instruktive Texttypik anzutreffen (Imperative, Modalverben). Ansagen, Siegerehrungen, aber auch Biographien (oft von Ghostwriters verfasst) sind Spezialformen von Texten.

6.4   Text und Bild

Die Möglichkeit der Bildübertragung hat zu einer Reduktion der reinen Ereignis-Reportage zugunsten ergänzender Kommentare geführt. Verbesserter Bilddruck (besonders in Farbe) in Zeitungen hat vornehmlich das personenbezogene Foto des Spielers oder mehrerer Spieler in Bewegung zur Hervorhebung von Textteilen aktuell gemacht.

6.5   Idiomatik und Metaphorik

Beide Bereiche sind durch ihre Ausdrucksverstärkung häufig, aber auch sehr individuell für einzelne Sportarten und in den einzelnen Sprachen vertreten. Neben allgemeineren Ausdrücken wie *a strong finish* sind auch speziellere Ausdrücke wie *fair play, it's not cricket, put one's money on, odds on/against, to stonewall* (dt. *mauern*) aus den Fachsprachen in die Gemeinsprache gelangt.

6.6   Entlehnungen und Übersetzungen

Infolge ihrer einzelsprachlichen Individualität sind Sportausdrücke oft nicht leicht übersetzbar. Aus Gründen der längeren Sporttradition hat das Englische wie in anderen Fachsprachen der Technik eine große internationale Geltung. In vielen Sportarten sind Entlehnungen und Lehnübersetzungen aus dem Englischen zu beobachten. Hier soll zum Abschluss ein Kuriosum die oftmals auch verschlungenen Wege des internationalen Sports zeigen. Das moderne englische *deuce* für das nicht-verwendete 40:40 im Tennis (d. h. zwei Punkte fehlen zum Spielgewinn) leitet sich aus frz. *à deux de jeu* ab. Das heutige Französisch verwendet jedoch hier *égalité*. Beim Gewinn eines weiteren, aber noch nicht entscheidenden Punktes sind Englisch und Französisch mit *advantage* und *avantage* äquivalent, das Deutsche hat hier *Vorteil*. Insgesamt kann man sagen, dass der internationale Sport trotz seiner Rivalitäten auch zur Sprachverständigung beiträgt, wobei das Englische heute nicht nur die führende Sach-Sprache, sondern auch die bevorzugte Interview-Sprache ist.

7. Literaturhinweise

Es gibt zu den einzelnen Sportarten eine breite Literatur, von Regeln über Organisationen, Vereine bis zur Fan-Club-Literatur. Oft ist diese Literatur aber nicht leicht zugänglich und ist eher in Verbands- und Vereinsbibliotheken denn in öffentlichen Bibliotheken vorhanden oder in Buchhandlungen vorrätig bzw. bestellbar.

Der vorliegende Aufsatz wurde so auch in erster Linie als Kurs-Planung konzipiert; das Material für einzelne Sprachen bzw. Sportarten muss je nach Zweck und Fachwissen "eingefüllt" werden. Das Internet bietet heute für Sport, der sich ja vermarkten muss, eine gute Quelle. Regelwerke und Websites der einzelnen Verbände und Vereine national und international sind breit verfügbar. Schon seit Jahrzehnten enthalten die Enzyklopädien umfangreiche Abschnitte über Spielrahmen, Spielfelder, Ergebniszählung und Geschichte der einzelnen Sportart.

Wissenschaftliche Arbeiten zur Sportsprache sind zu einem beträchtlichen Teil als Dissertationen verfasst und oft auch nicht leicht zugänglich. In den großen Sprach-Corpora sind sportsprachliche Texte oft unterrepräsentiert. Geschriebene Texte sind in den Tageszeitungen (Spielberichte, Features, Vorankündigungen, Ergebnislisten) und in speziellen Sportzeitschriften (vom Pferderennen bis zum Angeln) reichlich zu finden; gesprochene Texte sind aus den zahlreichen Übertragungen und aus Videokassetten zu Länderspielen, Sporttheoren etc. zu entnehmen. Die Aufbereitung ist oft Sache von Eigeninitiative.

Einige der folgenden Nachschlagwerke sind schon in den 1970er Jahren entstanden, aber (mit entsprechendem *updating*) gut zu benutzen und in vielen Bibliotheken vorrätig:

Arlott, J. (ed.) (1975). *The Oxford Companion to Sports & Games.* London, Oxford University Press.

Der Sport-Brockhaus: Alles vom Sport von A-Z. (1989). 5. Aufl. Wiesbaden, Brockhaus.

Wehlen, R. (1972). *Regeln und Sprache des Sports.* Mannheim, Bibliographisches Institut.

Es gibt viele sportgeschichtliche und soziologische Arbeiten, die für Hintergrundinformation sehr nützlich sind, z. B.

Brailsford, D. (1992). *British sport. A social history.* Cambridge, Lutterworth Press.

Gillmeister, H. (1990). *Kulturgeschichte des Tennis.* München, Fink.

Als textlinguistisches Beispiel soll ein Beitrag des Verfassers den Abschluss der Hinweise bieten:

Burgschmidt, E. (1983). Sportreportage: Pferderennen (*horse racing*) in England. *Anglistik & Englischunterricht* 21, 103-118.

ZUR EFFIZIENZ DER FACHSPRACHEN IM FREMDSPRACHENUNTERRICHT: BEMERKUNGEN ZUM WISSENSCHAFTSSPRACHLICHEN, FACHSPRACHENLINGUISTISCHEN UND MEDIENDIDAKTISCHEN KONTEXT

Jörg Roche

Universität München

Fachsprachen gelten allgemein als relativ undurchsichtig und unzugänglich. "Fachsprachen – abnehmerorientiert" thematisiert diese Auffassung und lädt zu praktikablen Lösungsvorschlägen ein. In diesem Beitrag werden daher verschiedene Lösungsansätze vorgestellt, und zwar im Rahmen einer fachsprachlichen Effizienzhypothese. Dabei wird zunächst der allgemeine Kontext der Wissenschafts- und Fachsprachendiskussion abgesteckt. Im zweiten Teil wird dann die Struktur von Fachsprachen etwas eingehender beschrieben. Der dritte Teil des Beitrages stellt dar, welche Rolle die Medien im Fremdsprachenunterricht spielen können und welche sie in einem konkreten Programm für den fachsprachlichen Leseunterricht tatsächlich spielen. Abschließend wird – auch an Hand laufender Projekte – skizziert, welche Zukunftsperspektiven sich für die mediengestützte Fachsprachenvermittlung ergeben.

1. Herausforderungen bei der Vermittlung von Fachsprachen

Die gegenwärtige sprachpolitische Diskussion um Wissenschafts- und Fachsprachen bewegt sich im Großen und Ganzen zwischen den Polen Sprachkonservierung und Pragmatismus. Auf der einen Seite wird vehement auf die zum Teil auch die Multikulturalismusdebatte bestimmenden Aspekte der Existenzbedrohung einer großen Anzahl von Kultursprachen hingewiesen (vgl. Schrammen in diesem Band). Dem werden auf der anderen Seite mit mehr oder minder ausgeprägter Gelassenheit die – gegebenenfalls auch nur temporäre – Hoch-Zeit und andere ganz handfeste Vorteile der Lingua Franca Englisch entgegengestellt. Diese Gelassenheit führt unter anderem auch soweit, dass Bildungsbehörden und Kulturvermittler nicht-englischsprachiger Länder das Englische in ihren Bildungs- und Wissenschaftssystemen nicht nur tolerieren, sondern aktiv – etwa durch englischsprachige Studiengänge – fördern. Wenig Beachtung haben dagegen bisher Aspekte gefunden, die über den kurzfristigen Nutzen der pragmatischen Positionen und pauschale Konservierungsstrategien hinausgehen. Die sich international abzeichnende starke Tendenz von einem Plurilingualismus zu einem Monolingualismus, der als Merkmal vormodernen Wissenschaftsbetriebes bekanntlich bereits mit dem Lateinischen, Griechischen und Arabischen im Mittelalter verbreitet war, wird sich zwangsläufig aber auch auf die Kreativität einer Wissenskultur auswirken müssen.

Der derzeit noch verbreitete Plurilingualismus schwindet unter dem Druck des Englischen zunehmend, ob gefördert oder nicht, und zwar nicht nur – wie vielerorts beklagt wird – in der Alltagssprache, sondern eben auch in der Wissenschaftssprache. Eine etablierte Wissenschaftssprache, wie das Deutsche, gerät damit in Bedrängnis und neuen Wissenschaftssprachen, wie etwa dem Koreanischen, verbleibt nur wenig Spielraum für eigene Entwicklungen. Für die Dominanz des Englischen gibt es bekanntlich zwar eine ganze Reihe quantitativer und qualitativer Gründe (Anzahl der Erst- und Zweitsprachensprecher; Wirtschaftsmacht, politischer Einfluss und Innovationspotenzial der anglophonen (besonders US-) Gesellschaften), aber einiges lässt sich wohl mit rationalen Gründen weniger gut erfassen, ist daher eher dem Bereich der Emotionalität zuzuschreiben. So entstehen bei der Anlehnung an das Englische auch ganz bizarre Dinge, die mit Kommunikationseffizienz nicht viel zu tun haben. Die zahlreichen Verdrängungen etablierter und hinreichend scharfer Begriffe aus der Alltags- und Fachsprache durch gleichwertige oder gar weniger spezifische seien hier beispielhaft zu nennen. So ist gar nicht unmittelbar ersichtlich, warum es Neudeutsch *by-pass* statt "Umgehungsstraße", *City Management* statt "Stadtverwaltung" oder *DB Cargo* statt "Fracht" oder "Gütertransport" heißen muss. Immerhin lassen sich natürlich einige solcher mit der Exotik des (Noch-) Fremden behafteten Bezeichnungen durch politisches oder wirtschaftliches Marketing erklären. Wie stark die Anziehungskraft des Englischen dabei aber eigentlich ist, zeigt sich vor allem auch an der Akzeptanz von Fehlübersetzungen. Zum Beispiel ist in der Presse häufig von der *Clinton-* oder der *Bush-Administration* die Rede, statt "Regierung" für Englisch "administration"). Auch vor Neologismen, die gar keine Entsprechung in der vermeintlichen Fremdsprache haben, schreckt man dabei nicht zurück, auch dann übrigens nicht, wenn diese noch dazu unverständlich oder komisch wirken. So zum Beispiel *aircondition* statt korrekt *air conditioning* (AC) oder hyperkorrekt im Englischen des Bayerischen Rundfunks *night of the proms* – wohl fälschlicherweise in Anlehnung an "Prominente"/*celebreties* – statt zielsprachlich *night of the prom* (Singular, "Abschlussball"). Ein Monolingualisierungsprozess, wie er sich hier abzeichnet, hat nicht nur Folgen für die Allgemeinsprache. Er muss langfristig auch weitreichende Folgen für die Wissenschaft selbst und die wissenschaftlichen Institutionen in den betroffenen Kulturen haben.

Sprachenvielfalt ist Wissenschaftsvielfalt. Beide sind, wie Kultur und Sprache immer, untrennbar miteinander verbunden und stellen ein Bereicherungspotenzial und nicht Rückständigkeit dar (Roche 2001). Fachsprachen drücken diese Bereicherung vor allem in reichhaltiger Terminologie aus, weisen aber über die rein terminologischen Aspekte hinaus besondere semantische, morphologische und syntaktische Merkmale auf. So verwendet die deutsche Rechtssprache vorwiegend das Präteritum als Vergangenheitsform, und zwar weil es im Gegensatz zum Perfekt zeitliche Vorgänge präziser (nämlich als abgeschlossene und damit einklagbare Ereignisse) markiert. Einige Fachsprachen bevorzugen unter anderem das Passiv statt des Aktivs, wie zum Beispiel die Amtssprache eine ausgeprägte Passivverwendung aufweist, unter anderem weil sie wohl nicht nennen will, wer für die abstrusen Gesetze und Verordnungen verantwortlich ist. In einigen Genres von Fachsprachen dominieren elliptische Strukturen: Man denke zum Beispiel nur an verschiedene Fahrpläne. Die stark elliptische Äußerung "Lokführer 70667 Anschluss 1665" entspricht daher einem Imperativ, der dem Lokführer der Regionalbahn von Bayreuth nach Weiden über Kirchenlaibach mitteilt, dass er die Ankunft des ICE aus Nürnberg abzuwarten habe. In wieder anderen Fachsprachen, zum Beispiel denen der Technik und der Naturwissenschaften, spielen bestimmte Wortbildungsprinzipien eine größere Rolle als in der Umgangssprache. In einigen Fachsprachen wird so zum Beispiel verstärkt auf Nominalisierungen ("Vor der Inbetriebnahme ..."), Funktionsverben ("Mitteilung machen, zur Oxidation bringen... ") und erweiterte Adjektive ("eine Übernahme auf die für die maschinelle Weiterverarbeitung bestimmten Datenträger...") zurückgegriffen. Sehen wir uns zur Illustration vielleicht auch einmal ein paar "verfachsprachlichte" Variationen (Ausschnitte) eines fast schon archetypischen Märchens an:

Rotkäppchen im amerikanischen Militärjargon von Alfredo Grünberg (Ritz 2000: 148-149)

TO: Whoever it may concern

SUBJECT: HOOD, RED, RIDING, LITTLE

1. Once upon a time there lived a female personnel whose nomenclature was HOOD, RED, RIDING, LITTLE, one each (1). Her duty uniform consisted of following named items:

a. Dress, red, cotton, 1 ea b. Cape, red, w/hood, 1 ea

2. One day HOOD,RED, RIDING, LITTLE rec'd a TWX from her MOTHER, GRAND, OLD, who lived in isolated area in a cottage, brick type, w/chimney, w/o TV.

The TWX read as follows:

UNCLAS "Dear HOOD, went on sick call yesterday. Confined for indefinite period. Love, relative type, MOTHER,

GRAND, your. Please see me ASAP". Hood typed up lst Ind immediately:

,Basic communication complied with. ETA your station NLT 1600 hrs this day."

3. HOOD then departed homepoint handcarrying following items:

a. Basket, picnic, wicker type w/o top, i ea

b. Sandwiches, salami, w/pickle & onion, w/o mustard & mayo, four ea (4).

While enroute to TDY destination, personnel concerned came to a forest, thick, primeval. Suddenly out of the thicket, briar, emerged a WOLF, BAD, BIG, BROWN, one each (1).

"Halt, who goes there & what are your last four?" challenged the WOLF. "4032, HOOD, RED, RIDING, LITTLE, on TDY to Bldg 2355" stated HOOD. "Request your assistance in locating & picking of flowers, beautiful, one lot (1)", demanded the WOLF. "I am afraid this will not be tolerated by Mother, dear, my." "My VOCO should furnish necessary authorization", the WOLF replied hereon. "Allright then, above mentioned flowers w/b taken care of, effective immediately", HOOD said.

4. While HOOD was busy picking flowers, WOLF hurried to Bldg 2355. Upon arrival WOLF, BAD, BIG, BROWN swallows GRANNY in a single swallow, one each (1). WOLF then '

a. polices up area

b. jumps into the bed

c. and pulls on GRANNY's AC 146-92s.

HOOD enters: "Hello, MOTHER, GRAND! What big listening equipment you have got!" - "All the better to maintain maximum efficiency at minimum cost with zero defects", replied the WOLF. ...

Rotkäppchen aus der Sicht eines Chemikers (Ritz 2000: 135)

Für das aus der Reaktion eines unbekannten Chemikers mit seinem weiblichen Reaktionspartner, der im folgenden kurz mit dem Trivialnamen Mutter bezeichnet wird, hervorgegangene Produkt hat sich in der internationalen Nomenklatur der Name "Rotkäppchen" allmählich durchgesetzt, da das seinen Kopf bedeckende Textilfasergewebe mit dem roten Phenazinfarbstoff Safranin gefärbt war. Aus einer Veröffentlichung in Carnevalistica Chimica Acta 1I,11(§111) entnahm die Mutter, dass der weibliche Reaktionspartner der Reaktion, bei der sie ihrerseits gebildet worden war – im folgenden mit Großmutter bezeichnet –, einem Angriff von Stoffwechselprodukten von Bakterien ausgesetzt war. Die Großmutter reagierte merklich exotherm, was an einer negativen Reaktionswärme zu erkennen war, die von ihrer Oberfläche an die sie umgebende Gasphase abgegeben wurde. Zur Erhöhung ihrer Aktivierungsenergie hatte sich die Großmutter auf einem sonst Recreationszwecken des menschlichen Körpers dienenden Gestell ausgebreitet.

Die Mutter entnahm ihrer Chemikaliensammlung einige Flaschen mit Reagenzien, die geeignet waren, die schädlichen bakteriellen Stoffwechselprodukte nebst ihren Präparatoren aus der Großmutterlauge auszufällen. Die Reagenzien ...

Die hier deutlich werdende Komplexität der Fachsprachen lässt sich übrigens in keiner Weise mit der trivialen Fachsprachlichkeit vergleichen, wie wir sie etwa in Lehrmaterialien zum *Business English* oder Geschäftsdeutsch finden. Die dort vorgegebene Fachsprachlichkeit wirkt für Fachleute allenthalben so erheiternd wie für andere die gerade vorgestellten Fachsprachenparodien. Daher ergibt sich in der Regel eine weitere fachspezifische Binnendifferenzierung für Fachsprachen, und zwar sowohl hierarchisch als auch thematisch. In der einschlägigen Literatur zum Beispiel im Bereich Wirtschaftsdeutsch ist die thematische Differenzierung ausführlich dargestellt worden (Bolten 1992; siehe auch Albrecht & Baum 1992, Fluck 1992, Hoffmann et al. 1991, Schaeder & Bergenholtz 1994 und Schroeder 1993).

Die spezifische Komplexität der Fachsprachen kann nicht ohne Folgen für den Unterricht bleiben: soll man im Unterricht in den Grundkursen zunächst die sprachlichen Grundlagen, die Grundstufe, behandeln und erst dann in die verschiedenen Spezialgebiete einsteigen? So wird das meist für Wirtschaftssprachen empfohlen: erst einmal sollen die Lerner drei bis vier Jahre Grund- und Mittelstufe absolvieren, und die, die dann übrig bleiben, können sich dem ei-

gentlichen Ziel, der Fachsprache, widmen. Oder sollte der Fokus bereits von Anfang an auf den fachsprachlichen Besonderheiten (Grammatik, Wortschatz,
Wortbildungsprinzipien) liegen (Buhlmann & Fearns 2000, Fluck 1992, Roche
2001).

Die Fachsprachen haben nun aber einen entscheidenden Vorteil: Sie sind für
Fachleute relativ klar organisiert und gut motiviert. Die im Vergleich zur Alltagssprache angewandten Regeln und Strategien werden eher intensiv genutzt.
Sie sind für Nutzer, die damit umgehen können, besonders effizient, und der
Erwerb der Regeln und Strategien erfolgt daher auch schneller. Das gilt besonders dann, wenn die Nutzer (und das ist praktisch impliziert) mit der Materie
und ihren zahlreichen auch internationalen Begriffen vertraut sind, also ein e-
normes Weltwissen haben, das so manche sprachliche Lücke leicht füllen kann.
Über solche Brücken läuft Spracherwerb effizient ab. Außerdem sind fachsprachlich orientierte Lerner in der Regel hoch motivierte und fokussierte Lerner. Diese günstigen Bedingungen lassen den Unterricht auf einem wesentlich
höheren inhaltlichen Niveau ansetzen und ermöglichen eine viel steilere Lern-
progression.

2. Sprachvermittlung digital

In kaum einem Bereich spielen die Medien traditionellerweise ja eine so große
Rolle wie im Fremdsprachenunterricht. Schließlich lassen sich schon bei dem
großen Sprachdidaktiker Comenius im 17. Jahrhundert die ersten Ansätze einer
ausgeprägten Mediendidaktik finden. Und dennoch ist es gerade auch der
Fremdsprachenunterricht, der wegen seiner Experimentierfreude – oder Ratlo-
sigkeit – bei den Medien immer wieder verheerende Einbrüche erlebt. Die fehl-
geschlagene Sprachlabortechnologie der sechziger und siebziger Jahre ist dafür
vielleicht das markanteste Beispiel. Die Technologie (sofern sie funktionierte
oder bedienbar war) basierte auf unausgereiften didaktischen, nämlich behaviouristischen Konzepten. Paradoxerweise scheinen diese neuerdings mit den neuen
Medien vielerorts wiederbelebt worden zu sein. Die Realität des Sprachlern-
software-Marktes ist jedenfalls auch heute so erschreckend theoriefremd, dass
man gar den Eindruck bekommen könnte, die behaviouristischen Gruftis der
40er und 50er Jahre feierten im 21. Jahrhundert ein clickfreudiges Medien-
Halloween. Nicht alles, was bunt ist und sich bewegt, ist aber auch effizient.

Von vielen Seiten wird daher zunehmend eine kritische und differenzierte Sichtweise dessen angemahnt, was die Medien wirklich leisten können, und zwar in verstärktem Umfange auch im Verbund mit Lehrkräften (Roche 2000b). Immerhin, die Medien – und insbesondere die neuen – erleichtern uns viele Tätigkeiten ungemein, in Bezug auf die Aufgaben, die sie ausführen können, die Geschwindigkeit, die Zugangserweiterung, die Kommunikation, die Ressourcen und Hilfsfunktionen. Die Medien schaffen aber auch neue Aufgaben. Sie sind mit größeren Investitionen in Ausstattung und Arbeitskräfte verbunden, sind gar nicht immer leicht zu bedienen, brauchen viel Betreuung und verführen oft nur zu einer manuellen *Clickability* anstatt zu einer kognitiven. Häufig bieten sie zum Beispiel so viele Hilfen an, dass die Nutzer geradezu in die Passivität gedrängt werden. Dennoch tragen die Medien viele potenzielle Nutzungsmöglichkeiten in sich, die noch zu entdecken sind. Im Gegensatz zu der frühen DOS-Phase des *Computer Assisted Language Learning* (CALL) benötigen Entdecker heute dazu aber ganze Teams und eine ganze Reihe von Werkzeugen. Die Fachsprachen gehören zu den bisher weitgehend übersehenen Nutzungsmöglichkeiten der neuen Medien.

3. Fachsprachliche Learnware

Auf die Vorteile der Fachsprachen im Fremdsprachenunterricht ist weiter oben bereits hingewiesen worden. Dabei gibt es jedoch ein gravierendes Problem: Sprachlehrerinnen und Sprachlehrer besitzen nämlich normalerweise nicht die fachliche und fachkommunikative Kompetenz in Natur-, Ingenieur- oder Wirtschaftswissenschaften, die eigentlich nötig wäre, um fachsprachliche Kurse sinnvoll zu unterrichten, mit Ausnahme der alltäglichen Wissenschaftssprache vielleicht. Umgekehrt verfügen Ingenieure, Juristen, Mediziner etc. nur in seltenen Fällen über die nötige sprachdidaktische Kompetenz, eignen sich also von daher wenig als Sprachvermittler. Hier gibt es also tatsächlich einen Bereich, in dem die Medien sinnvoll im Fremdsprachenunterricht eingesetzt werden können, und zwar zur Überbrückung von Kompetenzdefiziten, wo fachsprachlicher Unterricht ansonsten nur mit viel Aufwand möglich wäre.

Genau diese Prinzipien macht sich der Fachsprachen-Lesekurs READING GERMAN zu Nutze (Roche 2000a). Er besteht aus einem Einführungsmodul mit 26 Kapiteln und vier Fachsprachenmodulen (mit je 25 Kapiteln) in den Bereichen Wirtschaftsdeutsch, Geisteswissenschaften, Chemie und Musik. Jedes der fünf Module deckt den Stoff eines ganzen Semesters ab und kann auch im Selbststudium bearbeitet werden. Während das Einführungsmodul wichtige Lesestrategien, Ressourcen und Arbeitsweisen, Grundwortschatz und Grundgrammatik abdeckt, beschäftigen sich die Fachsprachenmodule vor allem mit den Spezifika der jeweiligen Fachsprache, und zwar in der Regel auf fünf verschiedenen Ebenen fachsprachlicher Komplexität, von der populärwissenschaftlichen bis zur forschungsorientierten. Die einzelnen Kapitel korrespondieren also mit den von Fachsprachenlinguisten üblicherweise beschriebenen Ebenen der Fachsprachlichkeit (Stufe 1 entspricht der leicht fachsprachlich geprägten Allgemeinsprache, Stufe 5 der Wissenschaftssprache).

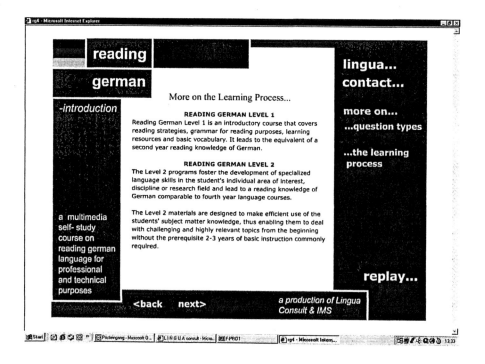

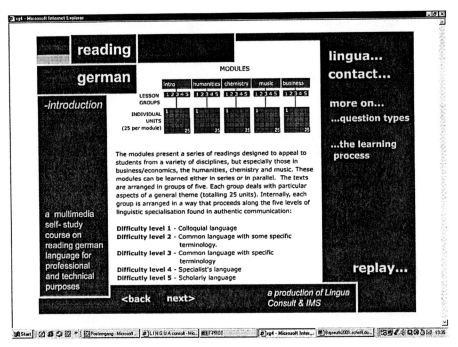

Die Lerner können dabei die CD-ROM Programme und die gedruckten Begleitmaterialien auf verschiedene Weise angehen: Sie können sich von der allgemeinen Ebene zur fachwissenschaftlichen hoch arbeiten, in genau umgekehrter Reihenfolge vorgehen (zum Beispiel wenn sie mit den behandelten Inhalten sehr vertraut sind) oder auch beliebige Zwischenwege, je nach Interesse und Fertigkeit, einschlagen. Am Ende eines Schul- oder Studienjahres sind die Lerner dann bereits in der Lage, allgemeine Texte (zum Beispiel Zeitungstexte) und fachwissenschaftliche Texte (zum Beispiel wissenschaftliche Artikel) aus ihrem Bereich zu verstehen.

Das methodische und technische Konzept von READING GERMAN ist in Kanada für Studierende entwickelt worden, die im Nebenfach Deutsch rezeptive Kenntnisse nachweisen müssen, die möglichst relevant für das Hauptfachstudium (Diplom, M.A., Ph.D.) sind. Systematisch integriert sind Lese-, Lern- und Arbeitsstrategien, durch die die Lernerinnen und Lerner befähigt werden sollen, selbständig weiterzulesen. Der methodische Ansatz ist dabei ein induktiver, wie mittlerweile nicht nur von der Pädagogik, sondern auch auf Grund psycholinguistischer Forschung gefordert. Von einem Lesetext ausgehend explorieren die

Lernerinnen und Lerner einen Text und seine sprachliche Realisierung. Die Aufgabentypen sind dementsprechend zunächst recht offen und leiten dann zu einem detaillierten Lesen mit entsprechend gezielten Fragen über. Zahlreiche Hilfsmittel (Verweise auf einschlägige Wörterbücher, Fachliteratur, ein jederzeit abrufbares, allerdings auf Funktionswörter limitiertes Glossar, eine umfangreiche Referenzgrammatik und eine Zusammenfassung der wichtigsten Lesestrategien in der Referenzsektion der Begleitbücher) erleichtern die Lernarbeit und die individuelle Weiterarbeit. Die Aufgabentypen können im Netz unter www.linguaconsult.net und über die Webseite des Multimedia Forschungs- und Entwicklungslabors des Departments für Kommunikation und Sprachen der Universität München http://werkstadt.daf.uni-muenchen.de eingesehen werden. Auf eine gesonderte Darstellung wird hier daher verzichtet.

4. Aussichten

Was hier zunächst für die Fertigkeit Lesen in der Fachsprache begonnen hat, wird nun in verschiedene Richtungen fortgesetzt. Dabei werden sowohl die neueren didaktischen als auch technischen Entwicklungen berücksichtigt. Sie erlauben eine offenere Gestaltung des didaktischen Konzeptes und dessen technischer Realisierung. Allgemein ist ja beim e-Lernen eine Tendenz zu offeneren und flexibleren Systemen zu beobachten. Diese Offenheit wird immer wieder von der Mediendidaktik gefordert, weil sie den individuellen Interessen und Bedürfnissen der Lerner eher gerecht zu werden scheint. Außerdem lassen sich mit der neueren Technik (Software und Hardware) auch die anderen Fertigkeiten, inklusive des Sprechens und Schreibens, besser vermitteln, als das noch vor einigen Jahren der Fall war. Darüber hinaus hat sich gezeigt, dass die Halbwertzeit von CD-ROMs in der Regel ziemlich kurz ist. Das liegt vor allem daran, dass die darauf gepackten Inhalte eher zur Beschränkung neigen und daher schnell erschöpft sind. CD-ROMs vom Umfang der READING GERMAN Programme, die den Stoff kompletter Seminare enthalten, sind auf dem Lehrmittelmarkt eher die Ausnahme. Lehrprogramme der nächsten Generation werden sich daher unter anderem auch dadurch auszeichnen, dass sie kompakte und komplexe Inhalte vermitteln und darüber hinaus in stetig steigendem beziehungsweise verbessertem Maße alle gängigen Sozial- und Arbeitsformen des Unterrichts simulieren können. Diese Form der Realisierung von Arbeits- und Sozialformen verbunden mit den dafür nötigen Kommunikationskanälen bezeichnet man kurz als e-

Lernplattform. In der Regel handelt es sich dabei (fast zwangsläufig) um online-Plattformen (Internet und Intranet).

Am Multimedia Forschungs- und Entwicklungslabor des Departments für Kommunikation und Sprachen der Universität München werden derzeit unter anderem die dargestellten neueren didaktischen und technischen Entwicklungen in verschiedene e-Plattformen und Lehrprogramme umgesetzt und im Rahmen eines internationalen Konsortiums evaluiert (vgl. Reeder et al. 2001). Dazu gehören die folgenden:

1. Ein vom Bundesministerium für Bildung und Forschung (BMBF) gefördertes Lehrprogramm für die Wissenschaftssprache Deutsch (unideutsch.de), bestehend aus einem studienvorbereitenden und einem studienbegleitenden Modul. Das studienbegleitende Modul umfasst fachsprachliche Lehrmaterialien zu allen Fertigkeiten in den Bereichen Wirtschaftswissenschaften, Jura, Medizin, Naturwissenschaften, Ingenieurwissenschaften, Ernährungswissenschaften und Sozialwissenschaften.

2. Die Überarbeitung der dargestellten Programme von READING GERMAN in online-Versionen mit Schwerpunkt Lesekompetenz, bei gleichzeitiger Anbindung an eine komplexe e-Lernplattform.

3. Die Entwicklung fach- und berufssprachlicher Leseprogramme mit einem Umfang von je circa 60 Bearbeitungsstunden (20 Kapitel) zur individuellen Förderung der Lesekompetenz in den Sprachen Englisch (Fachsprachen: Recht, Wirtschaft, Politik), Französisch (Wirtschaft) und Japanisch (Wirtschaft). Ausgangspunkt (der ausgearbeitete Kernbereich) ist dabei das Fertigkeitstraining Lesen. Eine Erweiterung auf andere Fertigkeitsbereiche ist aber – wie bei 2. – möglich und gewünscht. Konzipiert sind die Programme für den Einsatz im Selbststudium und zur Befähigung zum selbständigen Weiterarbeiten. Die Programme eignen sich daher besonders für den arbeits- und studienbegleitenden Einsatz und für selbständiges Weiterarbeiten. Diese Entwicklungen werden aus dem Europäischen Sozialfonds und vom Bayerischen Wissenschaftsministerium unterstützt.

Zentrale Komponenten aller in Entwicklung befindlichen Lehrprogramme sind

- ausgearbeitete Kapitel mit berufs- und ausbildungsrelevanten beziehungsweise wissenschaftsrelevanten Texten und Quellen mit interner Progression, Lernstrategiekomponenten und Aufgaben

- integrierte online Lehr- und Übungseinheiten mit thematischem Schwerpunkt auf Beruf und Ausbildung beziehungsweise Wissenschaft

- online Hilfsmittel und Ressourcen sowie Anbindung an relevante Nachrichtenmedien im Internet

- Anbindung an online Wörterbücher

- Anbindung an online Grammatiken

- Anbindung an Netzseiten relevanter Kulturträger, Forschungseinrichtungen, Unternehmen, beruflicher Organisationen udgl.

- elektronische Kommunikationsmodule mit verschiedenen Komponenten für asynchrone und synchrone Kommunikation

- Anbindungsoption an *live* Tutoren

- trouble detector.

Die Programme fördern differenziertes und individualisiertes Lernen. Hierzu macht sich das Programm im Laufe der Benutzung ein Bild vom Leistungsstand eines jeden Lerners, wozu die jeweiligen Fehlproduktionen der getesteten Fähigkeiten (zum Beispiel Textverständis oder Hörverständnis) gespeichert werden. Dieses Wissen wird dann dazu verwendet, den Lernern eventuell auftretende Fehler stufenadäquat zu erklären und die Auswahl der Texte und Übungen auf den Leistungsstand der Lerner abzustimmen. Als Mehrwert der e-Medien ergibt sich eine Individualisierung des Lernens.

Folgende Illustration verdeutlicht die Differenzierung und Individualisierung eines Programmes: die Lerner werden zuerst getestet und dann innerhalb des Programmes eingeordnet. Diese Differenzierung wird nun durch den gesamten Lernprozess fortgeführt. Lerner werden erst zum nächsten Lernerniveau weitergeführt, wenn sie unter einer bestimmten Fehlerschwelle liegen. Ansonsten erhalten sie weitere Texte und Übungen der entsprechenden Lernstufe. Die Texte und Übungen der jeweiligen Lernstufe sind dem Schwierigkeitsgrad gemäß geordnet und die Auswahl der Texte und Übungen passt sich auch innerhalb einer Lernstufe dem Lerner an (siehe hierzu auch Heift 2001).

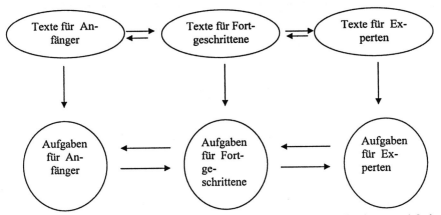

Zwei Klassen von Übungen werden dabei zur Verfügung gestellt: feste und freie Übungen.

Die Typologie umfasst alle gängigen Aufgabentypen wie Einsetz-, Multiple-Choice-, Zuordnungsübungen etc. mit festen Mechanismen. Für diese werden fertige Mechanismen (zum Beispiel HTML mit Javascript, Java-Applets oder Flash) realisiert, die über metasprachliche Methoden in HTML-Dokumente eingebunden werden können. Das Design der freien Übungen lässt sich dagegen nicht durch festen Programmcode realisieren und erfordert zum Teil eigenen Code (zum Beispiel beim interaktiven Telefonieren). Da das Kursmanagement die Einbindung frei gestalteter Seiten erlaubt, besteht über erweiterte Links oder HTML-Formulare die Möglichkeit, auch freie Übungen über Webseiten einzubauen. In einer Übung können daher auch Links zu anderen Seiten realisiert werden. Diese Links werden nicht direkt eingetragen. Es stehen metasprachliche Elemente zur Verfügung, die Links anbieten. Diese Links werden in Gruppen in einer Datenbank verwaltet. Die Verknüpfung zu einem "Fremd"-Link wird durch das Serverportal überwacht. Dieses erkennt auch das Fehlen oder die Veränderung der verlinkten Seite (*trouble detector*). Bei einem Fehlen der Seite wird dies dem Lerner gemeldet und dem zuständigen Administrator eine eMail gesendet.

Dieses Aufgabenmodul und Einstufungssystem ist in eine e-Lernplattform mit verschiedenen Kommunikationskanälen, Nachrichtenmodul und Hilfsmodul eingebettet. Die e-Lernplattform bietet somit die Grundlage für offene e-Sprachlernprogramme, die individualisierte Lernwege fördern (Portfolio). Es ist so konstruiert, dass es leicht wartbar und erweiterbar ist und auch spätere technische Entwicklungen inkorporieren kann beziehungsweise mit diesen mitwächst. Es eignet sich sowohl für den Einsatz in Fern- und Präsenzstudien als auch für gemischte didaktische Anwendungen.

Mit der Entwicklung derartiger Programme sollen also gleichzeitig mehrere Ziele erreicht werden:

- Fachsprachliche Strukturen sollen nicht nur vermittelt, sondern als effizientes Unterrichtsmittel genutzt werden.

- Die Möglichkeiten der Medien sollen zur Vermittlung didaktisierter Einheiten und für entdeckendes Lernen ausgeschöpft werden.

- Flexibles Lernen soll ermöglicht, gefördert und ausgeweitet werden.

- Die Studierenden sollen besser auf die Berufs- und Studienpraxis vorbereitet werden. Ausländischen Studierenden soll dabei gleichzeitig der Studien- und Forschungsstandort Deutschland leichter zugänglich gemacht werden und somit an Attraktivität gewinnen.

5. Literaturverzeichnis

Albrecht, J. & Baum, R. (eds.) (1992). *Fachsprache und Terminologie in Geschichte und Gegenwart*. Tübingen, Narr.

Bolten, J. (1992). Fachsprache oder Sprachbereich? Empirisch-pragmatische Grundlagen zur Beschreibung der deutschen Wirtschafts-, Medizin- und Rechtssprache. In: Bungarten, T. (ed.). *Beiträge zur Fachsprachenforschung*. Tostedt, Attikon, pp. 57-72.

Buhlmann, R. & Fearns, A. (2000). *Handbuch des Fachsprachenunterrichts*. Tübingen, Narr.

Fluck, H.-R. (1992). *Didaktik der Fachsprachen: Aufgaben und Arbeitsfelder, Konzepte und Perspektiven im Sprachbereich Deutsch*. Tübingen, Narr.

Heift, T. (2001). Intelligent language tutoring systems for grammar practice. *Zeitschrift für Interkulturellen Fremdsprachenunterricht* 2. http://www.ualberta.ca/~german/ejournal/beitra17.htm

Hoffmann, L. et al. (eds.) (1991). *Languages for special purposes. An international handbook of special language and terminology research*. Berlin, de Gruyter.

Reeder, K. et al. (2001). E/Valuating new media in language development. *Zeitschrift für Interkulturellen Fremdsprachenunterricht 2*. http://www.ualberta.ca/~german/ejournal/beitra17.htm

Ritz, H. (2000). *Die Geschichte vom Rotkäppchen.* Göttingen, Muri-Verlag.

Roche, J. (2000). *Interkulturelle Sprachdidaktik – Eine Einführung.* Tübingen, Narr.

Roche, J. (2000a). *Reading German. A multimedia course on German for professional and technical purposes.* (Introduction und Programme zu Business/Economics, Humanities, Chemistry, Music). Toronto, Canadian Scholars Press International.

Roche, J. (2000b). Lerntechnologie und Spracherwerb - Grundrisse einer medienadäquaten, interkulturellen Sprachdidaktik. *Deutsch als Fremdsprache 3*, 136-143.

Schaeder, B. & Bergenholtz, H. (eds.) (1994). *Fachwissen und seine Repräsentation in Wörterbüchern.* Tübingen, Narr.

Schröder, H. (ed.) (1993). *Fachtextpragmatik.* Tübingen, Narr.

TEXTAUSWAHL FÜR DEN FACHSPRACHLICHEN UNTERRICHT: KANN MAN DIE SCHWIERIGKEIT EINES TEXTES EINFACH AUSRECHNEN?

Peter Nübold

Technische Universität Braunschweig

Die Schwierigkeit eines Textes kann mit so genannten Lesbarkeitsformeln, in die verschiedene sprachstatistische Parameter wie Wort- und Satzlänge eingehen, näherungsweise ermittelt werden. Mit gleichem Ziel versucht ein anderer Ansatz, die syntaktische Komplexität der Sätze durch Ermittlung der Satztiefe zu quantifizieren. Beide Verfahren werden im vorliegenden Beitrag erläutert, und ihre Anwendung auf ein kleines Textkorpus wird beschrieben. Die Ergebnisse werden mit denen verglichen, die mit herkömmlichen Methoden – Cloze-Test und Einschätzung durch verschiedene Gruppen von Lesern – erzielt wurden. Dabei wird ein hoher Grad an Übereinstimmung zwischen den mit einfachen Lesbarkeitsformeln und den mit aufwändigeren herkömmlichen, an Versuchspersonen gebundenen, Verfahren erzielten Ergebnissen festgestellt. Die Methode, in der die Satztiefe errechnet wird, erweist sich bei diesen Versuchen als ungeeignet zur Ermittlung der Schwierigkeit von Texten.

1. Einleitung

Der fachsprachliche Unterricht stellt den Lehrer immer wieder vor die Aufgabe, geeignete Texte auszuwählen, die adressatengerecht sind, d.h. die nicht nur die fachlichen Vorkenntnisse der Studierenden berücksichtigen, sondern auch – wie bei jedem Fremdsprachenunterricht – die sprachlichen Schwierigkeiten in Betracht ziehen. Bei der Abschätzung des fachlichen Niveaus und der inhaltlichen Relevanz sollte der Sprachlehrer ggf. den Rat einer Kollegin oder eines Kollegen des betreffenden Fachs suchen, bei der Beurteilung der sprachlichen Schwierigkeit ist er selbst gefragt. Will er sich nicht allein auf seine Erfahrung verlassen, ist es natürlich sehr verlockend, auf Verfahren zurückzugreifen, von denen deren Erfinder behaupten, man könne damit die Schwierigkeit – bzw. deren inversen Wert, die Lesbarkeit (*readability, reading ease*) – quasi textimmanent, d.h. ohne die Hilfe von Versuchspersonen, bestimmen oder – wie es im Titel des vorliegenden Beitrags heißt – einfach ausrechnen. Über solche Verfahren soll hier berichtet werden. Drei davon wurden auf ein kleines Textkorpus angewandt und die Ergebnisse mit denen verglichen, die mit Hilfe von Versuchspersonen ermittelt wurden.

2. Textimmanente Verfahren zur Bestimmung der Schwierigkeit

2.1 Lesbarkeitsformeln

Im Gefolge der in den USA der 20er Jahre des vergangenen Jahrhunderts einsetzenden umfangreichen sprachstatistischen Arbeiten, deren vorrangiges Ziel es war, frequenzbasierte Wortschatzlisten für die Erstellung von Lehrmaterialien zu kompilieren, wurden – erstmalig 1923 (Lively & Pressey 1923), jedoch überwiegend in den 40er und 50er Jahren – verschiedene so genannte Lesbarkeitsformeln (*readability* oder *reading ease formulae*) entwickelt, mit deren Hilfe Lesebuchtexte niveaugerecht eingestuft (*graded*) werden sollten oder mit denen man das richtige Lesealter (*reading age*) ermitteln konnte. Natürlich waren sie auch einsetzbar, um die Verständlichkeit von Arbeitsanweisungen und Reklametexten zu optimieren.

Die beste Übersicht über das Gebiet liefert immer noch das Standardwerk von Klare (1963). Eine gute Einführung in deutscher Sprache findet sich in Teigeler (o.J.). Als Beispiel einer neueren Arbeit zum Thema kann die von McAdams (1993) angesehen werden. Mittlerweile gibt es auch eine Vielzahl von Websites, die sich mit dem Thema beschäftigen. Als Einstieg kann man den *Readability Link* auf Dr. Jay's "Write" Home Page (Christensen 1997) an der California State University/Northridge benutzen. Ein gut lesbarer einführender Artikel von Sandra Smith (1998) findet sich ebenfalls im Internet.

Die Mehrzahl dieser Lesbarkeitsformeln hat die Form von Regressionsgleichungen, in die bestimmte sprachstatistische Parameter wie Wortfrequenz, Wort- und Satzlänge, Anzahl verschiedener Wörter, Anzahl einfacher Sätze oder Anzahl präpositionaler Wendungen so gewichtet eingesetzt werden, dass die Formel eine Vorhersage des Ergebnisses eines mit dem gleichen Text durchgeführten standardisierten Leseverständnistests erlaubt. Die Formeln gehen auf 2 oder 3 Grundtypen zurück, wurden jedoch immer wieder abgewandelt, so dass Klare 1963 bereits 34 verschiedene aufführt, 1985 schätzt er deren Zahl bereits auf über 200 (Klare 1985). Hier sollen die folgenden als Beispiele genügen:

Die bekannteste Formel ist die 1948 von Flesh veröffentlichte. Sie wird folgendermaßen angewandt:

1. Man nehme eine Stichprobe von 100 Wörtern aus dem Textmaterial.

2. Man bestimme darin die Anzahl der Silben pro 100 Wörter (wl).

3. Man bestimme darin die durchschnittliche Anzahl der Wörter pro Satz (sl).

4. Man setze diese Werte in folgende Formel ein:

   R.E. (Reading Ease) = 206,835 - 0,846 wl - 1,015 sl.

Sehr ähnlich ist die 1951 von Farr, Jenkins und Paterson veröffentlichte Formel zur Ermittlung des New Reading Ease Index. Sie erfordert folgende Schritte:

1. Man nehme mehrere Stichproben zu je 100 Wörtern aus dem Textmaterial.

2. Man bestimme jeweils die Anzahl der Einsilber pro Stichprobe (nosw).

3. Man bestimme die durchschnittliche Zahl der Wörter pro Satz (sl).

4. Man setze diese Werte in folgende Formel ein:

   New Reading Ease Index = 1,599 nosw - 1,015 sl - 31,517.

Die Flesh-Formel ist so verbreitet, dass sie bereits in das Textverarbeitungsprogramm Microsoft Word integriert wurde. Die Bestimmung der Lesbarkeit eines Textes erfolgt damit automatisch. Die erreichbaren Werte liegen zwischen 0 und 100. Je höher der Wert, desto leichter der Text. Ein Text mittlerer Schwierigkeit sollte einen Wert zwischen 60 und 70 haben.

Formeln, die die Wortfrequenz enthalten, verlangen die Benutzung eines Häufigkeitswörterbuchs (z.B. Thorndike 1921; West 1953) und sind deshalb in ihrer Handhabung aufwändiger als solche, die diese Nachschlagarbeit nicht verlangen. Deshalb wird bei den auf Ökonomie bedachten Verfahren statt der Wortfrequenz meist die Wortlänge verwendet. Wegen des inversen Verhältnisses zwischen Wortfrequenz und -länge, das das so genannte Zipfsche Gesetz (Zipf 1949) postuliert, messen diese beiden Parameter im Großen und Ganzen das Gleiche. Als Beispiel für eine Formel, die die Wortfrequenz berücksichtigt, soll die von Dale und Chall (1948) vorgeschlagene dienen. Sie wird folgendermaßen angewendet:

1. Man nehme eine 100-Wörter-Stichprobe.

2. Man berechne die durchschnittliche Satzlänge, gemessen in Wörtern (x_2).

3. Man berechne den Prozentsatz der Wörter, die außerhalb der Liste der 300 häufigsten Wörter des Englischen (der Dale List of 3,000) stehen (x_1).

4. Man füge die Werte in folgende Formel ein:

Dale-Chall-Index = 0,1579 x_1 + 0,0496 x_2 + 3,6365.

Der Dale-Chall-Index gibt ungefähr die Klassenstufe an, für die der Text geeignet ist. Ein Wert über 10 wird als Indikator für College Level gewertet.

Auch andere Lesbarkeits-Indices geben direkt die Klassenstufe (*grade level*) bzw. das Lesealter (*reading age = grade level + 5*) an. Als Beispiele für einen Ansatz, der allein die schwierigen (d.h. langen) Wörter berücksichtigt, seien *Gunnings FOG Readability* Test (1952) und McLaughlins SMOG Formula (1969) angeführt. Gunning wollte mit seinem Index ein Instrument schaffen, das dem Schreiber helfen sollte, "... to take the 'fog' out of [his] writing." McLaughlin nimmt das Wortspiel auf und macht aus *fog smog*, dem er aber gleichzeitig die humorvolle akronymische Bedeutung von *Simplified Measure Of Gobbledygook* unterlegt. Letztere Maßzahl wird folgendermaßen gewonnen:

1. Man nehme mehrere Stichproben von je 30 aufeinander folgenden Sätzen.

2. Man ermittle in jeder Stichprobe die Anzahl der Wörter mit drei und mehr Silben.

3. Man berechne den Mittelwert N dieser Anzahl für alle Stichproben.

4. Grade level = (Quadratwurzel aus N) + 3

2.2 Satztiefe

Für die Schwierigkeit, einen Satz zu verstehen, ist nicht allein seine Länge entscheidend. Auch kurze Sätze können schwierig sein, deshalb erscheint die alleinige Berücksichtigung der Variablen "Satzlänge" in den oben behandelten Formeln unbefriedigend, wenn man auch generell annehmen kann, dass die Länge eines Satzes mit zunehmender Komplexität der syntaktischen Struktur steigt.

Syntaktische Komplexität hängt u.a. ab von der Art der Verknüpfung (Parataxe/Hypotaxe), der quantitativen Verteilung der Satzarten, der Modi (Aktiv/Passiv) und dem Verhältnis von substantivischen zu verbalen Konstruktionen. Diese Gegebenheiten sind jedoch schwer in ein quantitativ operationalisierbares Schema zu fassen.

Vielversprechend scheint deshalb der Ansatz Yngves (Yngve 1960) zu sein, der, ausgehend von der Phrasenstruktur-Grammatik, ein Verfahren vorschlägt, das es ermöglicht, syntaktische Komplexität in einer Maßzahl auszudrücken, die er Satztiefe (*sentence depth*; D) nennt und in die die Länge eines Satzes nicht unmittelbar eingeht.

Die Tiefe D eines Satzes entspricht nach Yngve der maximalen Speicherkapazität des Kurzzeitgedächtnisses, die benötigt wird, um einen korrekten Satz zu erzeugen. Wenn ein Sprecher die Absicht hat, einen bestimmten Satz zu produzieren und mit dem ersten Wort beginnt, ist zu fragen: wie viele Einheiten sind hinzuzufügen, um den Satz syntaktisch korrekt abzuschließen?

Formal geht Yngve folgendermaßen vor: Im Baumdiagramm eines Satzes (Abb. 1) werden alle Zweige, die zu einem Knoten führen, von rechts beginnend von Null bis n-1 durchnummeriert.

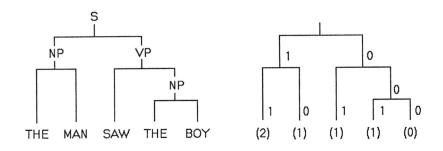

Abb. 1   Satztiefe nach Yngve

Dann werden alle Zahlen entlang der Zweige vom höchsten Knoten des Strukturbaums bis zu jedem Symbol der Endkette aufaddiert. Die größte Summe entspricht der benötigten Speicherkapazität (in diesem Falle 2 Items) und ist als Satztiefe, D, definiert.

Satztiefe hängt unmittelbar mit den Konzepten "progressive und regressive Konstituentenstruktur" zusammen. Dies wird aus dem Vergleich der folgenden beiden Strukturen deutlich (Abb. 2):

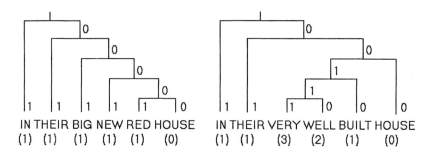

IN THEIR BIG NEW RED HOUSE IN THEIR VERY WELL BUILT HOUSE
(1) (1) (1) (1) (1) (0)   (1) (1) (3) (2) (1) (0)

Abb. 2   Progressive und regressive Konstituentenstruktur

Die erste Struktur ist rein progressiv und erreicht die maximale Tiefe D = 1, die zweite ist überwiegend regressiv mit einer maximalen Tiefe D = 3. Wie sehr regressive Konstituentenstrukturen die Komplexität eines Satzes erhöhen, wird aus folgendem von Yngve zitierten Beispiel deutlich:

If what going to a clearly not very adequately staffed school really means is little appreciated, we should be concerned (Yngve 1960: 461).

Der Satz erreicht eine maximale Tiefe D = 8 und überschreitet damit die von Yngve angenommene Verständlichkeitsschwelle (D = 7). Die zentrale Nominalphrase weist folgende Konstituentenstruktur mit einer Tiefe D = 5 auf (Abb. 3):

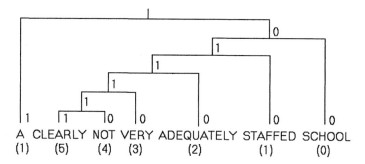

A CLEARLY NOT VERY ADEQUATELY STAFFED SCHOOL
(1) (5)   (4) (3)   (2)   (1)   (0)

Abb. 3   Extrem regressive Struktur

Nun ist die Phrasenstrukturgrammatik (und mit ihr das Konzept der Satztiefe) nicht zuletzt wegen der häufig subjektiven Durchführung der PS-Schnitte schon sehr bald kritisiert worden. Außerdem ist die IC-Analyse seit langem von neueren Ansätzen der Sprachbeschreibung abgelöst. Dennoch existiert eine Reihe von Arbeiten, die statistische Übereinstimmung zwischen der durchschnittlichen Satztiefe (hier wird nicht die maximale Tiefe D, sondern der über alle Elemente der Endkette gemittelte Wert d bestimmt) und experimentellen Außenkriterien wie Verstehen und Behalten nachweisen (Martin & Roberts 1966; Mehler 1963; Bormuth 1966). Trotz des hohen Aufwandes erschien es uns deshalb lohnend, das Verfahren auf seine Verwendbarkeit zu untersuchen.

3. Kontrollverfahren

3.1 Cloze Procedure

Der in der Psychodiagnostik seit langem bekannte Lückenschließungs-Test (Cloze-Test, Cloze Procedure), der heute in der von Klein-Braley (Klein-Braley & Raatz 1982) entwickelten abgewandelten Form als C-Test weit verbreitet als Einstufungstest im Fremdsprachenunterricht eingesetzt wird, wurde von Taylor (1953) als Verfahren zur Ermittlung der Lesbarkeit von Texten vorgeschlagen. Der Test, in dem man Testpersonen einen Text ergänzen lässt, aus dem entweder durch Zufallsauswahl oder nach einem bestimmten numerischen Schema Wörter getilgt wurden, ist vielseitig einsetzbar und einfach durchzuführen. Er ermöglicht Schlussfolgerungen sowohl auf den Text als auf die Testperson. Wird ein Lückentext von verschiedenen Lesern bearbeitet, kann auf die relative Verstehensleistung der einzelnen Testpersonen geschlossen werden; werden Lückentexte aus verschiedenen Quellen von einer Person bearbeitet, kann auf die Verständlichkeit bzw. Lesbarkeit dieser Texte geschlossen werden (Bung 1977).

Die durch Cloze-Verfahren ermittelte Schwierigkeit lässt sich nicht auf einzelne lexikalische oder morphosyntaktische Parameter zurückführen. Sie erfasst den Text vielmehr ganzheitlich.

3.2 Schätzung der Schwierigkeit durch Versuchspersonen (subjektive Beurteilung)

Die Schwierigkeit eines Textes von mehreren Versuchspersonen schätzen zu lassen, ist nicht zuletzt wegen der notwendigen Auswahl geeigneter Personen ein aufwändiges Verfahren. Im vorliegenden Fall wurden die Versuchspersonen aufgefordert, den Texten nach sorgfältiger Lektüre einen Schwierigkeitswert zwischen 1 (sehr leicht) und 5 (sehr schwierig) zuzuweisen. Dazu wurde eine dezimal geteilte Fünferskala benutzt, so dass auch Werte wie 1,8 oder 3,4 vergeben werden konnten.

4. Untersuchte Texte

Bei der Auswahl der Texte kam es darauf an, dass verschiedene Schwierigkeitsgrade erfasst wurden, die Schwierigkeit aber nicht auf ein hochspezialisiertes Vokabular zurückging. Ausgewählt wurden die folgenden 9 Texte aus 3 Lehr- bzw. Lesebüchern (Readers):

Text	Quelle
1. The development of rubber. Aus: H.S. Hatfield: Inventions To-day. 1939	Thornley: Easier Scientific English Practice. London 1964.
2. Weight on and off the earth Aus: D.M. Desoutter: Your Book of Space Travel. 1962	
3. Albert Schweitzer. Aus: L.W. Leavitt: Great Men and Women. 1958	
4. Trends in mechanical and production engineering	Geißler/Mehnert/Petzold: Maschinenwesen: Englische Lehrtexte [...]. Leipzig 1972.
5. Mathematics: Arithmetic and algebra	
6. Chemistry: Chemical processes/Chemistry and its branches/Fundamental concepts of chemistry	
7. The scientific attitude.	Ewer/Latorre: A course in basic scientific English. London 1969.
8. Numbers and mathematics.	
9. Scientific method and the methods of science.	

Die ersten drei Texte (Texte 1-3) sind Auszüge aus populärwissenschaftlicher Jugendliteratur und sollen nach der Intention des Herausgebers eine erste Einführung in die Sprache der Naturwissenschaft darstellen. Ziel ist es, "... to provide those who are interested in science with material for fairly easy practice in the English language" (Thornley 1964: VII).

Die Zielgruppe und das Lernziel des Lehrbuchs, dem die Texte 4-6 entnommen sind, sind enger und pragmatischer definiert. Durch das Studium der Texte sollen "die in Wissenschaft und Praxis tätigen Maschinenbauer und Technologen unserer Republik [d.h. der DDR] befähigt werden, die englischsprachige Literatur ihres Fachgebiets effektiv auszuwerten" (Geißler, Mehnert & Petzold 1972: 5). Die Texte sind auf der Basis englischsprachiger Fachliteratur für Unterrichtszwecke erstellt.

Ebenfalls auf dem Universitätsniveau sind die drei letzten Texte (Texte 7-9) anzusiedeln. Sie sollen repräsentativ sein für "the types of literature likely to be consulted by students or graduates of science – university textbooks, professional papers and articles, scientific dictionaries and semi-popularizations" (Ewer & Latorre 1969: IX).

5. Ergebnisse

5.1 Textimmanente Verfahren

5.1.1 Lesbarkeitsformeln

Von jedem der 9 Texte wurden die ersten 300 Wörter analysiert. Da sowohl Flesh als auch F-J-P (Farr, Jenkins & Paterson) eine Stichprobe von 100 Wörtern zu Grunde legen, wurden die Ergebnisse (Tab. 1) entsprechend umgerechnet.

Beide Verfahren weisen den Text *Trends in mechanical and production engineering* aus dem Lehrbuch von Geißler/Mehnert/Petzold (Text 4) als schwierigsten und die Passage über Albert Schweitzer aus dem Reader von Thornley (Text 3) als leichtesten aus. Die absoluten Werte weichen geringfügig voneinander ab.

Text Nr.	Flesch		F-J-P	
	RE	Rang	NREI	Rang
1	75,11	7	65,31	7
2	81,77	8	75,26	8
3	88.14	9	82,86	9
4	12,41	1	20,54	1
5	45,03	5	40,07	3
6	35,02	2	41,53	4
7	40,25	3	38,70	2
8	40,34	4	48,32	5
9	56,30	6	50,59	6

Tabelle 1:   *Reading Ease* (RE) und *New Reading Ease Index* (NREI) nach Flesch und Farr, Jenkins & Paterson

5.1.2 Satztiefe

Da die Bestimmung der Satztiefe ein sehr aufwändiges Verfahren ist, wurden für die Analyse aus jedem Text 5 Sätze durch Zufallsauswahl bestimmt. Die durchschnittliche Satztiefe wurde sowohl auf der Basis der maximalen Tiefe D als auch auf der über die Endkette gemittelten Tiefe d errechnet. Die entsprechenden Werte erscheinen in Tabelle 2 unter ST (D) bzw. ST (d).

Das D-Verfahren ergibt – absolut gesehen – höhere Werte, da nur die Tiefe der Konstituente mit der stärksten Regression gewertet wird. Beide Verfahren weisen Text 1 als schwierigsten und Text 9 als leichtesten Text aus.

Text Nr.	ST (D)	Rang	ST(d)	Rang
1	3,6	1	1,98	1
2	2,8	6,5	1,68	5
3	2,8	6,5	1,56	7
4	3,0	3,5	1,78	2
5	2,6	9	1,39	9
6	2,8	6,5	1,64	6
7	2,8	6,5	1,54	8
8	3,0	3,5	1,77	3
9	3,2	2	1,75	4

Tabelle 2: "Satztiefe":   ST(D) = Maximalwerte
ST(d) = über die Endkette gemitelt

5.2   Kontrollverfahren

5.2.1   Cloze-Test

Die ausgewählten Texte wurden zwei Gruppen von Testpersonen vorgelegt: 4 englischen Dozenten (Gruppe 1: ED) und 8 deutschen Anglistikstudenten (Gruppe 2: AS). Die Texte lagen in einheitlicher Form vor (Maschinenschrift, gleich lange Lücken, jedes 6. Wort getilgt). Tabelle 3 zeigt die Ergebnisse der ED-Gruppe.

Gruppe 1 (englische Dozenten) weist zwischen den einzelnen Testpersonen geringfügige Unterschiede in den Treffer-Prozentwerten auf. Die sich aus der Anzahl der Treffer für die verschiedenen Texte ergebenden Schwierigkeits-Rangfolgen wurden mit Hilfe des Rangkorrelationsverfahrens nach Krueger-Spearman (siehe z.B. Clauß & Ebner 1970: 92ff.) verglichen. Der dabei errechnete Rangkorrelationskoeffizient gibt Auskunft darüber, ob sich die Rangfolgen signifikant unterscheiden, d.h. ob die Unterschiede nicht nur zufälliger Art sind. Korrelationskoeffizienten können Werte zwischen −1 und +1 annehmen. Der Wert −1 bedeutet ein gegensätzliches Abhängigkeitsverhältnis, +1 bedeutet völlige Übereinstimmung, und 0 (Null) deutet auf völlige Unabhängigkeit der Rangfolgen hin.

Text	ED 1		ED 2		ED 3		ED 4		Σ ED	
	%	Rang	%	Rang	%	Rang	%	Rang	%	Rang
1	58,6	6	74,1	6	72,4	7	74,1	7	69,8	7
2	72,4	9	75,9	7,5	74,1	8	77,6	8	75,0	8
3	63,8	8	75,9	7,5	77,6	9	84,5	9	75,5	9
4	43,9	1	61,4	1	57,9	2	61,4	2	56,2	2
5	49,1	3	63,2	3	59,7	3	63,2	3	58,8	3
6	56,9	5	65,5	4	60,3	4	63,8	4	61,6	4
7	44,9	2	62,1	2	55,2	1	53,5	1	53,9	1
8	54,4	4	73,7	5	63,2	5	70,2	6	65,4	5
9	60,3	7	77,6	9	65,5	6	69,0	5	68,1	6

Tabelle 3:   Cloze: ED-Gruppe (englische Dozenten)

In diesem Falle sind die Unterschiede auf dem 5%-Niveau nicht signifikant, d.h. man kann mit einer Wahrscheinlichkeit von 95% annehmen, dass sie nur durch Zufall zustande gekommen sind. Die Gruppe kann somit als homogen angesehen werden. Die Treffer der verschiedenen Testpersonen werden deshalb für jeden Text zu einem Wert (Σ ED) zusammengefasst.

Die Homogenität der Gruppe 2 (Anglistikstudenten) ist geringer als die der Gruppe 1. Da die Unterschiede zwischen den Schwierigkeits-Rangfolgen der einzelnen Testpersonen jedoch ebenfalls nicht signifikant sind, können auch die Ergebnisse dieser Gruppe zusammengefasst werden. Die entsprechenden Werte sind in Tabelle 4 in der Spalte (Σ AS) zu finden.

Der Vergleich der Gruppe 2 mit der Gruppe 1 zeigt, dass letztere – wie zu erwarten war – durchschnittlich 20 Prozentpunkte mehr erzielte, dass jedoch die Rangfolgen der Texte sich nicht signifikant unterscheiden (Rangkorrelationskoeffizient 0,87).

T e x t	AS 1		AS 2		AS 3		AS 4	
	%	R	%	R	%	R	%	R
1	60,3	9,5	55,2	7	53,4	8,0	58,6	8,0
2	60,3	9,5	65,5	9	36,2	4,0	51,7	7,0
3	56,9	8,0	58,6	8	58,6	9,0	62,1	9,0
4	39,7	3,5	31,0	1	29,3	1,0	39,7	2,5
5	35,1	2,0	50,9	5	31,6	2,0	28,1	1,0
6	41,4	7,0	34,5	2	34,5	3,0	44,8	5,5
7	32,8	1,0	50,0	4	41,4	5,5	39,7	2,5
8	40,4	6,0	54,4	6	49,1	7,0	40,4	4,0
9	39,7	3,5	44,8	3	41,4	5,5	44,8	5,5

T e x t	AS 5		AS 6		AS 7		AS 8		Σ AS	
	%	R	%	R	%	R	%	R	%	R
1	58,6	7	62,1	8	60,3	8,0	51,7	7	57,5	8
2	62,1	8	51,7	7	48,3	6,0	53,5	8	53,7	7
3	63,8	9	67,2	9	70,7	9,0	63,8	9	62,7	9
4	36,2	5	37,9	2	37,9	2,0	29,3	2	35,1	1
5	36,8	6	40,4	3	36,8	1,0	35,1	3	36,8	2
6	25,9	1	46,6	4	44,8	3,5	25,9	1	37,3	3
7	27,6	2	29,3	1	44,8	3,5	36,2	4	37,7	4
8	33,3	4	47,4	5	52,6	7,0	49,1	6	45,8	6
9	31,0	3	50,0	6	46,6	5,0	37,9	5	42,0	5

Tabelle 4: Cloze / AS-Gruppe (deutsche Anglistik-Studenten; R = Rang)

Deshalb wurden die Ergebnisse beider Gruppen für jeden Text zu einem einzigen Cloze-Ergebnis zusammengefasst (Tabelle 5).

Text	1	2	3	4	5	6	7	8	9
%	63,2	64,4	69,1	45,7	47,8	49,5	45,8	55,6	55,1
Rang	7	8	9	1	3	4	2	6	5

Tabelle 5:   Gesamtergebnis Cloze

5.2.2 Einschätzung der Schwierigkeit

Die 9 ausgewählten Texte wurden drei Gruppen von Studenten zur subjektiven Beurteilung der Schwierigkeit vorgelegt. Gruppe 1 (DI) bestand aus 8 deutschen Studenten der Ingenieurwissenschaften (Teilnehmer eines fachsprachlichen Englischkurses an der TU Braunschweig). Gruppe 2 (EI) umfasste 8 englische Ingenieurstudenten (Teilnehmer eines Deutschkurses am Imperial College of Science and Technology, London). In Gruppe 3 (AD) waren 6 amerikanische Studenten verschiedener Fachrichtungen (Teilnehmer eines Deutschkurses an der TU Braunschweig) zusammengefasst.

Die Versuchspersonen wurden gebeten, die Schwierigkeit jedes Textes auf einer dezimal unterteilten 5er-Skala zu markieren. Durch Rangkorrelation wurde wieder die Homogenität der Ergebnisse jeder Gruppe überprüft. Die Einschätzungen von Bewertern, die in ihrem Urteil extrem von dem der anderen Personen ihrer Gruppe abwichen, wurden nicht berücksichtigt. Aus der DI-Gruppe wurde ein, aus der EI-Gruppe wurden zwei und aus der AD-Gruppe drei Bewerter gestrichen. Die Ergebnisse sind in den Tabellen 6-8 enthalten. Auch hier wurden die Gruppen-Werte wieder zu einem Wert pro Gruppe zusammengefasst. Diese finden sich in den jeweils äußersten rechten (mit Σ DI, Σ EI bzw. Σ AS bezeichneten) Spalten der Tabellen 6-8.

T e x t	DI 1		DI 2		DI 3		DI 4	
	x_1	R	x_2	R	x_3	R	x_4	R
1	3,0	6,0	1,9	8,0	1,8	8	1,0	8,5
2	3,2	5,0	1,8	9,0	2,1	7	3,0	4,0
3	2,5	9,0	2,3	7,0	1,3	9	1,0	8,5
4	3,6	1,5	4,1	1,0	3,5	4	5,0	1,0
5	3,6	1,5	3,7	3,5	3,9	2	4,0	2,0
6	2,7	7,5	3,9	2,0	3,7	3	3,0	4,0
7	3,4	3,0	3,5	5,0	4,2	1	2,0	6,5
8	2,7	7,5	3,3	6,0	3,3	5	2,0	6,5
9	3,3	4,0	3,7	3,5	3,1	6	3,0	4,0

T e x t	DI 5		DI 6		DI 7		Σ DI	
	x_5	R	x_6	R	x_7	R	0	R
1	1,9	9,0	2,0	7,0	2,0	7,5	1,9	8
2	2,1	7,5	2,5	5,0	2,0	7,5	2,4	7
3	2,1	7,5	1,5	9,0	1,0	9,0	1,7	9
4	3,1	1,0	3,5	1,5	4,0	1,5	3,8	1
5	2,6	4,0	3,5	1,5	3,0	3,5	3,5	2
6	2,9	2,5	3,0	3,5	4,0	1,5	3,3	3
7	2,9	2,5	3,0	3,5	3,0	3,5	3,1	4
8	2,4	5,5	2,0	7,0	2,7	5,0	2,6	6
9	2,4	5,5	2,0	7,0	2,5	6,0	2,9	5

Tabelle 6: Einschätzung der Schwierigkeit: DI-Gruppe
(deutsche Ingenieurstudenten; R = Rang)

T e x t	EI 1		EI 2		EI 3		EI 4		EI 5		EI 6		Σ EI	
	x_1	R	x_2	R	x_3	R	x_4	R	x_5	R	x_6	R	0	R
1	1,5	9,0	2,0	9,0	2,1	8,0	1,2	9	2,6	9,0	1,8	9,0	1,9	9
2	1,8	8,0	2,5	8,0	1,8	9,0	1,7	7	3,3	8,0	2,4	8,0	2,3	8
3	2,0	7,0	3,0	6,0	3,0	6,5	1,5	8	3,9	5,5	3,0	7,0	2,7	7
4	4,0	1,5	5,0	1,5	4,0	1,0	4,5	1	3,9	5,5	4,0	1,5	4,2	1
5	3,5	3,0	5,0	1,5	3,9	2,0	4,0	2	4,1	2,0	4,0	1,5	4,1	2
6	4,0	1,5	4.0	4,0	3,7	4,0	3,2	4	4,1	2,0	3,9	3,5	3,8	3
7	3,2	4,5	4,5	3,0	3,0	6,5	3,0	5	3,7	7,0	3,3	6,0	3,5	5
8	2,7	6,0	3,0	6,0	3,8	3,0	2,7	6	4,0	4,0	3,9	3,5	3,4	6
9	3,2	4,5	3,0	6,0	3,3	5,0	3,8	3	4,1	2,0	3,7	5,0	3,6	4

Tabelle 7:   Einschätzung der Schwierigkeit: EI-Gruppe
(englische Ingenieurstudenten; R = Rang)

T e x t	AD 1		AD 2		AD 3		Σ AD	
	x_1	Rang	x_2	Rang	x_3	Rang	0	Rang
1	1,1	8	1,5	8,5	2,0	7,5	1,6	8,0
2	1,8	4	2,5	5,0	2,0	7,5	2,1	6,0
3	1,0	9	1,5	8,5	2,0	7,5	1,5	9,0
4	2,7	2	2,6	3,0	3,0	2,5	2,7	3,0
5	1,5	6	2,5	5,0	3,0	2,5	2,3	4,5
6	3,0	1	3,4	2,0	3,0	2,5	3,1	1,0
7	1,5	6	1,6	7,0	2,0	7,5	1,7	7,0
8	1,5	6	2,5	5,0	3,0	2,5	2,3	4,5
9	2,3	3	3,6	1,0	2,5	5,0	2,8	2,0

Tabelle 8:   Einschätzung der Schwierigkeit: AD-Gruppe
(amerikanische Deutschkursteilnehmer)

Die Ergebnisse der drei Gruppen korrelieren miteinander wie folgt (Tabelle 9):

	DI	EI	AD
DI		0,93	0,70
EI	0,93		0,73
AD	0,70	0,73	

Tabelle 9: Einschätzung der Schwierigkeit: Korrelation der Gruppen-Werte
(Rangkorrelationskoeffizienten nach Krueger-Spearman)

Da es beim Vergleich der Ergebnisse aller drei Gruppen keine signifikanten Rangunterschiede gibt, werden die Ergebnisse zu einem einzigen Schätzwert (SW) 0 zusammengefasst (Tabelle 10):

Text	1	2	3	4	5	6	7	8	9
0	1,78	2,25	1,97	3,61	3,29	3,42	2,76	2,77	3,06
Rang	9	7	8	1	3	2	6	5	4

Tabelle 10: Einschätzung der Schwierigkeit
Gruppenübergreifende Schätzwerte

6. Vergleich der Ergebnisse

Die folgende Tabelle (Tabelle 11) stellt die mit allen Verfahren ermittelten Rangwerte für die 9 Texte zusammen.

Text	Rangfolge					
	FL	F-J-P	ST(D)	ST(d)	CL	SW
1	7	7	1,0	1	7	9
2	8	8	6,5	5	8	7
3	9	9	6,5	7	9	8
4	1	1	3,5	2	1	1
5	5	3	9,0	9	3	3
6	2	4	6,5	6	4	2
7	3	2	6,5	8	2	6
8	4	5	3,5	3	6	5
9	6	6	2,0	4	5	4

Tabelle 11:　　　Vergleich der Verfahren: Rangfolgen
FL = Flesh, F-J-P = Farr, Jenkins & Paterson
ST(D) = maximale Satztiefe, ST(d) = mittlere Satztiefe
CL = Cloze, SW = Einschätzung der Schwierigkeit

Korreliert man jede der sechs Rangfolgen mit den übrigen fünf, so ergibt sich folgende Matrix von Korrelationskoeffizienten (Tabelle 12).

	FL	F-J-P	ST(D)	ST(d)	CL	SW
FL		0,92	0,04	0,07	0,88	0,80
F-J-P	0,92		-0,10	-0,12	0,98	0,75
ST(D)	0,04	-0,10		0,90	-0,07	-0,13
ST(d)	0,07	-0,12	0,90		-0,13	-0,08
CL	0,88	0,98	-0,07	-0,13		0,77
SW	0,80	0,75	-0,13	-0,08	0,77	

Tabelle 12:　　　Vergleich der Verfahren: Korrelationsmatrix
(Krueger-Spearman)
(Abkürzungen siehe Tabelle 11)

Es zeigt sich, dass die beiden Lesbarkeits-Formeln, der Cloze-Test und die Schätzung der Schwierigkeit die 9 Texte in nicht wesentlich voneinander abweichenden Rangfolgen anordnen. Abweichungen sind auf dem 5%-Niveau nicht signifikant und alle Korrelationskoeffizienten liegen über dem Zufallshöchstwert von 0,6. Signifikante Unterschiede gibt es dagegen zu den Ergebnissen der Satztiefenberechnungen ST (D) und ST (d). Lediglich der Vergleich der Ergebnisse der beiden Satztiefenberechnungen untereinander ergibt (erwartungsgemäß) mit einem R = 0,9 eine hohe Übereinstimmung.

7. Schluss und Ausblick

Es konnte gezeigt werden, dass seit langem bekannte, jedoch in Deutschland etwas in Vergessenheit geratene Lesbarkeits-Formeln ebenso gut geeignet sind, die Schwierigkeit eines Lehrtextes zu ermitteln wie die wesentlich aufwändigeren Verfahren Cloze-Test und Einschätzung durch den Leser. Offenbar sind die beiden leicht erfassbaren Parameter Wort- und Satzlänge ausreichend empfindliche Indikatoren für die Schwierigkeit auch von naturwissenschaftlichen Texten niedriger Fachlichkeitsstufe. Dagegen erwies sich ein Verfahren zur Quantifizierung der Komplexität der Konstituentenstruktur (Satztiefe) als ungeeignet für diesen Zweck.

Wenn wir auf die Titelfrage – Kann man die Schwierigkeit eines Textes einfach ausrechnen? – zurückkommen, sollte man sie vorsichtig bejahen, aber vielleicht das "einfach" streichen. Vorsichtig deshalb, weil wir nicht wissen, welchen Einfluss der Wortschatz eines Textes hohen Spezialisierungsgrades, der ja nicht unmittelbar in die Berechnung eingeht, auf die Schwierigkeit hat. Das "einfach" sollte man deshalb streichen, weil in diesem Falle eine Lesbarkeits-Formel, die die wirkliche Wortfrequenz (eventuell sogar die im Lexikon des betreffenden Fachs) berücksichtigt, geeigneter erscheint als eine, die sich auf das Zipfsche Gesetz (inverses Verhältnis zwischen Wortlänge und -frequenz) verlässt und lediglich die Wortlänge erfasst. Die Gültigkeit dieses Gesetzes scheint in diesem Bereich nämlich zweifelhaft zu sein. Das führt jedoch zu ungemein komplizierten Berechnungsverfahren, es sei denn, man führt die ganze Sache automatisch durch. Aber das liegt ja durchaus im Bereich unserer heutigen Möglichkeiten. Und mit dem C-Test besitzen wir ein vorzügliches Kalibrierungsinstrument. Worauf warten wir also?

8. Literaturverzeichnis

Anderson, J. (1983). LIX and RIX: variations on a little-known readability index. *Journal of Reading* 26, 490-496.

Anderson, J. (1983). Research note: readability in the classroom revisited; amendments and additions to the STAR readability program. *Journal of Research in Reading* 6, 57-61.

Bjoernsson, C.H. (1983). Readability of newspapers in 11 languages. *Reading Research Quarterly* 18, 480-497.

Bormuth, J. R. (1966). Readability: a new approach. *Reading Research Quarterly* 1, 79-132.

Bung, P. (1977). *Systematische Lehrwerkanalyse*. Kastellaun, A. Henn Verlag.

Clauß, G. & Ebner, H. (1970). *Grundlagen der Statistik für Psychologen, Pädagogen und Soziologen*. Berlin, Volk und Wissen.

Christensen, G. J. (1997). *Readability*.
http://www.csun.edu/~vcecn006/read1.htm.

Dale, E. & Chall, J. S. (1948). A formula for predicting readability. *Education Research Bulletin* 27, 11-20 & 37-54.

Farr, J. et al. (1951). Simplification of Flesh reading ease formula. *Journal of Applied Psychology* 35, 333-337.

Flesh, R. F. (1948). A new readability yardstick. *Journal of Applied Psychology* 32, 221-233.

Gunning, R. (1952). *The technique of clear writing*. New York, McGraw-Hill.

Klare, G. R. (1963). *The measurement of readability*. Ames, Iowa, Iowa State University Press.

Klare, G. R. (1985). *How to write readable English*. New York, Hutchinson.

Klein-Braley, C. (1994). *Language testing with the C-Test: A linguistical and statistical investigation into the strategies used by C-Test takers, and the prediction of C-Test difficulty*. Habilitationsschrift Universität Duisburg.

Klein-Braley, C. & Raatz, U. (1982). Der C-Test: ein neuer Ansatz zur Messung allgemeiner Sprachbeherrschung. *AKS-Rundbrief* 4, 23-37.

Lively, B. L. & Pressey, S. L. (1923). A method for measuring the 'vocabulary burden' of textbooks. *Educational Administration and Supervision* 9, 389-398.

Martin, E. & Roberts, K. H. (1966). Grammatical factors in sentence retention. *Journal of Verbal Learning and Verbal Behavior* 2, 346-351.

McAdams, K. C. (1993). Readability reconsidered: A study of reader reactions to Fog Indexes. *Newspaper Research Journal* 13-14, 4, 50-59.

McLaughlin, H. (1969). SMOG grading - a new readability formula. *Journal of Reading* 22, 639-646. Eine Windows-Anwendung zur automatischen Berechnung einer abgewandelten Version des SMOG-Index ist erhältlich unter http://www.inclusive-technology.com/catalog/smog.shtml

Mehler, J. (1963). Some effects of grammatical transformations on the recall of English sentences. *Journal of Verbal Learning and Verbal Behavior* 2, 346-351.

Mihm, A. (1973). Sprachstatistische Kriterien zur Tauglichkeit von Lesebüchern. *Linguistik und Didaktik* 4, 117-127.

Renström, J. (1980). Texte und Textbehandlung im Deutschunterricht. *Die Unterrichtspraxis for the Teaching of German* 13, 150-155.

Smith, S. (1998). *Readability testing health information.* Verfügbar unter: http://www.prenataled.com/story9.htm

Taylor, W. (1953). Cloze procedure: a new tool for measuring readability. *Journalism Quarterly* 30, 415-433.

Teigeler, P. (o.J.). *Verständlichkeit und Wirksamkeit von Sprache und Text.* Stuttgart, Verlag Nadolski.

Thorndike, E. L. (1921). *The teacher's word book.* New York, Columbia Teachers College.

West, M. (1953). *A general service list of English words with semantic frequencies and a supplementary word-list for the writing of popular science and technology.* London, Longman.

Yngve, V. H. (1960). A model and a hypothesis for language structure. *Proceedings of the American Philological Society* 105 (4), 444-466.

Zipf, G. K. (1949). *Human behavior and the principle of least effort.* New York, Addison-Wesley.

Quellen der untersuchten Texte

Ewer, J. R. & Latorre, G. (1969). *A course in basic scientific English.* London, Longman.

Geißler, E., Mehnert, E. & Petzold, H. (1972). *Maschinenwesen: Englische Lehrtexte für die Ausbildung im englischen Sprachgebrauch des Maschinenbaus und der Technologie der metallverarbeitenden Industrie an Universitäten und Hochschulen.* Leipzig, VEB Verlag Enzyklopädie.

Thornley, G. C. (1964). *Easier scientific English practice.* London, Longman.

TEXTSCHWIERIGKEITSBESTIMMUNG:
HOLISTISCH, EMPIRISCH, PRAKTIKABEL

Udo O.H. Jung

Universität Bayreuth

Mit der Auswahl von Prüfungstexten wird Fremdsprachenlehrern eine große Verantwortung aufgebürdet, besonders dann, wenn es nicht einen einzelnen Text, sondern eine schwierigkeitsmäßig abgestufte Serie von Texten zu finden gilt. In der Regel kommt es zu einer holistischen Einschätzung der Textschwierigkeit, wobei der Austausch mit Kollegen vor Ort als sehr wünschenswert bezeichnet werden muss. Das Verfahren kann durch den Einsatz von Leseformeln optimiert werden. Dies wird am Beispiel von 3 französischen Prüfungstexten gezeigt. Die Ergebnisse der Leseformel werden mit den Urteilen von 28 Französischdozenten an deutschen Hochschulen verglichen. Der kombinierte Einsatz von holistisch und empirisch vorgehenden Verfahren darf als durchaus praktikabel angesehen werden.

1. Einleitung

Jeder Fremdsprachenlehrer kennt das Problem. Wie findet, wie wählt man Prüfungstexte aus, die für die Kandidaten genügend Anregungspotential enthalten? Ist die Aufgabe zu leicht, wird sie von allen Kandidaten gelöst, ist sie zu schwer, wird das Prüfungsziel ebenso verfehlt. Man sollte denken, dass die Fachdidaktik diesem Problem deshalb ihre ganze Aufmerksamkeit gewidmet hätte. Schließlich hängen von den Examina, seien es nun Abitur-, Diplom- oder Staatsprüfungen, Karrieren ab. Dennoch taucht das Schlagwort "Textschwierigkeit" im "Handbuch Fremdsprachenunterricht" (Bausch et al. 1995[3]) nicht auf: Ein nahezu weißer Fleck auf der didaktischen Landkarte. Und fragt man bei Vorstellungsgesprächen den Bewerber, wie er denn die Schwierigkeit von Texten bestimme, so antworten selbst erfahrene Fremdsprachenlehrer sinngemäß: "Aus dem Bauch heraus." Keiner weiß jedoch zu sagen, wie dieses Erfahrungswissen ausgerechnet in diesen Körperteil hineingekommen ist. Mit dem Verfahren des lauten Denkens (Krings 1986) sollte es jedoch möglich sein, ein wenig Licht in dieses Dunkel zu bringen.

Nübold hat in dem vorausgehenden Beitrag das Feld abgesteckt und die Instrumente vorgeführt, mit deren Hilfe eine annäherungsweise Bestimmung der

Schwierigkeit von englischen Fachtexten möglich erscheint. Er weist zu Recht darauf hin, dass die holistische Einschätzung der Textschwierigkeit durch mehrere Versuchspersonen ein aufwendiges Verfahren ist, auch wenn hinzugefügt werden muss, dass im Zeitalter des Internets so manche Prozedur beschleunigt werden kann. Wollte eine Vereinigung von Sprachenzentren wie der AKS (Arbeitskreis der Sprachenzentren) zentral gesteuerte Prüfungen seines UNICERT (Voss 1997) durchführen, das Internet mit seiner informationstechnischen Infrastruktur böte sich für Musterung und Auswahl der Texte an. Zum gegenwärtigen Zeitpunkt erfolgt die Textauswahl jedoch dezentral, nicht selten durch einen einzelnen Hochschuldozenten, der auch schon mal gezwungen ist, mit der Stange im Nebel herumzustochern, weil er seinen Dienst übergangslos antreten musste und die am neuen Dienstort geltenden Maßstäbe nicht verinnerlicht hat, weil er die Qualität des vorausgegangenen Unterrichts nicht einschätzen kann, weil er die Testpersonen nicht kennt, weil er in seiner Ausbildungszeit das Stichwort "Textschwierigkeit" nie gehört hat, etc. etc. In einer solchen Situation ist jedes Verfahren willkommen, das geeignet erscheint, auf einer intersubjektiv überprüfbaren Basis die Schwierigkeit von Texten zu eruieren und damit jenes unvermeidbare Willkürelement, das Prüfungen anhaftet, zu reduzieren.

Unter den von Nübold angeführten ist auch eine, LIX genannte, Lesbarkeitsformel, die sich für nicht-englische Texte eignet und offenbar auch nicht für andere Sprachen adaptiert werden muss. Für das Deutsche hat Mihm übrigens 1973 eine Anpassung der Flesch-Formel vorgenommen. Die LIX-Formel soll im folgenden auf 3 französische Texte angesetzt und mit den schriftlich eingeholten Urteilen von Hochschuldozenten verglichen werden. Der Leser ist eingeladen, seine eigene Einschätzung der Textschwierigkeit mit der zu vergleichen, die die am Versuch beteiligten Hochschullehrer und die LIX-Formel ermittelt haben.

2.   Die Prüfungssituation

Gegeben seien drei verschiedene Gruppen von Prüfungskandidaten. Gruppe I ist ohne oder mit nur geringen Schulkenntnissen, die nach einer Einstufung allerdings honoriert wurden, zur Universität gekommen und hat dort ca. 8 Semester Französischunterricht (24 SWS) erhalten. Das Ausbildungsziel lautete "Kommunikationsfähigkeit". Die Gruppen II und III verfügten über mindestens 5 Jahre Schulfranzösisch und wurden ebenfalls 8 Semester lang, jedoch in einem vom ersten völlig getrennten Ausbildungsstrang (16 SWS) unterrichtet. Gruppe III hatte darüber hinaus von der Option Gebrauch gemacht, im Rahmen des Vorkenntnisausbildungsstrangs eine fachsprachliche Spezialisierung für angehende Juristen zu absolvieren. In diesem Fall lautete das Ausbildungsziel "Verhandlungsfähigkeit". Eine für alle 3 Gruppen gleiche Teilprüfung verlangt die Übersetzung eines französischen Textes ins Deutsche. Hier soll nun nicht erneut die Frage aufgeworfen werden, ob die Übersetzung einen sinnvollen Platz im Fremdsprachenunterricht reklamieren darf (Königs 2001[3]). Es geht stattdessen darum, den 3 Gruppen die für sie passenden Texte zuzuweisen. Den Kandidaten der Gruppe I kann nicht derselbe Schwierigkeitsgrad zugemutet werden wie denen der Gruppen II und III.

3. Die Prüfungstexte

Im folgenden sind die 3 Prüfungstexte abgedruckt. Die Abfolge der Texte sollte in dieser Situation nicht als Präjudiz für eine Rangfolge gedeutet werden. Es handelt sich um Zeitungsausschnitte, die ihrer *Authentizität* wegen gerne für Prüfungen herangezogen werden. Sie empfehlen sich darüber hinaus auch wegen ihrer *Aktualität*, ihrer ausdrucksseitigen *Prägnanz* und der *landeskundlichen Information*, die sie meist transportieren.

Text A

Vacances, attention aux pièges

Les mauvaises surprises de l'été ont toujours alimenté les conversations de rentrée et le courrier des associations de consommateurs. Si les vacances restent un moment privilégié pour les Français, elles sont aussi pour certains propriétaires peu scrupuleux l'occasion de s'enrichir. Tant qu'il y aura des hommes - et des femmes - pressés de partir au point d'en oublier la prudence la plus élémentaire, les arnaques persisteront. Selon la Direction générale de la concurrence et de la consommation (DGCCRF), le taux d'infraction - 14% - ne varie pas beaucoup d'un été sur l'autre. Et pourtant, les choses évoluent dans le bon sens : les arnaques les plus voyantes ont tendance à diminuer ... pour être remplacées par de petites tromperies et de nouvelles filouteries.

Au hit-parade des plaintes enregistrées par l'association UFC-Que choisir, le voyage vient juste après les téléphones portables et les problèmes bancaires.

Depuis que la DGCCRF organise ses opérations coups de poing l'été, les margoulins semblent avoir modéré leurs ardeurs. Bon an mal an, 2000 agents effectuent 150 000 contrôles, dressent près de 4 500 procès-verbaux et donnent 15

000 avertissements dans 38 départements. La pêche est souvent miraculeusement inquiétante : des tonnes de nourriture avariée détruites, des commerces épinglés, des hôtels fermés. Grâce à cette surveillance, la maîtrise de la chaîne du froid s'améliore, la qualité des huiles de friture également.

La législation française, elle aussi, protège bien mieux le consommateur. Ainsi, le nombre de litiges concernant les locations saisonnières a baissé. « Il y en a beaucoup moins que dans les années 80 », affirme Arnaud de Blauwe, de Que choisir.

Les voyages à forfait sont, eux aussi, mieux protégés, grâce à la loi de 1992, qui rend les agents de voyages seuls responsables des mauvaises prestations. Mais ce dispositif comporte des failles que le développement des nouvelles technologies a particulièrement mis en lumière. « Commander par Internet un séjour à un tour-opérateur qui ne dépend pas de l'Union européenne comporte des risques. En cas de litige, il est difficile de faire valoir ses droits », prévient Sylvain Deshayes, du mensuel 60 Millions de consommateurs. « Plus grave, ajoute-t-il, parfois le vendeur, sans adresse ni téléphone, n'est même pas identifiable. »

Agaçantes, mais souvent bénignes, les mesquineries se multiplient : photos d'hôtels magnifiées dans les brochures, suppression de prestations - excursions, nuitées ou repas - pour cause de retard d'avion, difficulté à faire jouer l'assurance annulation. Certaines mésaventures sont réservées aux moins fortunés, punis d'avoir profité d'une promotion : « A l'hôtel, on m'a d'abord donné une chambre située au-dessus de la discothèque, puis une autre donnant sur la route. On m'a ensuite proposé un bungalow sans électricité. J'ai finalement préféré bercer mes nuits de techno », raconte Nora avec humour. Des procédés aujourd'hui inadmissibles...

Le constat est unanime : les consommateurs sont devenus très exigeants. « Si nos contrôles sont de plus en plus sévères, c'est parce que les vacanciers nous poussent dans cette direction », reconnaît ainsi Alain Habert, responsable de l'opération vacances à la DGCCRF. Il n'est donc pas étonnant que le nombre de plaintes augmente, alors même que celui des grosses infractions diminue.

Text B

Les enfants privés de pub à la télé ?

Les poupées Barbie seront-elles privées de pub à la télé ? Les Pokémon, bannis des écrans sous prétexte qu'ils poussent les enfants à la consommation ? Pour la première fois en France, un député, Jean-Marie Le Guen, préconise, dans un rapport sur la télévision rendu public au début d'avril, l'interdiction des coupures publicitaires pendant les émissions destinées à la jeunesse. Les zappeurs juniors subissent aujourd'hui une avalanche de spots : les 4-14 ans ingurgitent deux heures de télé par jour, dont un quart d'heure de publicité. (...)

Doit-on protéger les enfants contre un flot de spots ou, au contraire, faire confiance à leur esprit critique ? Depuis plusieurs années, le camp des antipub – parents, enseignants, ou psychologues – dénonce l'influence grandissante de la publicité sur les consommateurs en culottes courtes : avant l'âge de 10 ans, un petit ne peut pas faire la différence entre un spot et une émission, martèlent-ils. Déjà, en Belgique, la promo pour enfants est interdite cinq minutes avant et après les programmes qui leur sont destinés. En Suède, la publicité pour les moins de 12 ans est refusée à la télévision. Aux Pays-Bas, les chaînes publiques ne peuvent pas couper par des écrans de pub des programmes s'adressant aux enfants.

Evidemment, les publicitaires crient à la censure. (...) Mobilisés au côté de l'AACC, le Syndicat national de la publicité télévisée (SNPTV), les annonceurs et les producteurs de films d'animation militent ces jours-ci contre toute interdiction de la pub TV pour les enfants.

En quelques années, l'enfant est devenu la cible la plus prisée des hommes du marketing, tant la puissance d'achat qu'il représente impressionne. Ce miniacheteur impose ses marques, choisit la couleur du break familial, donne son avis sur la couleur du produit à vaisselle, et gère une petite fortune : plus d'un tiers des 2-10 ans reçoivent de l'argent de poche pour une somme globale annuelle de 1,2 milliard de francs. Une manne dont les publicitaires n'ont pas envie de se priver. (...) Du coup, les publicitaires flattent la cible des juniors, qui permet de toucher les adultes par ricochet.] « Dès la maternelle, l'enfant est prescripteur, et son champ d'influence va s'élargissant, observe Joël-Yves Le Bigot, président de l'Institut de l'enfant, qui étudie les petits et aide les entreprises à mieux les cerner. C'est devenu un partenaire. Les parents d'aujourd'hui l'écoutent beaucoup plus qu'on ne le faisait autrefois. » Selon l'Institut de l'enfant, 80% des mamans accordent de l'importance à l'avis de leur progéniture, et les deux tiers achètent le produit que celle-ci réclame. (...)

« La pub entraîne des frustrations chez les jeunes qui, de plus en plus, veulent tout et tout de suite, dit à L'Express la psychologue Monique Brachet-Lehur (*Les écrans dévorent-ils vos enfants ?*, Fleurus). Mais la prohiber ne sert à rien. Il vaut mieux montrer aux enfants que toute image porte un message de consommation. » Dans cet esprit, la Confédération nationale des familles catholiques a créé un groupe de travail, « Publicité et enfant », au Conseil national de la consommation. Composé de professionnels et de consommateurs, le groupe a rendu ses conclusions au ministère de l'Economie et des Finances en octobre dernier.

Parmi ses propositions : une Semaine de la pub dans les écoles, et la création d'une commission de concertation entre téléspectateurs et professionnels au Bureau de vérification de la publicité. « C'est un leurre de vouloir supprimer la réclame, affirme Nathalie Guichard, professeur de gestion à la Sorbonne, auteur de

Publicité télévisée et comportement de l'enfant (Economica). Si ce n'est pas à la télé, les enfants la trouveront ailleurs, sur des affiches ou dans les magasins. Mieux vaut leur donner des armes pour la maîtriser et la décrypter. »

Pour l'instant, en France, un décret de 1992 interdit à un spot d'« inciter les mineurs à persuader leurs parents ou des tiers d'acheter les produits ou les services concernés ». Mais la directive Télévision sans frontières, qui définit le cadre réglementaire de la publicité télévisée en Europe et sera réexaminée au printemps 2002, pourrait durcir la législation. Déjà, les publicitaires affûtent leurs arguments : selon le SNPTV, 94 % des recettes des campagnes télévisées visant les enfants sont investis dans la production de programmes pour la jeunesse. « Sans les revenus de la publicité enfantine, prévient Jacques Bille, à la tête de l'AACC, les chaînes se mettront à importer des programmes japonais de moins bonne qualité, certainement plus agressifs que la publicité pour enfants. »

AACC : Association des agences-conseils en communication

Text C

La justice administrative tend à élargir le domaine de responsabilité de l'Etat

Le 2 mai, le tribunal administratif de Rennes condamnait l'Etat pour avoir failli à sa mission de prévention de pollution des eaux par les nitrates dans le district de Guingamp (Côtes-d'Armor). Il y dix ans, un tel jugement aurait été inimaginable. Les agriculteurs auraient été mis en cause pour avoir rejeté les fertilisants des cultures contenant de l'azote. La société distributrice d'eau se serait vu reprocher de ne pas avoir alerté à temps les services d'hygiène, alors qu'elle voyait grimper les indices de pollution. Mais l'Etat n'aurait pas été inquiété.

L'engagement de la responsabilité de la puissance publique a longtemps reposé sur la seule faute « lourde ». Désormais, les juges administratifs retiennent fréquemment une faute simple pour le condamner. C'est avec l'affaire du sang contaminé qu'un pas décisif a été franchi dans ce sens. Dans son fameux arrêt du 9 avril 1993, le Conseil d'Etat déclarait ainsi l'Etat responsable au titre d'une faute simple, commise dans son pouvoir de police sanitaire, pour s'être abstenue, après qu'un risque grave de contamination avait été établi, de prendre toute mesure de réglementation et de contrôle de la production et de la distribution des dérivés sanguins en cause.

Les juges du Palais-Royal ont développé un raisonnement similaire, en 1997, pour la catastrophe du Grand-Bornand, qui avait entraîné la mort ou la disparition de 23 personnes en 1987. Selon le Conseil d'Etat, le préfet n'aurait pas dû accorder l'autorisation d'ouverture d'un terrain de camping sans s'être d'abord assuré que la sécurité était garantie. Dans cette affaire, les juges administratifs ont refusé de considérer la crue du torrent comme imprévisible, écartant ainsi le

« cas de force majeure » et le « fait du tiers ». Ils ont condamné l'administration à réparer les conséquences « dommageables » de son action en matière de police administrative.

La condition d'une faute lourde s'expliquait, hier, par la volonté du juge d'accorder à l'administration une sorte de franchise de responsabilité, en raison des difficultés de son action. Aujourd'hui, ces considérations tendent de plus en plus à s'effacer devant la préoccupation de protéger les intérêts des administrés. L'exigence d'une faute lourde tombe de plus en plus en désuétude. Au nom de l'égalité devant les charges publiques, la responsabilité de la puissance publique peut même, aujourd'hui, être reconnue sans faute, le juge prenant en compte l'anormalité du préjudice en tant que tel pour établir la responsabilité de l'administration. Le Conseil d'Etat est allé, en 1995, jusqu'à condamner un office d'HLM à indemniser un pharmacien qui avait perdu l'essentiel de sa clientèle à la suite de la fermeture de dix tours d'habitation dans le quartier des Minguettes, à Vénissieux (Rhône) !

L'administration se doit, désormais, de réparer le préjudice causé par son action, même régulière. Lorsque dans un but d'intérêt général, elle prend un risque, qui se réalise, ou fait supporter une charge particulière – prévisible – à certains administrés, le juge estime inéquitable que le dommage qui en résulte reste à la charge de la personne subissant le préjudice.

Die Frage, die sich nun stellt und die auch den Französischabteilungen der dem AKS angeschlossenen Sprachenzentren vorgelegt wurde (Fragebogen im Anhang), lautete:

"Unterscheiden sich die Texte nach dem Schwierigkeitsgrad?"

"Kann man die Texte der Schwierigkeit nach in eine klare Reihenfolge bringen?"

Der Leser möge nun sein Urteil fällen und es sodann mit dem jener Französischdozenten vergleichen, die sich dankenswerterweise an der Untersuchung beteiligten.

4. Ergebnisse

Die Texte wurden von insgesamt 28 Französischdozenten aus 15 deutschen Hochschulen bewertet, darunter Professoren, Abteilungsleiter, Lektoren, Lehrkräfte für besondere Aufgaben. Die Zahl der Bewerter/Rater entspricht übrigens den Normungszahlen derer, die LIX entworfen haben. In einigen wenigen Fällen wurde angezeigt, dass eine eindeutige Zuordnung zu einer bestimmten Schwierigkeitsstufe nicht möglich schien. Die Rater setzten ihr Kreuzchen genau auf die Trennlinie zwischen den Stufen. In diesen Fällen erhielt jede der beiden Kategorien ein Votum. Es gibt deshalb mehr Voten als Rater. Leider war einer der Fragebogen nicht auswertbar. Das Gesamtergebnis der Rater sieht folgendermaßen aus:

	Schwierigkeitsstufe 1	Schwierigkeitsstufe 2	Schwierigkeitsstufe 3
Text A	7	16	5
Text B	16	10	1
Text C	3	2	22

Es zeigt sich hier, dass eine relativ große Einmütigkeit hinsichtlich der Einschätzung von Text C besteht. Er wird – von wenigen Ausnahmen abgesehen – grundsätzlich der Schwierigkeitsstufe 3 zugeordnet. Und soweit eine Zuordnung zu den UNICERTstufen (Eggensperger & Fischer 1999) vorgenommen werden konnte, war die Mehrheit der Meinung, UNICERT Stufe 4 sei angemessen, in einem Fall freilich mit dem Zusatz "dann aber leicht".

Ebenso deutlich fällt das Urteil über die Texte A und B aus. A gilt als der schwierigere Text. In 5 Fällen wurde er sogar in die schwierigste Kategorie 3 eingestuft. Insgesamt 21 Rater stufen ihn als schwer oder sehr schwer ein. Von Text B glauben dies nur 10 Rater. Umgekehrt sind 16 Rater der Meinung, B sei der leichtere Text, was von Text A nur 7 Rater glauben.

So eindeutig das Votum auch ausfällt, man muss auch eine beträchtliche Varianz konstatieren. Und die Trennlinien laufen manchmal quer durch einzelne Sprachenzentren. Für die Prüfungskandidaten ist dies von großer Bedeutung. Je nachdem, an welchen Prüfer sie geraten, erhalten sie einen Text, der für sie zu leicht oder zu schwer ist, es sei denn die Prüfer führten regelmäßig Abgleichungen mit dem Ziel der Vergrößerung der Inter-Rater-Reliabilität durch.

Die Rater wurden auch gebeten anzugeben, nach welchen Kriterien sie die Texte beurteilt hatten und diese Kriterien dann in eine Rangfolge zu bringen. Es wurden einige Hinweise auf mögliche Kriterien gegeben, die Skala war aber völlig offen und ergänzbar.

Die Auswertung dieses Fragebogenteils förderte wenig Überraschendes oder Detailliertes zutage. Genannt wurden folgende Kriterien: Inhalt, Kohärenz, Landeskunde, Lexik, Morphologie, Satzlänge, Syntax, Terminologie. Die Rangfolge dieser Kriterien sieht so aus:

Platz 1:	Lexik
Platz 2:	Syntax
Platz 3:	Inhalt
Platz 4:	Landeskunde
Platz 5:	Satzlänge
Platz 6:	Terminologie
Platz 7:	Kohärenz
Platz 7:	Morphologie

Die Kategorien sind nicht scharf voneinander abgrenzbar. Das ist bei offenen Fragen unvermeidbar.

Eine Wiederholungsstudie sollte jedoch auch auf die Nationalität der Rater achten. Nicht alle Rater in unserer Untersuchung waren Muttersprachler des Französischen. Es ist nicht ausgeschlossen, dass die Bewertungskriterien mit Blick auf die sprachliche Herkunft der Rater verschieden sind, ob statistisch relevant oder nicht, das sei dahingestellt.

Wie hilfreich wäre die LIX-Formel in dieser Situation gewesen? Beschränken wir uns auf die Texte A und B, da C keine größeren Probleme zu bereiten scheint. Der LIX-Formel wird von Bamberger & Vanecek (1984: 186) bescheinigt, sie sei "überaus einfach und überraschend treffsicher". Die Formel lautet:

$$LIX = SL + lW$$

Zum Verfahren führen Bamberger & Vanecek (1984: 63) aus: "*Kurze Texte* (weniger als 2000 Wörter) zählt man am besten ganz aus. "

Die Satzlänge (SL) = Gesamtzahl der Wörter dividiert durch die Zahl der Sätze.

Der Prozentsatz langer Wörter (lW) = Zahl der langen Wörter dividiert durch die Gesamtzahl der Wörter mal 100. Lange Wörter sind jene, die mehr als 6 Buchstaben haben.

Die beiden Texte, nach den Regeln der Kunst (s. auch Björnsson 1983) ausgezählt, erzielen LIX-Werte, die sich sehr ähnlich sind. Für Text A wurde ein LIX-Wert von 54,16, für Text B ein LIX-Wert von 55,56 ermittelt. Dies bedeutet, dass der B-Text ein wenig schwerer als der A-Text zu sein scheint. Nach der Auswertungsskala gelten beide als *schwierige* bis *sehr schwierige* Texte. Rater und Formel widersprechen sich also. Wer von beiden nun das feinere Sensorium hat, soll hier aber nicht weiter erörtert werden. Für die praktische Arbeit mit Texten, für die Auswahl und Stufung von Prüfungstexten etwa, ergeben sich jedoch nützliche Hinweise. Sie lauten:

1. Man nutze grundsätzlich zunächst einmal die (auf einen Computer übertragbaren) Kapazitäten der LIX-Formel oder im Falle des Englischen den ebenfalls als sehr verlässlich (Harrison 1980) eingestuften *Reading Ease Score* von Flesch. Im Falle des Englischen steht mittlerweile sogar ein Verfahren (im Internet: petecom@bcs.org.uk) zur Verfügung, das die Frequenz lexikalischer Einheiten berücksichtigt (Harrison & Bakker 1998).

2. Signalisieren die Ergebnisse der LIX-Analyse, dass die Texte sich *nicht sehr stark unterscheiden* – wie im vorliegenden Fall – muss im Detail oder durch Einsatz weiterer Messinstrumente geprüft werden, ob die empirisch-mechanische Urteilsfindung außer Kraft gesetzt werden kann. Kollegiale Kooperation bietet sich überall dort an, wo mehr als ein Dozent tätig ist. Die Prüfungskandidaten haben Anspruch auf eine solche Behandlung.

3. Zeigt die LIX-Analyse an, dass die Texte sich im Schwierigkeitsgrad deutlich unterscheiden, und stimmt somit die empirische Beurteilung mit der holistischen Einschätzung des Raters überein, befindet sich der Prüfer vermutlich auf der sicheren Seite und die Prüflinge ebenso.

5.   Diskussion und Schluss

Nun könnte natürlich jemand auf die Idee kommen und sagen, Textschwierigkeit sei lediglich eine relative Größe. Es wäre unredlich zu verschweigen, dass auch die Prüfungsrandbedingungen über den Schwierigkeitsgrad eines Textes mitbestimmen können. Werden ein- oder zweisprachige Lexika zugelassen oder müssen die Prüflinge auf derartige Hilfsmittel verzichten? Gelegentlich werden

Fachtexte auch durch Randglossen entschärft, um das Textverständnis nicht an ein paar termini technici scheitern zu lassen. Die an den Text anschließenden Aufgabenstellungen sind ein weiteres Mittel, das Ergebnis zu beeinflussen. All dies weiß man nicht erst seit der PISA-Studie. In erweiterter Perspektive gerät das Unterrichtsumfeld in den Blick: Da ist z.B. die Qualität des Lehrpersonals. Handelt es sich bei den Lehrern um *Native Speakers*? Und sind diese *Native Speakers* zu professionellen Fremdsprachenlehrern ausgebildet worden? Wie steht es um die Gruppengrößen im vorausgegangenen Unterricht? In der Kleingruppe lernt es sich besser als in einer anonymen Masse von 80 bis 100 Studenten. Und was lässt sich über die vor- und nachunterrichtlichen Zusatzangebote (Zwillingsprogramme, Selbstlernzentren, Auslandsaufenthalte, internationale Forschungsprojekte) sagen? Ja sogar die Nähe zur Landesgrenze kann ins Feld geführt werden und darüber entscheiden, wie gut oder wie schlecht ein Kandidat mit einem Text zurechtkommt. Die Universität Münster ist mit Blick auf das Niederländische besser positioniert als Bayreuth, wo das Tschechische seine Trümpfe ausspielen kann. Regionale und andere Benachteiligungen lassen sich immer nachweisen. Aber es handelt sich dabei, so könnte man formulieren, um Performanzbedingungen. Die *eigentliche* Textschwierigkeit ist *im* Text zu suchen. Auf einer solchen Argumentationsbasis fußen letztlich auch computeradaptive Tests, die zunächst an der Leistungsfähigkeit von Muttersprachlern geeicht werden und von dort aus Abstufungen finden, um auch Testnehmer zu identifizieren, die über keinerlei Kenntnisse der Zielsprache verfügen (Hill 1991, Arnold 1995).

Der landesweite Einsatz von solchen oder ähnlichen Tests muss natürlich eine Vereinheitlichung der Ausbildungsbedingungen nach sich ziehen. Und selbst dann wird den Prüfern einzelner Institutionen Entscheidungsspielraum eingeräumt werden müssen. Dass dieser Zeitpunkt noch in weiter Ferne liegt, darf jedoch nicht als Argument dafür dienen, bescheidene Verbesserungen bei der Textschwierigkeitsbestimmung, wie sie durch Leseformeln möglich werden, kategorisch aus dem Repertoire des Fremdsprachenlehrers zu verbannen. Verfahrensoptimierung ist im Interesse der Kandidaten und der Prüfer.

6. Literaturverzeichnis

Arnold, J. (1995). ITEMBANKER: an all-purpose test bank for system knowledge testing. *TELL & CALL* 1, 4-12.

Bamberger, R. & Vanecek, E. (1984). *Lesen – Verstehen – Lernen – Schreiben.* Die Schwierigkeitsstufen von Texten in deutscher Sprache. Wien, Jugend und Volk.

Bjoernsson, C.H. (1983). Readability of newspapers in 11 languages. *Reading Research Quarterly* 18, 480-497.

Eggensperger, K-H. & Fischer, J. (eds.) (1999). *Handbuch UNIcert.* Fremdsprachenzertifikat für die Hochschulen. Bochum, AKS-Verlag.

Goeke, D. & Kornelius, J. (1978). Texteignung meßbar gemacht? Ein linguistischer Beitrag zur fremdsprachlichen Lehrwerkforschung. *Linguistik und Didaktik* 34/35, 188-199.

Harrison, C. (1980). *Readability in the classroom.* Cambridge, Cambridge University Press.

Harrison, S. & Bakker, P. (1998). Two new readability predictors for the professional writer: pilot trials. *Journal of Research in Reading* 21 (2), 121-138.

Hill, R.A. (1991). TOPE: Test of Proficiency in English: the development of an adaptive test. *Review of ELT* 1 (1), 237-246.

Königs, F.G. (2001³). Übersetzen im Fremdsprachenunterricht: Theoretische Erwägungen und praktische Anregungen. In: Jung, U.O.H. (ed.). *Praktische Handreichung für Fremdsprachenlehrer.* Frankfurt a.M., Peter Lang, pp. 95-101.

Kornelius, J. (1977). Verständlichkeitsmessungen an englischen Zeitungstexten. *Die Neueren Sprachen* 3, 298-309.

Kornelius, J. (1983). Textvermessung von Sprachzeitschriften. *Forum Angewandte Linguistik* 4, 78-81.

Krings, H. (1986). Wie Lerner Texte machen. In: Seminar für Sprachlehrforschung der Ruhr-Universität Bochum (ed.). *Probleme und Perspektiven der Sprachlehrforschung.* Frankfurt a.M., Scriptor, pp. 257-280.

Mihm, A. (1973). Sprachstatistische Kriterien zur Tauglichkeit von Lesebüchern. *Linguistik und Didaktik* 14, 99-116.

Renström, J. (1980). Texte und Textbehandlung im Deutschunterricht. *Die Unterrichtspraxis Teaching German* 13, 150-155.

Steinmeyer, G. (1989). Verfahren zur Ermittlung von Textschwierigkeit bei französisch-deutschen Übersetzungstexten. *Französisch heute* 4, 361-376.

Voss, B. (1997). Auf dem Weg zu einheitlichen Prüfungsanforderungen im universitären Fremdsprachenunterricht: UNICERT[R]. In: Gardenghi, M. & O'Connell, M. (eds.). *Prüfen, Testen, Bewerten im modernen Fremdsprachenunterricht.* Frankfurt a.M., Peter Lang, pp. 151-159.

7. Anhang

FRAGEBOGEN

Sie haben die 3 Texte gelesen bzw. analysiert.

Frage 1: Unterscheiden sich die Texte Ihrer Meinung nach im Schwierigkeitsgrad?

      Ja   Nein   (Bitte kreisen Sie das Zutreffende ein)

Frage 2: Kann man die Texte der Schwierigkeit nach in eine klare Reihenfolge bringen?

      Ja   Nein   (Bitte kreisen Sie das Zutreffende ein)

Frage 3: Wenn Frage 2 mit Ja beantwortet wurde, kreuzen Sie bitte im folgenden Diagramm an, welcher Text auf der untersten Stufe (=1), welcher auf der mittleren Stufe (=2) und welcher auf der obersten Stufe (=3) steht.

	Schwierigkeitsstufe 1	Schwierigkeitsstufe 2	Schwierigkeitsstufe 3
Text A			
Text B			
Text C			

Frage 4: Ist es Ihnen möglich, die Texte einer der 4 Schwierigkeitsstufen von UNICERT zuzuordnen?

      Ja   Nein   (Bitte kreisen Sie das Zutreffende ein)

Frage 5: Wenn Frage 4 mit Ja beantwortet wurde, kreuzen Sie bitte im folgenden Diagramm an, wie die Zuordnung Ihrer Meinung nach ist.

	UNICERT 1	UNICERT 2	UNICERT 3	UNICERT 4
Text A				
Text B				
Text C				

Frage 6: An welchen Kriterien haben Sie sich bei der Schwierigkeitsstufung orientiert? (Syntax, Lexik, Inhalt, ...?). Bitte notieren Sie die Kriterien in abfallender Reihenfolge von wichtig (=1) bis weniger wichtig.

1. Kriterium:_____

2. Kriterium:_____

3. Kriterium:_____

4. Kriterium:_____

5. Kriterium:_____

Weitere Krit.: _____

Frage 7: Können Sie bibliographische Hinweise geben zu Büchern und Aufsätzen, in denen über Textschwierigkeit Angaben gemacht werden?

_____

_____

_____

_____

_____

_____

Möchten Sie über die Ergebnisse dieser Untersuchung unterrichtet werden?

Ja   Nein   (Bitte kreisen Sie das Zutreffende ein)

Bitte geben Sie uns Informationen zu Ihrer Person. Wenn Sie anonym bleiben
möchten, werden wir die Ergebnisse Ihrem Sprachenzent-
rum/Institut mitteilen. Dazu benötigen wir jedoch die Institutsadres-
se. Vielen Dank für Ihre Mitarbeit.

Name: _____

Vorname: _____

Titel/Funktion: _____

Dienstort: _____

Straße: _____

Stadt: _____

E-Mail-Adresse: _____

WOZU BRAUCHEN WIR EIN SPRACHENZENTRUM? SPRACHENZENTREN IM AUFBAU

Johann Fischer

Eberhard Karls Universität Tübingen

In finanziell schwierigen Zeiten stehen Hochschul-Sprachenzentren immer wieder in der Diskussion. Und während an einem Ort abgebaut wird, entsteht an anderer Stelle ein neues Sprachenzentrum. Der folgende Beitrag beschäftigt sich mit den Beweggründen für Abbau und Aufbau und mit den Dienstleistungsaufgaben von Sprachenzentren. Am Beispiel des im Aufbau befindlichen Tübinger Fachsprachenzentrums werden verschiedene Ausbildungskonzepte und -inhalte sowie deren Umsetzung vorgestellt, wobei auch kurz auf Fragen zur Methodik und Didaktik eingegangen wird. Der Beitrag versteht sich als Anregung zum Überdenken der Konzeption des fachsprachlichen Unterrichts am eigenen Hochschulsprachenzentrum.

1. Sprachenzentren im Aufbau – Sprachenzentren im Abbau

Die öffentlichen Gelder werden knapp, und die Universitäten müssen sparen. Einerseits werden die Universitäten dazu gedrängt, neue innovative und z.T. "elitäre" Studiengänge einzurichten, erhalten dafür aber keine zusätzlichen Mittel. Andererseits werden sie unter dem Deckmantel "Solidarpakt" dazu gezwungen, die vorhandenen Stellen drastisch zu reduzieren. Daher verwundert es nicht, wenn bei Streichungen zunächst die Serviceeinrichtungen – wie Sprachenzentren –, die nicht die Hauptverantwortung für Studiengänge tragen, ins Visier genommen werden. Gerade in den neuen Bundesländern ist die Reduzierung des Personals an universitären Sprachenzentren ein Dauerbrenner und führt zum Teil zu neuen kreativen Lösungen wie der Gründung von eingetragenen Vereinen (z.B. an der Universität Leipzig: "Spracheninstitut an der Universität Leipzig e.V. ") oder gewinnorientierten GmbHs (wie an der Europa-Universität Viadrina in Frankfurt an der Oder), um den Studierenden weiterhin ein umfassendes Angebot an Sprachkursen bieten zu können und die vorhandenen Sprachdozenten vor der Arbeitslosigkeit zu bewahren. An manchen Universitäten wurde bzw. wird über die Schließung von Sprachenzentren laut nachgedacht (Potsdam, Halle) bzw. wurde sie durchgeführt (Universität Hamburg).

Auch die Universität Tübingen sieht sich derzeit gezwungen, im Laufe der kommenden Jahre insgesamt 90 Stellen einzusparen, für die eine Weiterfinanzierung nicht gesichert ist. Umso erstaunlicher ist es, dass hier ein neues Fachsprachenzentrum gegründet wurde, wofür zwangsläufig auch Stellen benötigt werden. Natürlich können in finanziell schwierigen Zeiten nur kleine Schritte gemacht werden, der Sprachunterricht wird vorwiegend von Honorarkräften (sprich: einer Vielzahl von Lehrbeauftragten) durchgeführt werden, und auch an Kursgebühren führt kein Weg vorbei.

2. Ziele und Aufgaben von Sprachenzentren

Was sind die Beweggründe der Universität Tübingen, in einer Zeit knapper Mittel ein neues Sprachenzentrum aufzubauen? Es ist in erster Linie der Bedarf einer engen Verzahnung zwischen dem Fachstudium, welches von den einzelnen Fakultäten geleistet wird, und der sprachpraktischen Ausbildung. Dieser Bedarf wird in erster Linie bei den Wirtschaftswissenschaften gesehen, aber zunehmend auch bei Naturwissenschaften, Medizin, Sozialwissenschaften, Rechtswissenschaften und auch Geisteswissenschaften. Neue Studiengänge enthalten in der Regel eine Komponente "Schlüsselqualifikationen", unter der auch Fremdsprachenkenntnisse subsumiert sind. Diese Sprachkenntnisse sollen in enger Verknüpfung zum Fachstudium stehen. In der Vergangenheit hatten einige Fakultäten z.T. ein eigenes, häufig unstrukturiertes Sprachkursangebot im Programm, andere sahen die Lösung in der Zusammenarbeit mit der Neuphilologischen Fakultät bzw. der Fakultät für Kulturwissenschaften. Dabei ging man davon aus, dass man Studierende der Anglistik oder Romanistik und der Internationalen Volkswirtschaftslehre (IVWL) in den gleichen Sprachkursen zusammenfassen kann, denn es geht in beiden Fällen um die Verbesserung der jeweiligen Sprachkenntnisse. Allerdings wurden dabei die großen Unterschiede hinsichtlich des Bedarfs nicht bedacht: Während Anglistik- und Romanistik-Studierende eine wesentlich breitere sprachpraktische Ausbildung mit stärker landeskundlichen sowie kulturwissenschaftlichen Elementen benötigen, brauchen Studierende der Internationalen Volkswirtschaftslehre eine wirtschaftsbezogene Fachsprachenausbildung. Noch größer ist die Diskrepanz zwischen IVWL und z.B. einem Studium der Orientalistik, das sich mit Themen wie Islamkunde befasst und somit ganz andere Ziele verfolgt. Das Ergebnis ist daher für viele Studierende sehr unbefriedigend.

Bei der Einrichtung des neuen Studiengangs Internationale Betriebswirtschaftslehre (IBWL), bei dem praxisbezogene Sprachkenntnisse noch wichtiger sind,
war daher die Gründung eines Fachsprachenzentrums die logische Folge. Ziel ist
es, eine bedarfsorientierte Sprachausbildung anbieten zu können, die den Studierenden im späteren Berufsleben von praktischem Nutzen sein wird. Absolventen
dieses Studiengangs sollen später im Unternehmen international agieren können,
d.h. in einem nicht-deutschsprachigen Unternehmen mit allen Abläufen – gerade
auch sprachlicher Art – vertraut sein, Unternehmen und Produkte präsentieren
und vermarkten können und mit Geschäftspartnern erfolgreich in der Fremdsprache verhandeln können.

Das Fachsprachenzentrum kann nicht für jeden Studiengang eine gesonderte
Fachsprachenausbildung konzipieren und betreuen, doch in vielen Bereichen
gibt es Überschneidungen, die in einer zentralen Universitätseinrichtung in einem fakultätsübergreifenden Kursangebot gebündelt werden können. Während
ein Fachsprachenunterricht für die Naturwissenschaften wohl nur Studierende
der entsprechenden Fakultäten interessiert, können Sprachkurse für die Rechtswissenschaften auch Wirtschaftswissenschaftler (und umgekehrt) ansprechen.
Für alle Fakultäten von Interesse sind eine berufsbezogene Sprachausbildung
und Sprachkurse für den akademischen Diskurs. Aufgabe des Sprachenzentrums
ist es daher, spezifische Fachsprachenzertifikate mit einem attraktiven Kursangebot zu entwickeln, welches den individuellen Bedürfnissen und Wünschen
gerecht wird und das "Plauderstunden", reinen Grammatikdrill und ein langwei-
liges Pauken von Fachwörtern – häufig ohnehin Internationalismen – vermeidet.

Bereits in den 70er Jahren hat der Wissenschaftsrat Defizite in der universitären
Fremdsprachenausbildung angeprangert (wie z.B. die fehlende Berufsbezogen-
heit, die fehlende systematische Progression der Ausbildung, die mangelnde
Verknüpfung zu den Fachdisziplinen) und die Einrichtung von Sprachenzentren
gefordert (Vogel 1995: 119); mancherorts haben diese Ergebnisse und Forderungen in den vergangenen 30 Jahren nicht an Aktualität verloren.

3. Ist Fachsprachenunterricht gleich Wortschatzarbeit?

Das traditionelle Verständnis von Fachsprachenunterricht ist auch heute noch
das Lernen von Fachvokabular und das Lesen von Fachtexten. Diese Auffassung
ist selbst bei Sprachdozenten noch häufig verbreitet: Wenn man einer potentiel-

len neuen Lehrkraft einen Sprachkurs z.B. für die Naturwissenschaften anbietet, erhält man stereotyp eine Frage zur Antwort, nämlich: "Wo finde ich denn entsprechende Fachtexte?" oder "Gibt es hierzu Wortschatzlisten oder Wörterbücher?". Durch die ständige Beschäftigung mit fremdsprachlicher Literatur, gerade in englischer Sprache, sind die Studierenden aber meist bereits gut mit dem Fachwortschatz vertraut. So spielt Wortschatzarbeit zwar nach wie vor eine wichtige Rolle im Fachsprachenunterricht, noch wichtiger ist aber die korrekte Verwendung des Fachwortschatzes im Kontext und das situativ richtige sprachliche Verhalten im Wissenschafts- bzw. Berufsalltag.

Weiterhin gilt es zu berücksichtigen, dass der Wortschatz für einzelne Fächer sehr spezifisch ist. Jedes Studienfach gliedert sich in einzelne Disziplinen auf, so dass eine systematische Bearbeitung des gesamten Wortschatzes nicht möglich ist. Entweder bietet im Bereich der Wortschatzarbeit ein Sprachenzentrum daher einen sehr eingeschränkten Bereich an (z.B. Fachsprache der Genetik), was jedoch eine Illusion bleiben muss, denn in Zeiten knapper Kassen kann sich keine Hochschule einen derartigen Luxus leisten, oder es bleibt bei einem "Sammelsurium" von Zufallsvokabeln. Fachsprachenkurse für die Naturwissenschaften können nicht gleichzeitig Studierende der Biologie, Physik, Chemie, Agrarwissenschaften, ggfs. sogar der Mathematik und Geowissenschaften zufriedenstellend bedienen. Selbst ein Fach wie die Biologie bietet einen nahezu unendlich erscheinenden Fachwortschatz, denn es gliedert sich in Bereiche wie Zoologie, Botanik, Mikrobiologie, Genetik, Biochemie, etc. Dies macht einen anderen Ansatz für die Konzeption eines fachübergreifenden Fachsprachenunterrichts für die Naturwissenschaften erforderlich.

4. Der Fachsprachenunterricht unter neuen Vorzeichen

Während früher die Rezeption fremdsprachiger Fachliteratur für Studierende und Wissenschaftler im Fachsprachenunterricht oberste Priorität hatte, hat sich der Studienalltag in den vergangenen Jahren – nicht zuletzt aufgrund der Förderprojekte der Europäischen Union – erheblich verändert (vgl. Pürschel 1995: 530). Kontaktsituationen mit ausländischen Studierenden und Wissenschaftlern sowie ein europäisch und international ausgerichteter Wissenschaftsdiskurs lassen sprachliche Kontakt- und Interaktionssituationen in den Vordergrund rücken, so dass im Fachsprachenunterricht Hörverstehen, mündlicher Ausdruck und die kommunikative Kompetenz, weiterhin aber auch die interkulturelle Kompetenz in den Vordergrund des Interesses rücken. Auch wenn die Studierenden später nicht im wissenschaftlichen Kontext, sondern in der Wirtschaft in ihrem Fachgebiet tätig sein werden, werden sie ihren Fachwortschatz in Präsentationen und Verhandlungen korrekt einsetzen müssen, so dass auch hierfür ein Primat des Mündlichen gilt. Ziel des Fachsprachenunterrichts muss daher die Einbettung des Fachsprachenwortschatzes in die situationsbezogene korrekte Allgemeinsprache sein.

5. Bedarf aus Sicht der Fakultäten

Dennoch werden die Fakultäten häufig äußern, dass kein Bedarf an Fachsprachenkursen bestehe bzw. dass ihre Studierenden nur die Fachliteratur auf Englisch rezipieren können müssten, während das Schulenglisch für die Kommunikation ansonsten ausreiche. Hier muss man jedoch sehen, dass diese Aussage von "gemachten Leuten" getroffen wird, nämlich von Professoren, die nicht mehr um einen Arbeitsplatz oder die internationale wissenschaftliche Anerkennung kämpfen müssen. Für jüngere Wissenschaftler gewinnen jedoch Sprachkenntnisse zunehmend an Bedeutung und spielen bei Einstellungen eine wichtige Rolle.

6. Bedarf aus Sicht der Lehrkräfte und der Studierenden

Interessant sind in diesem Zusammenhang die Ergebnisse einer zwischen 1996 und 1998 in Europa und Kasachstan im Rahmen der Arbeitsgruppe HERMES im Thematischen Netzwerk Projekt AFANet[1] durchgeführten Studie zum Fachsprachenunterricht an agrarwissenschaftlichen Hochschulen. Hierbei wurden die Lehrkräfte befragt, welche Schwerpunkte sie in ihren Kursen legen und welche Bedürfnisse sie bei den Studierenden sehen. Auffallend ist, dass sie die Diskrepanz zwischen tatsächlichem Unterricht (Schwerpunkt auf Grammatik und Wortschatz) und Bedürfnissen der Studierenden (Schwerpunkt auf den mündlichen Fertigkeiten) zwar selbst sehen, aber aufgrund von Curriculumsvorgaben bzw. Unterrichtstraditionen nicht ändern (können).

---

[1] Nähere Informationen zu HERMES vgl. http://www.uni-tuebingen.de/hermes/
Nähere Informationen zu AFANet vgl. http://www.afanet.info/

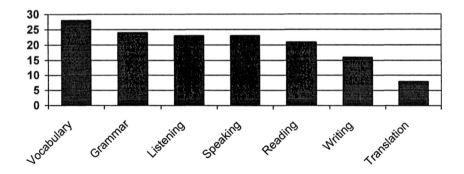

Abb. 1: Welche Fertigkeiten spielen den Schwerpunkt in Ihrem Unterricht?

Diese Antworten stehen in deutlichem Kontrast zu den gewünschten Zielen[2]:

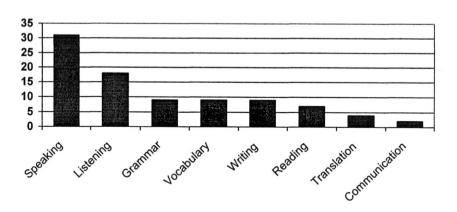

Abb. 2: Auf welchen Fertigkeiten sollte im Unterricht der Schwerpunkt liegen?

---

[2] Im Fragebogen wurde mit einer hybriden Frageform gearbeitet: Den Lehrkräften wurde eine Reihe von Vorschlägen gegeben, doch waren die Fragen offen gehalten und die Lehrkräfte wurden explizit aufgefordert, eigene Antworten zu formulieren, was z.B. das Nebeneinander von "Speaking" und "Communication" begründet.

In einer zweiten Untersuchung haben wir auch die Studierenden zu ihrer Motivation für den Besuch von Sprachkursen sowie zu den gewünschten Inhalten
von Sprachkursen befragt[3]. Hier zeigte sich noch deutlicher, dass Wortschatzarbeit und Leseverstehen nicht primäres Ziel des Kursbesuches sind und auch
nicht die wesentlichen Inhalte des Unterrichts ausmachen sollten. Die Studierenden möchten ihre Sprachkenntnisse verbessern, um für den Auslandsaufenthalt – sei es nun für einen Studienaufenthalt oder berufliche Zwecke – gewapp-
net zu sein. Sie erwarten vom Sprachunterricht ein Training der mündlichen Fertigkeiten und eine gezielte Vorbereitung auf den Auslandsaufenthalt.

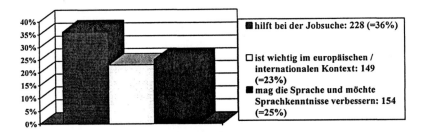

Abb. 3: Gründe für den Besuch von Sprachkursen

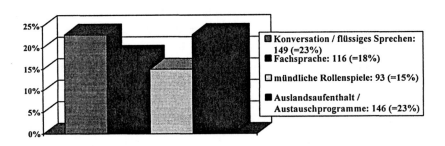

Abb. 4: Vorschläge der Studierenden für den Sprachunterricht

---

[3] Hier wurde mit der offenen Frageform gearbeitet, so dass die Antworten zum Teil nicht ganz
klar sind, wie z.B. die Bedeutung der Antwort "Fachsprache".

Diese Ergebnisse für den Unterricht an agrarwissenschaftlichen Hochschulen sind übertragbar auf andere Fachbereiche, in erster Linie natürlich auf die Naturwissenschaften in ihrer Gesamtheit.

7. Zertifikate

Die Ergebnisse haben gezeigt, dass berufsqualifizierende Aspekte höchste Bedeutung für den universitären Sprachunterricht haben. Daher sind Zertifizierungsfragen von zentraler Bedeutung. UNIcert[®4] verbindet dabei die Hochschulspezifik des universitären Fremdsprachenunterrichts mit den berufsqualifizierenden Chancen des Fachsprachenunterrichts und bietet somit den Studierenden ein ideales Zertifizierungssystem im Hochschulkontext. Durch die Abstimmung der UNIcert®-Stufen mit den Niveaustufen des Europarats, der überinstitutionellen und übereinzelsprachlichen Vergleichbarkeit von Ausbildung und Prüfungen sowie der Beschreibung der erreichten Sprachkompetenz auf den UNIcert®-Zertifikaten bietet UNIcert® (im Gegensatz zu nationalen oder institutionellen Zertifizierungssystemen) größtmögliche Transparenz und in höchstem Maße aussagekräftige Zertifikate, die einem potentiellen Arbeitgeber hinreichende Informationen über die Ausbildungsinhalte und das erreichte Sprachniveau des Absolventen bieten.

Daher wurde auch am Fachsprachenzentrum der Universität Tübingen bereits in der ersten Aufbauphase das UNIcert®-Konzept auf allen vier Stufen eingeführt. Für die obligatorische Fachsprachenausbildung der Internationalen Betriebswirtschaftslehre wurde die UNIcert®-Ausbildung auf Stufe III (Europaratsstufe C1 "Effective Operational Proficiency") für zwei Sprachen und auf Stufe IV (Europaratsstufe C2 "Mastery") für eine der beiden Sprachen obligatorisch in die Ausbildungsordnung mit aufgenommen.

8. Bedarfsorientiertes Konzept für den Fachsprachenunterricht

Bei der Entwicklung des Ausbildungskonzeptes ist man von dem Bedarf der Studierenden im späteren Berufsleben ausgegangen. Daher werden auf dem für

---

[4] Nähere Informationen zu UNIcert® cf. http://rcswww.urz.tu-dresden.de/~unicert/ oder Eggensperger & Fischer 1998.

die Wirtschaft interessanten Niveau C 1 "Effective Operational Proficiency" derzeit vier verschiedene Zertifikatstypen[5] angeboten.

8.1 Fachsprachenunterricht für die Wirtschaftswissenschaften

Die größte Nachfrage besteht wie vielerorts im Bereich der Wirtschaftswissenschaften. Hier werden den Studierenden vier inhaltlich aufeinander aufbauende Kurse angeboten, die um ein Wahlfach ergänzt werden. Diese vier Kurse gehen über die in vielen Lehrwerken und auch in vielen "Wirtschaftssprachkursen" angebotenen Inhalte Telefonieren, Handelskorrespondenz sowie Präsentieren und Verhandeln – berufsbezogene, aber nicht wirtschaftswissenschaftliche Inhalte – deutlich hinaus.

Vorbereitungskurs Wirtschaftssprache	
Wirtschaftssprache I	**Wahlfach:**
Wirtschaftssprache II	• Landeskunde *oder* • Sprache für Hochschule –
Wirtschaftssprache III	UNIcert III

Die Kurse beschäftigen sich nach einer Einführung in die Wirtschaftssektoren sowie Regelungen zur Unternehmensgründung mit der Struktur und den verschiedenen Arbeitsabläufen in den einzelnen Abteilungen eines Unternehmens. Bewährt haben sich dabei Arbeitsformen wie die "globale Simulation" (Bombardieri et al. 1996), bei der ein fiktives Unternehmen im Land der Zielsprache aufgebaut und dafür ein Business Plan erstellt wird, der anschließend mit Vertretern der Wirtschaft besprochen wird.

Diese Kurse werden auf der Stufe C2 "Mastery" fortgesetzt. Hierbei wird jedoch das Unternehmen verlassen und der Blick auf volkswirtschaftliche Aspekte gerichtet. Weiterhin werden die Kurse ergänzt um eine Komponente "Interkulturelle Kompetenz", um die Studierenden so für die Bewusstwerdung unterschiedlicher Verhaltensregeln im ausländischen Unternehmen zu sensibilisieren.

---

[5] Eine genauere Beschreibung des Kurskonzeptes ist einzusehen auf der Homepage: http://www.uni-tuebingen.de/fsz/

Wirtschaftssprache IV	Interkulturelles Training I
Wirtschaftssprache V	Interkulturelles Training II

Von Seiten der Studierenden wird gelegentlich kritisiert, dass diese Herange-hensweise sehr tief in wirtschaftswissenschaftliche Inhalte greift, während ihr Ziel doch nur die Verbesserung des mündlichen Ausdrucks sei. Lehrkräfte, die auch in der innerbetrieblichen Weiterbildung von Unternehmen tätig sind, ver-weisen auf die dortigen Inhalte, bei denen auch die Flüssigkeit des mündlichen Ausdrucks im Vordergrund steht. Doch gilt es, hier auf einen zentralen Unter-schied hinzuweisen: Mitarbeiter eines Unternehmens sind in der Regel mit den Arbeitsabläufen sowie dem dazugehörigen Wortschatz und den Inhalten bereits bestens vertraut und zeigen ggfs. Defizite in der flüssigen mündlichen Rede, was nur durch eine kontinuierliche Praxis verbessert werden kann. Durch das Tübin-ger Ausbildungskonzept sollen die Studierenden jedoch bereits vor dem Be-rufseinstieg mit den Inhalten und Abläufen sowie dem nötigen Fachvokabular vertraut gemacht werden. Dabei wird Wert darauf gelegt, dass dieser Wortschatz in einem situativen Kontext operationalisiert wird und später abrufbar ist.

8.2 Fachsprachenunterricht für die Naturwissenschaften

Im Gegensatz zu einer stark unternehmensbezogenen Ausbildung für die Wirt-schaftswissenschaftler ist für Naturwissenschaftler eine eng mit dem Fachstudi-um verknüpfte wissenschaftsbezogene Sprachausbildung erforderlich. Kurse haben daher zum einen die schriftlichen Fertigkeiten als Schwerpunkt, um die Lesekompetenz im Hinblick auf die Rezeption von Fachliteratur weiter zu verbessern und zum anderen um das Schreiben von Abstracts, einem Paper, Pos-terpräsentationen, Projektanträgen, Projektberichten, Forschungsberichten etc. zu trainieren. In einem Intensivkurs werden dann die mündlichen Fertigkeiten geübt; zentrales Element dieses Intensivkurses ist dabei die Simulation einer Ta-gung, die auf Video aufgezeichnet und anschließend sprachlich analysiert wird. Durch dieses Angebot werden die Studierenden nicht nur auf die sprachlichen Anforderungen im Wissenschaftsbereich ihrer Disziplin ideal vorbereitet, son-dern können auch die sprachlichen Anforderungen in einem privatwirtschaftli-chen Unternehmen meistern, wo in ihrem Fachbereich ebenfalls Präsentationen oder das Abfassen von Berichten auf der Tagesordnung stehen.

Vorbereitungskurs Naturwissenschaften			
Leseverstehen für die Naturwissenschaften	Schriftlicher Ausdruck für die Naturwissenschaften	Intensivkurs für die Naturwissenschaften	Wahlfach ("Sprache für Hochschule" oder "Landeskunde" oder "Sprache für den Beruf – UNIcert III")

8.3 Fachsprachenunterricht für den akademischen Bereich: *English for Academic Purposes*

Da dieses wissenschaftsbezogene Konzept auch für andere Wissenschaftsbereiche von Interesse ist, wurde ein entsprechendes Zertifikat als fachübergreifende Fachsprachenausbildung für alle Wissenschaftsbereiche entwickelt. Da die Wissenschaftssprache heute in der Regel Englisch ist, macht es wenig Sinn, dieses Zertifikat für andere Sprachen als Englisch anzubieten. Die zunächst erwarteten Probleme bei der Simulation einer fachübergreifenden Tagung sind nicht aufgetreten, denn bei einem Thema aus dem Bereich der "Life Sciences" ist jeder Fachbereich gefragt. Auch die Suche nach Unterrichtsmaterialien zeigte sich als relativ einfach: Als ideale Kursmaterialien haben sich nämlich die Übungsmaterialien zu den IELTS-Prüfungen (International English Language Testing System) erwiesen (Jakeman & McDowell 1996; Jakeman & McDowell 1999; *Cambridge IELTS* 2, 2000).

Academic Reading	Academic Writing	Listening and Speaking for Academic Purposes	Intensivkurs "The World of Conferences"	Wahlfach (Fachsprache oder "Cultural Studies" oder "English in the Workplace – UNIcert III")

8.4 Fachsprachenunterricht für Beruf und Studium

Gerade in den Geistes- und Sozialwissenschaften gestaltet sich die Vermittlung der Hochschulabsolventen nach wie vor als schwierig. Die Arbeitsämter haben in diesem Zusammenhang gerade auch auf die mangelnden Fremdsprachenkenntnisse dieser Absolventengruppe hingewiesen, so dass am Tübinger Fachsprachenzentrum ein entsprechendes Ausbildungsangebot entwickelt wurde. Dies soll die Studierenden zum einen auf einen Studienaufenthalt im Ausland vorbereiten (durch eine Einführung in das Hochschulwesen des Ziellandes sowie im Üben der dortigen Studier- und Arbeitstechniken) und auch zum Auslandsstudium anregen, zum anderen soll es berufsbezogene Fertigkeiten in der Fremdsprache trainieren. Hier kommen also die Vermittlung von Fertigkeiten wie Telefonieren, Handelskorrespondenz, Bewerbungen, Präsentationstechniken etc. zum Tragen, was ergänzt wird um eine landeskundliche Komponente sowie eine Einführung in fachsprachliche Bereiche.

Sprache für Hochschule (UNIcert III)	Sprache für den Beruf (UNIcert III)	Landeskunde	Fachsprache I
			Fachsprache II

9. Methodische Fragestellungen

Da Wortschatzarbeit nicht das zentrale Ziel des Unterrichts ist und grammatikalische Aspekte nur bei noch vorhandenen Defiziten wiederholt werden, andererseits alle vier Fertigkeiten ausreichend trainiert werden sollen, gewinnen methodische Fragestellungen an Bedeutung. Für einen größtmöglichen Lerneffekt sind motivationale Faktoren bei Studierenden und auch bei Lehrkräften von zentraler Bedeutung (vgl. hierzu Casey & Fischer, in Vorbereitung). Dabei hat sich gezeigt, dass das Interesse und die Mitarbeit der Studierenden am höchsten sind, wenn inhaltlich nicht von den Interessen der Lehrkraft, sondern den Interessen der Studierenden ausgegangen wird. Statt dass die Lehrkraft Unterrichtsmaterial aussucht und verteilt (welches die Studierenden häufig kaum interessiert), ist die Kreativität der Kursteilnehmer gefragt. Dafür haben sich handlungsorientierte Unterrichtsmethoden wie die Arbeit mit globalen Simulationen oder Fallstudien als hervorragende Techniken erwiesen, die aufgrund der engen inhaltlichen Ver-

knüpfung zum Fachstudium sowie der hohen Authentizitäts- und Aktualitäts-
werte nicht nur zu ausgezeichneten sprachlichen und inhaltlichen Ergebnissen
führen, sondern auch zur Individualisierung des Lehr- und Lernprozesses beitragen (und damit den unterschiedlichen Bedürfnissen der Studierenden gerecht
werden), die Gruppendynamik fördern und so die Motivation und die Zufrie-
denheit von Kursteilnehmern und Lehrkraft steigern. Bei der globalen Simulation (vgl. Jones 1982; Yaiche 1996) wird dabei z.b. ein fiktives Unternehmen
aufgebaut (Wirtschaftswissenschaften; Bombardieri et al. 1996) oder eine Ta-
gung vorbereitet und simuliert (Naturwissenschaften, akademische Ausrichtung;
vgl. Cali et al. 1995). Bei der Arbeit mit Fallstudien hat sich die Zusammenarbeit mit den Fachbereichen als ausgesprochen hilfreich erwiesen: Denn warum
sollen wir Lehrkräfte "das Rad neu erfinden", anstatt auf vorhandene Fallstudien
aus den Fachbereichen zurückzugreifen, die für den Sprachunterricht aufbereitet
werden können? Diese Zusammenarbeit hat sich auch im aus EU-Mitteln finan-
zierten MINERVA-Projekt "WebCase"[6] bewährt, das die Erstellung von Inter-
net-Fallstudien für die Agrarwissenschaften zum Ziel hat. Hier wurde die Kompetenz der Sprachspezialisten nicht nur bei Fragen der Übersetzung, sondern
auch bei der sprachlichen Gestaltung von Fallstudien für das Internet schnell zu
einem zentralen Element der Arbeitsgruppe.

10. Ausblick

In finanziell schwierigen Zeiten der Öffentlichen Hand stehen Sinn und Zweck
von Sprachenzentren an den Hochschulen immer wieder in der Diskussion. Mit
Aspekten wie europäischer Einheit, Globalisierung von Wirtschaft und Handel
und Internationalisierung unserer Gesellschaft kommt es auch zu veränderten
Anforderungen an den Fremdsprachenunterricht. Konzepte und Methoden müssen ständig hinterfragt und neu durchdacht werden, um den Bedürfnissen der
Studierenden und deren "Abnehmern", aber auch der einzelnen Fachbereiche
gerecht zu werden. Wenn diese jedoch erkannt und befriedigt werden (können),
entwickeln sich Hochschulsprachenzentren zu unersetzlichen Serviceeinrichtungen, die einen zentralen Beitrag zur Internationalisierung der Hochschulen und
zur Ausbildung der Studierenden leisten. Nur wenn sie die Zeichen der Zeit erkannt haben und die an sie gerichteten Anforderungen erfüllen können, haben

---

[6] Weitere Informationen sind der Projekt-Homepage zu entnehmen:
http://www.abdn.ac.uk/~clu008/WebCase/

sie ihre Existenzberechtigung und werden sogar aus der Taufe gehoben, während woanders gekürzt wird. Vogel (1995: 123) schreibt:

> "Fremdsprachen sind der Schlüssel zu fremden Ländern und Kulturen, und es ist die Verschiedenartigkeit der in den Sprachen zum Ausdruck kommenden Perspektiven, Begriffsbildungen und kulturellen Traditionen, die nicht nur einen unschätzbaren Reichtum der Menschheit darstellt, sondern die es auch ermöglicht, eigene Sichtweisen vergleichend zu reflektieren und zu relativieren."

Es ist Aufgabe der Sprachenzentren, diese Erkenntnis den Studierenden, aber auch den Fachbereichen und der Öffentlichkeit erfolgreich zu vermitteln.

11. Literaturverzeichnis

AFANet-Homepage: http://www.afanet.info/

Bombardieri, C. et. al. (1996). *L'entreprise*. Paris, Hachette.

Cali, C. et al. (1995). *La conférence internationale et ses variantes*. Paris, Hachette.

Cambridge IELTS 2, (2000). Examination papers from the University of Cambridge Local Examinations Syndicate. Cambridge, CUP.

Casey, E. & Fischer, J. [im Druck]. LSP professional development programmes and motivation of language teachers. In: *T'Qila: Today's quality issues in European language centres*. Antwerp, CercleS.

Debuyser, F. (1996). *L'immeuble*. Paris, Hachette.

Eggensperger, K.-H. & Fischer, J. (eds.) (1998). *Handbuch UNICERT®*. Bochum, AKS-Verlag.

HERMES-Homepage: http://www.uni-tuebingen.de/hermes/

Homepage des Fachsprachenzentrums der Universität Tübingen: http://www.uni-tuebingen.de/fsz/

Jakeman, V. & McDowell, C. (1996). *Cambridge practice tests for IELTS 1*. Cambridge, CUP.

Jakeman, V. & McDowell, C. (1999). *Insight into IELTS*. Cambridge, CUP.

Jones, K. (1982). *Simulations in language teaching*. Cambridge, CUP.

Pürschel, H. (1995). Fremdsprachenunterricht an Hochschulen. In: Bausch, K.-R. et al. (eds.). *Handbuch Fremdsprachenunterricht*. Tübingen, Francke, pp. 528-531.

UNIcert®-Homepage: http://rcswww.urz.tu-dresden.de/~unicert/

Vogel, K. (1995). Fremdsprachen an Hochschulen. In: Bausch, K.-R. et al. (eds.). *Handbuch Fremdsprachenunterricht*. Tübingen, Francke, pp. 118-124.

WebCase-Homepage: http://www.abdn.ac.uk/~clu008/WebCase/

Yaiche, F. (1996). *Les simulations globales*. Mode d'emploi. Paris, Hachette.

JURISTISCHES ENGLISCH IM WETTBEWERB: EIN ERFAHRUNGSBERICHT VOM *WILLEM C. VIS INTERNATIONAL COMMERCIAL ARBITRATION MOOT*

Christoph Benicke, Jens Haubold, Stefan Huber

Universität Heidelberg

Studierende der Rechtswissenschaft haben die Möglichkeit, ihre fachspezifischen Fremdsprachenkenntnisse bei internationalen Moot-Wettbewerben unter Beweis zu stellen. Diese simulierten Gerichtsverhandlungen setzen bei den teilnehmenden Studenten neben juristischen Fachkenntnissen die sichere Beherrschung einer Fremdsprache voraus. Die Vorbereitung eines Moot-Teams bildet daher eine Schnittstelle zwischen Rechtswissenschaft und fachsprachlicher Ausbildung. Die Universität Heidelberg ist seit mehreren Jahren bei vier internationalen Moot-Wettbewerben vertreten. Im Folgenden soll nach einer kurzen allgemeinen Einführung (1.) exemplarisch der Ablauf des *Willem C. Vis International Commercial Arbitration Moot* erläutert werden (2.). Nachdem die Anforderungen herausgearbeitet sind, die dieser Wettbewerb an die sprachlichen Fähigkeiten der Teilnehmer stellt (3.), wird die fremdsprachliche Betreuung geschildert, wie sie gegenwärtig in Heidelberg stattfindet (4.). Abschließend sollen Überlegungen skizziert werden, wie erkannte Defizite der Sprachbetreuung (5.) durch eine Zusammenarbeit von Sprach- und Rechtswissenschaftlern reduziert werden könnten (6.). Dieser Beitrag versteht sich nicht als sprachwissenschaftliche Untersuchung, sondern vielmehr als Erfahrungsbericht der Betreuer des Heidelberger Willem C. Vis Moot Teams. Es wird ein Versuchsfeld fachspezifischer Fremdsprachenausbildung dargestellt, das Sprachlehrforschern die Möglichkeit bieten könnte, neue Lehrinhalte und -methoden zu entwickeln.

1. *Moot Courts* – internationale Wettbewerbe als Rahmen für fachspezifische Fremdsprachenanwendung

Die internationale Verflechtung der Wirtschaft verändert auch das Tätigkeitsfeld des Rechtsanwalts grundlegend. Für die großen und zunehmend auch für die mittelständischen Anwaltskanzleien wird es immer wichtiger, Klienten auf internationaler Ebene umfassend zu betreuen, etwa bei der Vertragsgestaltung im Import- und Exportgeschäft sowie bei grenzüberschreitenden Unternehmenskäufen und -kooperationen. Treten dabei Rechtsstreitigkeiten auf, so hat der Anwalt die Interessen seines Mandanten selbstverständlich auch vor Gericht zu vertreten. Die Teilnahme an einem international ausgetragenen *Moot Court* bietet für Studierende der Rechtswissenschaft die ideale Gelegenheit, die rechtlichen und fremdsprachlichen Fähigkeiten zu erwerben, die für eine solche Interessenvertretung auf internationaler Ebene erforderlich sind.

Die Idee des *Moot Courts* – die Veranstaltung eines fiktiven Gerichtsverfahrens – hat ihren Ursprung in der angloamerikanischen Juristenausbildung, in der das streitige Debattieren von Rechtsfällen (*mooting*) eine große Rolle spielt (Wehlau 1992; Hobe 2001). Grund dafür ist, dass im englischen und amerikanischen Recht der mündlichen Verhandlung vor Gericht ein hoher Stellenwert zukommt. Bei *Moot Courts* können sich die Studierenden auf das Auftreten in solchen Verhandlungen vorbereiten.

Seit 1959 gibt es *Moot Courts* auch als internationale Wettbewerbe. In jenem Jahr fand der *Philip C. Jessup Moot* mit Fällen aus dem Gebiet des Völkerrechts zum ersten Mal statt (American Society for International Law 2002). In anderen Rechtsbereichen existieren internationale *Moot Courts* seit den 1980er Jahren (Hobe 2001: 173). Sie werden zum größten Teil in Englisch und Französisch ausgetragen. So wird gerade nicht-muttersprachlichen Teilnehmerinnen und Teilnehmern bei der Vorbereitung auf die *Moot Courts* die Möglichkeit gegeben, ihre juristischen Fremdsprachenkenntnisse zu vertiefen und anschließend im Wettbewerb anzuwenden.

2.   Der Willem C. Vis International Commercial Arbitration Moot

Seit 1993 findet jährlich der *Willem C. Vis International Commercial Arbitration Moot* statt, der bedeutendste internationale Moot-Wettbewerb im Wirtschaftsrecht (vgl. dazu Pace University 2002a; Bergsten 2001: 481 ff.). Im Jahr 2002 nahmen daran 108 Teams aus 36 Ländern teil. Die Universität Heidelberg ist seit 7 Jahren mit einem Team vertreten, das in der Regel aus 4 bis 6 Studierenden des 3. bis 6. Fachsemesters besteht und von wissenschaftlichen Mitarbeitern des Instituts für ausländisches und internationales Privat- und Wirtschaftsrecht betreut wird (vgl. Institut für ausländisches und internationales Privat- und Wirtschaftsrecht der Universität Heidelberg 2002).

Dem Wettbewerb liegt jeweils ein fiktiver Fall aus dem internationalen Handelsrecht zugrunde; häufig handelt es sich um Probleme bei der Abwicklung eines internationalen Import- und Exportgeschäfts. Der Rechtsstreit wird, wie in der

Praxis üblich, nicht vor einem staatlichen Gericht, sondern vor einem internationalen Schiedsgericht ausgetragen. Das Schiedsgericht hat nicht die Funktion, den Streit zu schlichten, sondern – wie ein staatliches Gericht – zugunsten einer Partei zu entscheiden. Zahlreiche internationale Wirtschaftsorganisationen stellen derartige Schiedsgerichte zur Verfügung, vor denen zumeist Englisch die Verhandlungssprache ist, so zum Beispiel die Internationale Handelskammer (ICC/WBO), der *London Court of International Arbitration* (LCIA) oder die *American Arbitration Association* (AAA).

Der Wettbewerb findet jeweils von Oktober bis April statt. Aufgabe für die teilnehmenden Teams ist es, die Interessen der beteiligten Unternehmen – also des Klägers und des Beklagten – als Anwälte zu vertreten. Dazu erstellen sie zunächst einen etwa dreißig Seiten umfassenden, englischsprachigen Schriftsatz für die Position des Klägers; anschließend gilt es, sich in die Rolle des Beklagten hineinzuversetzen und für diesen eine Klageerwiderung zu verfassen. Den abschließenden Höhepunkt des Wettbewerbs bilden die mündlichen Verhandlungen, zu denen alle Teams für eine Woche in Wien zusammenkommen. Zunächst wird eine Vorrunde ausgetragen, während der jedes Team viermal plädiert. Eine Verhandlung, bei der jeweils zwei Mitglieder eines Teams den Kläger und zwei Mitglieder eines anderen Teams den Beklagten vertreten, dauert eine bis eineinhalb Stunden. Dabei werden die vorbereiteten Parteivorträge regelmäßig von den drei Schiedsrichtern mit Zwischenfragen unterbrochen. Die Rolle der Schiedsrichter übernehmen Richter, Rechtsanwälte und Wissenschaftler aus über 30 Ländern, die zum großen Teil selbst beruflich in Schiedsverfahren mitwirken. Sie bewerten die mündlichen Leistungen nach einem Punktesystem. Maßstab ist neben der rechtlichen Argumentation vor allem die Überzeugungskraft der gesamten Präsentation. Die sechzehn besten Teams der Vorrunde treten anschließend in Finalrunden nach dem K.o.-System gegeneinander an. Neben dem Gewinner der mündlichen Verhandlungen erhalten die herausragenden Einzelsprecher der Vorrunde sowie die jeweils zehn besten Schriftsätze für Kläger und Beklagten Auszeichnungen. Schriftliche und mündliche Leistungen werden also unabhängig voneinander bewertet.

3. Zielsetzungen des Wettbewerbs und Anforderungen an die fachsprachliche Betreuung

Die Anforderungen an die fachsprachliche Betreuung der Teilnehmer ergeben sich primär aus den Bewertungsmaßstäben der Schiedsrichter. Diese bauen wiederum auf den allgemeinen Zielsetzungen des Wettbewerbs auf.

In juristischer Hinsicht soll der Wettbewerb den Studierenden vor allem den Umgang mit internationalem Wirtschaftsrecht sowie praktische Erfahrungen eines Schiedsverfahrens vermitteln (Wetzel 2000: 524 ff). Neben der Vertiefung fachlicher Kenntnisse geht es darum, das Auftreten auf internationaler Ebene einzuüben (Wetzel 2000: 524). Den Teilnehmern soll gezeigt werden, wie sie nationale Argumentationsmuster überwinden und einen international akzeptierten und verständlichen Diskussionsstil entwickeln können. Beides bildet die Basis für erfolgreiches Verhandeln außerhalb des eigenen kulturellen Kontextes. Es ist zugleich Grundlage für die Bewertung der Leistungen im Wettbewerb. Entscheidend für den Erfolg eines Teams, insbesondere bei den mündlichen Verhandlungen, ist nicht, ob die vertretene Partei die Verhandlung nach rechtlichen Gesichtspunkten tatsächlich gewonnen oder verloren hätte. Vielmehr kommt es darauf an, die erarbeiteten rechtlichen Argumente klar, verständlich und überzeugend vorzutragen.

Für die Auswahl der Teilnehmer und die sprachliche Betreuung der Teams bedeutet das: Im Ausgangspunkt muss gewährleistet sein, dass die Teilnehmer möglichst gute Kenntnisse der englischen Sprache in Wort und Schrift besitzen. Sehr gute Kenntnisse aller Teilnehmer bereits bei Beginn des Wettbewerbs sind nicht zwingend notwendig, aber von Vorteil, weil der sichere Umgang mit der englischen Grammatik und Satzstruktur die Abfassung der Schriftsätze erleichtert. Außerdem ist es für die Teilnehmer unerlässlich, sich im Verlauf des Wettbewerbs das nötige juristische Fachvokabular anzueignen. Da sowohl die Schiedsrichter als auch die Teams in unterschiedlichen Rechtssystemen zu Hause sind, darf die Terminologie allerdings nicht auf eine bestimmte – namentlich die englische oder die US-amerikanische – Rechtsordnung ausgerichtet sein. Nur international anerkannte Rechtsbegriffe dürfen vorbehaltlos verwendet werden (Pace University 2002c: IV). Dazu gehören insbesondere die Ausdrücke und Wendungen der englischen Fassungen der internationalen Abkommen und sonstigen Rechtstexte, die der Verhandlung zugrunde liegen, beispielsweise das Übereinkommen der Vereinten Nationen vom 11. April 1980 über Verträge über den internationalen Warenkauf – CISG – (Bundesgesetzblatt 1989 II, S. 588) und die Verfahrensordnungen der internationalen Schiedsinstitutionen, etwa der Internationalen Handelskammer (International Chamber of Commerce/World Business Organization 1998).

Unsere Erfahrungen zeigen, dass Sprachbeherrschung und Kenntnis der Fachterminologie zwar Grundvoraussetzungen, aber bei weitem nicht ausreichend sind für ein erfolgreiches Abschneiden im Wettbewerb. Hinzukommen muss ein präziser, flüssiger und unkomplizierter Schreib- und Sprachstil. Ausdrucksweise und Satzstruktur müssen dem Leser die rechtliche Argumentation deutlich und überzeugend vermitteln. Das Hauptaugenmerk der sprachlichen Betreuung liegt daher auf dieser stilistischen Ebene. Hier greifen im Übrigen sprachliche und juristisch-inhaltliche Korrekturen eng ineinander: Unklare Formulierungen sind häufig ein Zeichen dafür, dass ein Argument auf juristischer Ebene noch nicht hinreichend durchdacht und strukturiert wurde. In diesem Fall kann es nicht bei einer sprachlichen Verbesserung bleiben, sondern es muss zunächst eine erneute inhaltliche Auseinandersetzung unter den Teilnehmern angeregt werden.

Die Situation der mündlichen Verhandlung erfordert weitere Fähigkeiten von den Teilnehmern. Sie müssen zum einen in der Lage sein, ihre Gedankengänge in einem zusammenhängenden Vortrag zu präsentieren. Der Vortrag kann zwar vorbereitet sein, muss aber frei gehalten werden. Zum anderen müssen die Teilnehmer auf Zwischenfragen ad hoc reagieren und notfalls von der ursprünglich geplanten Struktur abweichen können. Im Idealfall erfolgt der Wechsel vom vorbereiteten Vortrag zum spontanen Gespräch mit dem Schiedsrichter und zurück ohne stilistischen Bruch.

Im Gegensatz zur Lektüre der Schriftsätze, die die Leser jederzeit unterbrechen können, haben die Schiedsrichter bei den mündlichen Verhandlungen keine Möglichkeit, Pausen einzulegen, um ein vorgetragenes Argument zu überdenken. Das Sprechtempo und der Rhythmus, in dem Argumente aufeinander folgen, sowie die Klarheit des Ausdrucks bestimmen daher in großem Maße, ob der Schiedsrichter die Argumentation nachvollziehen kann. Dies umso mehr, als die Schiedsrichter den Fall in der Regel nicht in allen Details kennen. Zudem sind die rechtlichen Probleme der Wettbewerbsfälle meist so komplex, dass ihre Lösung auch für Experten nicht ohne weiteres eindeutig ist (vgl. zu den Fällen der vergangenen Jahre Pace University 2002b).

4. Aktuelles Vorbereitungsprogramm und fachsprachliche Betreuung

4.1 Auswahl der Teilnehmer

Gegen Ende des Sommersemesters werden interessierte Studierende durch Aushänge und Ankündigungen in den Vorlesungen auf die Moot-Wettbewerbe aufmerksam gemacht, bei denen die Universität Heidelberg regelmäßig vertreten ist. In einer gemeinsamen Informationsveranstaltung stellen die betreuenden wissenschaftlichen Mitarbeiter die einzelnen Wettbewerbe vor. Für den *Willem C. Vis International Commercial Arbitration* Moot werden Anfang August drei bis vier Teilnehmer auf Grund der eingereichten Bewerbungsunterlagen und eines Gesprächs ausgewählt. Maßgebliche Kriterien sind neben den juristischen Studienleistungen, der Teamfähigkeit und dem äußeren Auftreten vor allem die englischen Sprachkenntnisse. In der Regel haben ein bis zwei der ausgewählten Studierenden in ihrer Schul- oder Studienzeit bereits längere Zeit im englischsprachigen Ausland verbracht.

Parallel dazu werden die ausländischen Studierenden, die im Rahmen eines Erasmus- oder LL.M.-Programms ab Oktober des jeweiligen Jahres in Heidelberg studieren werden, angeschrieben und zu einem Informationstreffen eingeladen. Die Einbeziehung von ein bis zwei ausländischen Studierenden hat sich in der Vergangenheit als vorteilhaft erwiesen, da dies von Beginn an Diskussionen auf Englisch natürlich erscheinen lässt. Darüber hinaus lässt sich auf diese Weise überzeugendes Argumentieren außerhalb des eigenen rechtskulturellen Rahmens einüben. Mit der Auswahl der ausländischen Teilnehmer am Anfang des Wintersemesters ist das Team vollständig.

4.2 Ausarbeitung der Schriftsätze

Zu diesem Zeitpunkt veröffentlicht der Veranstalter des Moots – die Pace University, White Plains, New York – den umfangreichen, etwa 50-seitigen Sachverhalt (Pace University 2002b). Nach einer Orientierungsphase, die der Lektüre des Falles und der Fachliteratur (etwa Schlechtriem 1996) dient, erstellen die Teilnehmer gemeinsam eine erste Gliederung für den Aufbau des Klägerschriftsatzes. Diese Gliederung wird nach und nach mit Inhalten gefüllt. Es geht darum, die durch den Sachverhalt aufgeworfenen rechtlichen Probleme zu erkennen, die dafür relevanten Rechtsregeln aufzufinden und daraus eine für den konkreten Fall überzeugende Argumentation zu entwickeln, die den Interessen der zu vertretenden Partei gerecht wird. Die auszuwertenden Materialien wie internationale Übereinkommen, Gerichtsentscheidungen und rechtswissenschaftliche Literatur liegen zum großen Teil in englischer Sprache vor.

In regelmäßigen Treffen – anfänglich im Wochenrhythmus, später mehrfach wöchentlich bis täglich – tragen die Studierenden ihre Rechercheergebnisse und Vorschläge zusammen. Diese Diskussionsrunden werden durchgehend auf Englisch abgehalten. Das dient mehreren Zwecken: Zum einen erspart es eine mühsame und stilistisch unbefriedigende Übersetzungsarbeit bei der eigentlichen Niederschrift der Schriftsätze. Weiter eignen sich die Teammitglieder dadurch englische juristische Fachausdrücke an, ohne sie als Vokabeln lernen zu müssen. Und schließlich fällt der spätere Einstieg in die Vorbereitung auf die mündlichen Verhandlungen leichter. Teilnehmerinnen und Teilnehmer mit zu Beginn noch unsicherer Ausdrucksfähigkeit können diese in der Regel dadurch erheblich ausbauen.

Die Phase der endgültigen Ausarbeitung des Schriftsatzes stellt sowohl in inhaltlicher als auch in sprachlicher Hinsicht eine große Herausforderung an die Studierenden dar. Während die Lektüre der englischsprachigen Texte für die Teilnehmer keine Probleme verursacht, kann die Ausformulierung des Schriftsatzes erhebliche Schwierigkeiten bereiten. Die gängigen Ressourcen wie Wörterbücher bieten nur begrenzt Hilfestellung. Von entscheidender Bedeutung ist somit das Niveau der Englischkenntnisse bei den Teilnehmern. Für die Abfassung der Schriftsätze ist es ideal, wenn ein Muttersprachler dem Team angehört. Dies nimmt die Unsicherheit beim Schreiben und ermöglicht den deutschen Teilnehmern, ihre schriftliche Ausdrucksfähigkeit zu verbessern. Ein Sonderproblem stellen die juristischen Fachbegriffe dar, da sie in den Wörterbüchern generell mit bestimmten Rechtsinstituten des englischen oder US-amerikanischen Rechts verbunden sind. In den Moot-Fällen geht es aber gerade nicht um englisches oder US-amerikanisches, sondern um internationales Einheitsrecht. Daher ist bei der Verwendung von Fachbegriffen ohne nähere Erläuterung Zurückhaltung geboten (siehe oben 3.).

Mitte Dezember muss der Klägerschriftsatz abgegeben werden. Im Anschluss daran wird der Klägerschriftsatz eines anderen Teams zugeschickt, auf den bis Mitte Februar mit einer Klageerwiderung zu antworten ist. Die Abfassung des Beklagtenschriftsatzes fällt leichter, weil die Studierenden inhaltlich und sprachlich auf die Erfahrungen und Erkenntnisse zurückgreifen können, die sie bei der

Erstellung des Klägerschriftsatzes gewonnen haben. Die Herausforderung liegt hier vor allem darin, die Perspektive zu wechseln und nun die Interessen des Beklagten zu vertreten.

4.3 Vorbereitung auf die mündlichen Verhandlungen

Nach der Abgabe des Beklagtenschriftsatzes beginnt die Vorbereitung auf die mündlichen Verhandlungen. Während sich die Schriftsätze mit den im Fall aufgeworfenen rechtlichen Fragen umfassend auseinandersetzen müssen, gilt es bei dem mündlichen Vortrag, die für die vertretene Partei jeweils günstigsten Argumente nur schwerpunktartig zu präsentieren. Komplizierte rechtliche Details sollen beiseite gelassen werden. Außerdem müssen bei der Vorbereitung die möglichen Verhandlungssituationen eingeübt werden. Je nach Verhandlungsleitung des Schiedsgerichts ist ein zusammenhängender Vortrag zu halten, oder sollen nur die Argumente zu einzelnen Problembereichen präsentiert werden. In beiden Fällen müssen die Teilnehmer auf Zwischenfragen der Schiedsrichter antworten können. Bei besonders intensivem und häufigem Nachfragen kann sich die Schiedsverhandlung im Einzelfall zu einem unmittelbaren Dialog zwischen Schiedsrichtern und Teilnehmern entwickeln. Die Fähigkeit, auf Fragen und Einwände überzeugend zu reagieren, stellt den Teil der mündlichen Verhandlung dar, in dem sich ein Team profilieren und gute Bewertungen erreichen kann. Diese Reaktion auf Fragen und Einwände bereitet aber erfahrungsgemäß die meisten Schwierigkeiten und bedarf besonders intensiven Trainings.

Die Vorbereitung der Teilnehmer beginnt damit, dass sie zunächst eine detaillierte Gliederung als Grundlage für ein zusammenhängendes Plädoyer erarbeiten. Das Plädoyer wird auf einer ersten Stufe innerhalb des Teams eingeübt, indem zwei Teilnehmer die Kläger- und zwei andere die Beklagtenseite vertreten. Die betreuenden wissenschaftlichen Mitarbeiter fungieren dabei als Schiedsrichter. Sie versuchen, möglichst viele unterschiedliche Verhandlungssituationen zu simulieren. In einigen dieser Probesitzungen werden die Plädoyers mit einer Videokamera aufgezeichnet, so dass die Studierenden ihre eigenen Schwächen und Stärken ausmachen und die Wirkung ihres Auftretens abschätzen können. Die visuelle Wahrnehmung erleichtert die Selbstkontrolle und die Verbesserung der Vortragsweise.

In einer zweiten Stufe werden Professoren und Rechtsanwälte – teilweise Muttersprachler – gebeten, als Schiedsrichter aufzutreten. Auf diese Weise sollen die Studierenden ihr Reaktionsvermögen auf unvorhergesehene Fragen verbessern und die Fähigkeit erlangen, die Argumentation auch einem Außenstehenden überzeugend zu vermitteln. Besonders hilfreich ist ein Plädoyer vor Praktikern auch deshalb, weil sie aufgrund ihrer Erfahrungen und ergebnisorientierten Arbeitsweise gut beurteilen können, wie die Argumente für einen effizienten Vortrag zu gewichten sind.

Auf einer dritten Stufe werden Probeplädoyers gegen Teams anderer Universitäten veranstaltet. Hier soll insbesondere die Reaktion auf überraschende Argumente der Gegenseite geübt werden.

Für die Teammitglieder, die im mündlichen Englisch noch nicht fließend sind, stellt der mündliche Vortrag eine besonders große Herausforderung dar. Ihre sprachliche Ausdrucksfähigkeit muss durch stetiges Üben verbessert werden. Ihr Vortrag wird Punkt für Punkt durchgegangen. Sprachliche Unvollkommenheiten, etwa komplizierte lange Satzkonstruktionen, werden sofort aufgegriffen. Es werden Verbesserungsvorschläge erarbeitet, und dem Teilnehmer wird die Möglichkeit gegeben, den Vortrag in verbesserter Fassung zu wiederholen. Dieses individuelle Training kann auch durch sprachlich versiertere Teammitglieder geleistet werden. Auf diese Weise lassen sich die sprachlichen Fähigkeiten von Teilnehmern, deren Englischkenntnisse zu Beginn schwächer waren, erheblich steigern.

In diesem Zusammenhang war bei der Vorbereitung auf den Wettbewerb 2002 die erstmalige Zusammenarbeit mit dem Heidelberger Sprachenzentrum sehr hilfreich. Dadurch ist es gelungen, einen US-amerikanischen Gastprofessor in die Betreuung des Teams einzubinden. Zwar war dieser kein Rechts-, sondern Politikwissenschaftler, er hatte aber Erfahrung mit Moot-Wettbewerben. In mehreren Sitzungen diskutierte er mit den Studierenden die dem Fall zugrunde liegenden Gerechtigkeitsgesichtspunkte. Dadurch wurde nicht nur der Fall in inhaltlicher Hinsicht tiefer durchdrungen, sondern auch der freie englische Vortrag der Teilnehmer stark gefördert.

Am Schluss der Vorbereitung auf die mündlichen Verhandlungen steht eine Generalprobe mit den Direktoren des betreuenden Instituts.

5. Defizite bei der sprachlichen Vorbereitung

Ein Defizit des aktuellen Vorbereitungsprogramms besteht in der fehlenden Einbindung des *Moot*-Projekts in das Gesamtkonzept der juristischen Fremdsprachenausbildung. Die Vorbereitung auf den Wettbewerb bleibt eine punktuelle Veranstaltung außerhalb des normalen Studiencurriculums. Das wirkt sich vor allem auf die Auswahl der Teilnehmer aus. Auch wenn es oft gelingt, gut geeignete Kandidaten zu erreichen, so ist dies bislang von vielen Zufällen abhängig. Es können zwar glückliche Umstände dazu führen, dass sich Studierende für das *Moot*-Team bewerben, die von einem Studienaufenthalt im englischsprachigen Ausland zurückgekehrt sind. Eine systematische Hinführung möglichst vieler Studierender auf eine Teilnahme am Wettbewerb findet aber nicht statt. Dadurch wird die Chance vergeben, den Moot auch für solche Studierenden offen zu halten, die zwar hoch motiviert und talentiert wären, sich aber aufgrund lediglich durchschnittlicher Englischkenntnisse eine Teilnahme nicht zutrauen.

Auch beim eigentlichen Training des bereits ausgewählten Teams sind Verbesserungen möglich. Das Regelwerk des Wettbewerbs schließt zwar eine juristisch-inhaltliche Mitarbeit der Betreuer weitgehend aus, die sprachliche Korrektur wird aber angeregt (vgl. *Pace* University 2002c: VI). Bei der Ausarbeitung der Schriftsätze findet jedoch bislang keine sprachliche oder sprachstilistische Hilfestellung durch Muttersprachler oder Anglisten statt. Die sprachliche Qualität der Schriftsätze und die Zahl der Fehler hängen daher vom bereits vorhandenen Sprachniveau der Teilnehmer ab. Dasselbe gilt für die Vorbereitung der mündlichen Plädoyers. Im Gegensatz zur fachlichen Betreuung steht in sprachlicher Hinsicht bisher kein didaktisches Konzept zur Verfügung. Sprachliche Verbesserungen bauen auf einem reinen *Trial-and-error-Vorgehen* auf, das nicht alle Unsicherheiten ausräumen kann.

6. Perspektiven

Eine Verbesserung der Vorbereitung auf den *Moot* ließe sich in jeder Hinsicht durch eine engere Zusammenarbeit mit Einrichtungen der Fremdsprachenausbildung erreichen. Bereits im Vorfeld des eigentlichen Wettbewerbs könnten Studierende in fachspezifischen Fremdsprachenkursen oder auch im Rahmen spezieller juristischer Veranstaltungen – "Einführung in das amerikanische Recht" etc. – an eine Teilnahme herangeführt werden. Ziel für die Zukunft ist es, zu den bereits bestehenden Veranstaltungen dieser Art Kontakte zu knüpfen, um den *Moot*-Wettbewerb frühzeitig bekannt zu machen. Gleichzeitig könnte die Teilnahme an einem *Moot* einen Höhepunkt der fachsprachlichen Ausbildungsprogramme bilden. Die Teilnehmer dieser Programme könnten durch die Aussicht, ihre Universität bei einem internationalen Wettbewerb vertreten zu dürfen, zusätzlich motiviert werden. Außerdem wäre es denkbar, *Mooting* überhaupt als einen Unterrichtsinhalt in die fachsprachlichen Veranstaltungen zu integrieren. Auf diese Weise könnten Studierende frühzeitig einen Anwendungsbereich für ihre juristischen Fremdsprachenkenntnisse kennen lernen. Durch entsprechende Übungen und Hinweise in den fachsprachlichen Kursen könnte den Studierenden die Sicherheit vermittelt werden, mit ihren dort erworbenen Fähigkeiten für eine *Moot*-Teilnahme gerüstet zu sein. Dadurch würde für die Auswahl der Teilnehmer des *Moots* ein weiterer Interessentenkreis erschlossen.

Im Rahmen der eigentlichen Betreuung des Teams würde im Idealfall ein juristisch ausgebildeter Muttersprachler als Ko- oder Sprachtrainer zur Verfügung stehen. Er könnte bei der Erstellung und Überarbeitung der Schriftsätze sprachliche Hilfestellung geben. Besonders gewinnbringend wäre seine Beteiligung bei der Vorbereitung auf die mündlichen Verhandlungen. Da juristisch ausgebildete Muttersprachler an deutschen Universitäten allerdings eher dünn gesät sind, ist es in naher Zukunft wohl realistischer, auf einen deutschen Anglisten mit juristischem Verständnis oder einer entsprechenden Fachsprachenausbildung zu setzen. Die Beteiligung eines zumindest juristisch interessierten Muttersprachlers ist eine weitere Möglichkeit. Eine solche ist durch den Einsatz des Heidelberger Sprachenzentrums im Jahr 2002 erstmalig zustande gekommen (vgl. oben 4.). Geplant ist, daraus eine kontinuierliche Zusammenarbeit mit dem Sprachenzentrum zu entwickeln. Zwar erscheint es aus zeitlichen wie ökonomischen Gründen unrealistisch, einen eigenen Sprachkurs für die Teilnehmer des Wettbewerbs einzurichten. Angestrebt werden jedoch gezielte Diskussionsrunden bei der Vorbereitung der mündlichen Plädoyers und einzelne Korrektursitzungen bei der Ausarbeitung der Schriftsätze. Als Vorteil könnte sich dabei erweisen, dass die intensive Arbeitsphase der mündlichen Vorbereitung regelmäßig in die vorlesungsfreie Zeit fällt. Dadurch könnte es dem Sprachenzentrum leichter fallen, Ressourcen für die *Moot*-Betreuung zur Verfügung zu stellen.

Für eine Steigerung des Lerneffektes im Rahmen der *Moot* Teilnahme wäre also eine intensivere Zusammenarbeit zwischen Sprach- und Rechtswissenschaftlern wünschenswert. Die Vermittlung von Fähigkeiten zur Teilnahme an Verhandlungen oder gerichtlichen Verfahren auf internationaler Ebene ist eine Schnittstelle zwischen beiden Gebieten, die eine Kooperation lohnt.

7. Literaturverzeichnis

American Society for International Law (ASIL) (2002). Philip C. Jessup Moot, History of the Jessup. http://www.ilsa.org/jessup/history.html.

Bergsten, E. E. (2001). Teaching about international commercial law and arbitration: the eighth annual Willem C. Vis International Commercial Arbitration Moot. *Journal of International Arbitration* 4, 481-486.

Bleckmann, A. et al. (1993). Moot Courts als Lehrveranstaltung – ein Erfahrungsbericht. *Juristische Schulung*, 173-175.

Bohl, E. (2000). Ein lohnenswerter Abstecher ins wirkliche Leben eines Anwalts. *Frankfurter Allgemeine Zeitung* v. 1.7.2000, V 1.

Dobson, P. & Fitzpatrick, B. (eds.) (1986). *The Observer book of moots.* London, Sweet & Maxwell.

Hobe, S. (2001). Juristenausbildung im Umbruch – Moot Courts als Beitrag zur Praxisnähe der Juristenausbildung. In: Hanau, P. (ed.). *Gedächtnisschrift für Hartmut Krüger.* Berlin, Duncker & Humblot, pp. 171-180.

Institut für ausländisches und internationales Privat- und Wirtschaftsrecht der Universität Heidelberg (2002). Moot Courts. http://www.ipr.uni-heidelberg.de.

International Chamber of Commerce/World Business Organization (ICC/WBO) (1998). Rules of Arbitration. http://www.iccwbo.org/court/english/-arbitration/rules.asp.

Pace University (2002a). Willem C. Vis International Commercial Arbitration Moot. http://www.cisg.law.pace.edu/vis.html.

Pace University (2002b). Willem C. Vis International Commercial Arbitration Moot, Facts. http://www.cisg.law.pace.edu/cisg/moot/mootlist.html.

Pace University (2002c). Willem C. Vis International Commercial Arbitration Moot, Rules. http://www.cisg.law.pace.edu/cisg/moot/rules9.html.

Schlechtriem, P. (1996). *Internationales UN-Kaufrecht.* Tübingen, Mohr.

Wehlau, A. (1992). Moot Courts. *Juristenzeitung* , 942-946.

Wetzel, J. (2000). Internationale Moot Courts. *Juristische Arbeitsblätter*, 523-525.

STUDIENPRAKTIKUM IN RUSSLAND UND DER UKRAINE

Susanne Laudien

Humboldt-Universität Berlin

Um den wachsenden Anforderungen des Hochschulstudiums und des zukünftigen Berufsalltags insbesondere für Studenten an nichtphilologischen Fakultäten noch besser gerecht zu werden, werden am Sprachenzentrum der Humboldt-Universität Berlin Kurskonzepte überarbeitet, neue Medien für den Einsatz im Fremdsprachenunterricht und vor allem für das Selbststudium erarbeitet sowie Möglichkeiten für eine effektivere Vorbereitung auf den Berufseinstieg ausgelotet und erprobt. In dieses Spektrum bindet sich unser Projekt Studienpraktikum in Russland, der Ukraine und Deutschland ein. Es geht um einen Studentenaustausch, in dem zukünftige Fachkader fit gemacht werden sollen für ihren beruflichen Einsatz im In- und Ausland und der ihr Verständnis für andere Kulturen und Mentalitäten fördert. Ein erstes Studienpraktikum hat bereits stattgefunden. Die Ergebnisse einer ersten Befragung liegen vor.

1. Bedarfsanalyse

Die von der EU im Europäischen Jahr der Sprachen geforderte Sprachenvielfalt ist mit Langzeitkursen in einer Fremdsprache allein nicht zu erreichen. Gefordert sind kürzere, intensivere Lehrgänge, die anschließend abgelöst werden durch außerhalb des Fremdsprachenunterrichts liegende Angebote (Fremdsprache als Arbeitssprache, fremdsprachliche Begegnungen, Kontaktbörsen, Tandemprojekte u.ä.).

Zahlreiche Untersuchungen belegen, dass eine erfolgreiche Tätigkeit im Ausland weniger auf Studienzertifikaten, sondern auch und vor allem auf einem hohen Grad an Sensibilität für andere Kulturen sowie Denk- und Arbeitsweisen basiert. Auslandserfahrungen zahlen sich immer positiv aus. "Wer Geschäfte mit Engländern machen möchte, sollte sowohl die Bedeutung einer Tasse Tee oder eines Glases Whisky während der Gespräche als auch die spezifischen Probleme des englischen Marktes kennen, um zum Erfolg zu kommen. Wer diese Kenntnisse nicht hat, vielleicht noch mit Sprachproblemen kämpft, für den ist ein Misserfolg fast vorprogrammiert" (Lee et al. 1998: 23). Neben einer zielorientierten und anwendungsbezogenen Fremdsprachenausbildung an der Heimatuniversität kann ein Studienpraktikum im Zielsprachenland dazu beitragen, die

Kluft zwischen universitärer Lehre und der beruflichen Praxis zu überwinden und den Studenten eine frühzeitige Orientierung für ihre zukünftige Berufstätigkeit zu ermöglichen.

Ein Blick in die Stellenangebote für Hochschulabsolventen in der Tagespresse bestätigt uns in unserem Vorhaben:

> Für den weiteren Ausbau unserer Geschäfte in Osteuropa suchen wir für unsere Exportabteilung ... eine engagierte Persönlichkeit als
>
> Key Account Manager/-in Osteuropa
>
> Anforderungen: Nach dem erfolgreichen Abschluss Ihres Studiums bzw. einer vergleichbaren Ausbildung haben Sie einige Jahre Erfahrung im Vertrieb gesammelt, möglichst in Osteuropa.
>
> Sie haben ausgeprägte Kommunikationsfähigkeiten und bewegen sich mit Ihren englischen und slawischen Sprachkenntnissen sicher im internationalen Umfeld.
>
> Sie haben Spaß am Umgang mit Kunden, halten als Teamplayer Kontakt mit den Ansprechpartnern im Unternehmen, denken unternehmerisch und wollen Ihre Verkaufsregion eigenständig und zielgerichtet zum Erfolg führen. (Berliner Zeitung; 27./28.10.2001)

Allein aus dieser Stellenanzeige geht deutlich hervor, dass neben soliden Fachkenntnissen und guten Sprachkenntnissen noch weit mehr für eine erfolgreiche berufliche Tätigkeit im Ausland gefordert ist, nämlich praktische Erfahrung, möglichst im Ausland erworben, und interkulturelle Kommunikationsfähigkeiten. Die Zentralstelle für Arbeitsvermittlung zieht eine ähnliche Bilanz in einer Sonderausgabe Ausland Markt + Chance (Deters & Groffebert 2001):

> Aus Sicht der Arbeitgeber sprechen viele Gründe dafür, Mitarbeiter zu beschäftigen, die Arbeitserfahrungen im Ausland gesammelt haben. Diese haben eine andere Form der Arbeitsorganisation kennen gelernt und sich darin eingefunden. Sie besitzen Fremdsprachenkenntnisse, gegebenenfalls zusätzliche Fachkenntnisse, haben die konstruktive Zusammenarbeit in multikulturellen Teams erlernt und nicht zuletzt ihr Selbstvertrauen gestärkt. Sie bringen Kenntnisse mit, die für die Erschließung ausländischer Märkte oder die Sicherung der Präsenz auf diesen besonders wertvoll sind. Gerade ihre interkulturelle Kompetenz kann über den Ausgang von Verhandlungen mit ausländischen Partnern oder Kunden entscheiden, denn sie wissen um die verschiedenen kulturellen Gepflogenheiten, die

das Gespräch zwischen Menschen unterschiedlicher Nationalitäten beeinflussen.

Aus der Wirtschaft kommen wesentliche Impulse für die Ausbildung der Unternehmer von morgen, so z.b. aus der Textilindustrie (Konzept des Dachverbands der deutschen Textilindustrie 1998):

...dass in den Unternehmen künftig nicht nur das Management, sondern auch die Mitarbeiter global denken und handeln. Die Qualität der Mitarbeiter bestimmt die künftigen Wettbewerbschancen der deutschen Unternehmen auf den Weltmärkten und damit auch die künftige Entwicklung des Arbeitsmarktes in Deutschland. Alle in der Wertschöpfungskette Tätigen müssen 'interkulturelle Kompetenz' besitzen, d.h. sie müssen sich in Kunden anderer Länder und Erdteile hineindenken können. Dies ist nicht nur eine Frage des Wissens, sondern auch die innere Einstellung. Eine moderne berufliche Ausbildung muss daher interkultureller Kompetenz als zentrales eigenständiges Thema neben Technologie- und Management-Know-how vermitteln.

2.   Welchen Nutzen bringt ein Studienpraktikum im Ausland konkret?

Fremdsprachenkenntnisse werden im Alltag und im Berufsumfeld erweitert und aktiviert. Durch die Begegnung mit ungewohnten Arbeitsstrategien und Technologien werden zusätzliche berufliche Schlüsselqualifikationen gewonnen wie Mobilität, Flexibilität, Toleranz, Teamfähigkeit und damit insgesamt die Karriere des einzelnen Teilnehmers gefördert, der sich damit auf einen internationalen Arbeitsmarkt vorbereitet.

Die Begegnung mit anderen Kulturen und Mentalitäten dient einer Horizonterweiterung, einer Bereicherung der Persönlichkeit, der Erhöhung ihrer interkulturellen und sozialen Kompetenz.

Alle Kriterien zusammen genommen erhöhen zweifellos die Berufschancen auf dem Arbeitsmarkt und die Durchsetzungsfähigkeit gerade in Führungspositionen.

3.   Zielstellung des Projekts

Ziel unseres Projektes ist eine berufsorientierte Sprachintensivausbildung unter besonderer Berücksichtigung interkultureller Aspekte mit anschließendem fachbezogenem Praktikum in öffentlichen Einrichtungen. Mit diesem Angebot soll eine Lücke geschlossen werden zwischen den üblichen Sprachkursen im Zielsprachenland und mehrmonatigen Praktika. Das Programm sollte hinsichtlich der inhaltlichen Programmgestaltung und der zeitlich komprimierten Form von besonderem Interesse für Studenten an nichtphilologischen Fakultäten sein. Aber auch Studenten der Philologien dürften sich im Hinblick auf eine Zweitqualifikation angesprochen fühlen.

Verträge über diese Form der Ausbildung wurden bisher mit zwei Hochschulen abgeschlossen: mit der Staatlichen Pädagogischen Universität in Rostov-am-Don (Russland) und mit der Internationalen Slawischen Universität in Charkov (Ukraine). Perspektivisch ist an eine Ausdehnung der Zusammenarbeit mit weiteren Hochschulen gedacht. Die Vertragsdauer ist zunächst auf 3 Jahre begrenzt.

Das Studienpraktikum dauert insgesamt 4 Wochen und umfasst eine Sprachintensivausbildung im Umfang von 40 Unterrichtseinheiten sowie ein Praktikum im gleichen Umfang an öffentlichen Einrichtungen entsprechend den Fachrichtungen der Teilnehmer.

Voraussetzung für die Teilnahme am Studienpraktikum sind Russischkenntnisse auf dem Niveau des UNIcert Stufe II sowie ein abgeschlossenes Grundstudium.

Die Sprachlehrveranstaltungen werden auf fortgeschrittenem Niveau (Mittelstufe) durchgeführt und berücksichtigen Besonderheiten der beruflichen Kommunikation. So gehören Fachterminologie, Stilistik und Grammatik ebenso zum Programm wie Etikette oder Mimik und Gestik. Im Vordergrund stehen die Sprachtätigkeiten Hörverstehen und dialogisches Sprechen, die auch im Rahmen des Praktikums aktiviert werden. Die Sprachausbildung schließt mit einem Leistungstest ab, der entsprechend zertifiziert wird.

Das anschließende Berufspraktikum findet an öffentlichen Einrichtungen wie Verwaltungsorganen, Wirtschaftsbetrieben, Kultureinrichtungen oder sozialen Einrichtungen statt, je nach Fachrichtung der Teilnehmer. Nach einer allgemeinen Einweisung zu Struktur und Arbeitsbereichen der Einrichtungen werden den Teilnehmern kleinere Aufträge erteilt, deren Erfüllung am Ende zertifiziert wird.

Perspektivisch soll erreicht werden, dass beide Zertifikate an der Heimatuniversität anerkannt und bei Einschätzungen, Beurteilungen oder Bewerbungen berücksichtigt werden.

Die Unterbringung in russischen und ukrainischen Gastfamilien gewährleistet zusätzlich einen Einblick in traditionelle Lebensgewohnheiten und -ansichten und fördert somit eine Sensibilisierung für die russische Realität und die Verständigung zwischen Ost und West.

Es ist ein wesentliches Anliegen unseres Projekts, Teilnehmer der Studienpraktika auch nach ihrer Rückkehr in unser Projekt zu integrieren. So sollen sie zu Informationsveranstaltungen für neue Teilnehmer eingeladen werden, wo sie ihre Eindrücke direkt weitergeben können. Erlebnisberichte sollen regelmäßig im Internet oder in der Presse veröffentlicht werden. Ebenfalls im Internet sollen Kontaktbörsen eingerichtet werden, an die sich Interessenten mit ihren Fragen wenden können.

Die Finanzierung eines solchen Studienpraktikums erfolgt in Deutschland durch die Studenten selbst. Jedoch kann bei rechtzeitiger Beantragung eine Förderung durch den DAAD oder andere Organisationen erreicht werden.

Wesentlich schwieriger gestaltet sich die Finanzierung für russische und ukrainische Studenten. Sie bekommen keine finanzielle Förderung durch ihre Hochschulen und haben wegen der großen Nachfrage nur wenig Aussicht auf eine Förderung durch das Goethe-Institut oder den DAAD. Hier ist die Unterstützung durch deutsche Sponsoren gefordert.

4. Erste Erfahrungen

Mit dem Ziel, Ausbildungsbedingungen vor Ort zu testen und gegebenenfalls Veränderungen für zukünftige Studienpraktika einzuleiten, wurde mit Unterstützung des Auslandsamtes im März 2002 ein erster − komprimierter − Aufenthalt in Rostov-am-Don mit 10 Studenten der Humboldt-Universität Berlin durchgeführt. Teilnehmer waren Studenten der Fakultäten Wirtschaftswissenschaft, Informatik, Geografie, Gender Studies, Soziologie und Slawistik.

Bereits während des Aufenthalts wurde eine Befragung der Teilnehmer durchgeführt, in der sie zu Anlass, Verlauf und Bedeutung des Studienpraktikums Stellung beziehen sollten. Der Wortlaut des Fragebogens befindet sich im Anhang. Die Ergebnisse der Befragung sollen hier auszugsweise dargelegt werden.

Bei der Entscheidung für das Studienpraktikum überwog der Wunsch, endlich wieder in Russland zu sein (80%) vor der Bedeutung für das eigene Studium

(40%) und der Tatsache, dass es sich hier um ein neuartiges Angebot handelt, das sogar finanziert wird (jeweils 40%).

Beeinflusst wurden die Teilnehmer bei ihrer Entscheidung von ihren Russischlehrern (50%), von Freunden (40%) sowie von der Familie (20%) und Fachlehrkräften (20%).

In Vorbereitung auf die Reise haben die Teilnehmer in verschiedenen Medien recherchiert (30%), Gespräche mit Dozenten geführt (20%) sowie Russlandkenner konsultiert (30%).

Eigene Ziele während des Studienpraktikums waren vor allem die Vervollkommnung der Russischkenntnisse (100%), das Erleben der russischen Mentalität (80%), das Erleben der russischen Kultur (80%) und erst dann ein Einblick in das russische Berufsleben (40%), der Erfahrungsaustausch mit Fachleuten (30%) und Treffen mit russischen Fachstudenten (30%).

Die ohnehin stark verkürzte Dauer des Studienpraktikums (12 Tage) wurde noch zusätzlich eingeschränkt durch die Feiertage um den 8. März, was dazu führte, dass 90% die Dauer von knapp 2 Wochen für zu kurz und nur einer (10%) für ausreichend hielten.

Die Erwartungshaltung vor der Reise wurde in folgenden Zahlen wiedergegeben: Mit nach Hause nehmen wollten die Teilnehmer vor allem Eindrücke von der Region (80%). Russland live zu erleben, hielten 70% für wesentlich. Weitere Gründe für die Reise waren "eine echte fachliche Bereicherung" (40%) und Fachbücher für das Studium (40%). Intensive Kontakte zur russischen Hochschule (30%) sowie die beiden Zertifikate (20%) spielen eine geringere Rolle.

Dass die Anreise mit der Bahn nicht ganz reibungslos verlief, halten 70% der Teilnehmer nicht davon ab, wieder mit dem gleichen Transportmittel zu fahren. Nur 30% würden sich lieber für das Flugzeug entscheiden.

Der überaus herzliche Empfang durch die Gastgeber wurde zu Recht von den Teilnehmern mit optimal (60%) bzw. ganz gut (40%) gewürdigt.

Der Sprachunterricht wurde hingegen sehr kritisch eingeschätzt. 78% waren der Meinung, dass die Sprachlehrveranstaltungen nur teilweise der Zielstellung der Ausbildung entsprachen. Einer war absolut zufrieden, einer gar nicht zufrieden.

Allerdings sind die Antworten auf die folgenden Fragen in einem solchen Maß differenziert, dass nur ein Einzelunterricht alle Wünsche hätte befriedigen können. So würden zukünftig 33% die Stilistik, 33% die Grammatik und 22% die Sprichwörter weglassen.

Zusätzlich standen Phonetik, das Erstellen von Faxen, mehr monologisches Sprechen, Fachlexik, sprachpraktische Übungen in kleinen Gruppen sowie Landeskunde auf der Wunschliste.

Den Anforderungen in der Sprachausbildung fühlten sich immerhin 67% gewachsen. 33% fühlten sich überfordert.

Dass 67% der Teilnehmer der Meinung waren, dass der Sprachunterricht kaum ihr Sprachniveau beeinflusst hat, mag zuallererst der kurzen Dauer anzulasten sein. Es soll aber nicht verschwiegen werden, dass es durchaus auch zu Diskrepanzen mit einzelnen Lehrkräften kam, die meinten, ihr ganzes sprachwissenschaftliches Können vermitteln zu müssen, was jedoch ausschließlich von den beiden Slawistikstudentinnen positiv aufgenommen wurde.

Bei diesem ersten Probedurchgang fanden vormittags der Sprachunterricht und nachmittags das Praktikum statt. Damit waren jedoch nur 33% zufrieden. 44% wünschen sich in Zukunft einen Tag Sprachunterricht und einen Tag Praktikum im Wechsel, 22% gar einen wöchentlichen Wechsel.

Der Kontakt zu den Sprachlehrern wurde überwiegend als positiv bewertet – 33% schätzten ihn als sehr gut, 55% als gut ein. Die Betreuung durch die Mitarbeiter des Auslandsamtes war zweifellos sehr gut, was von den Teilnehmern jedoch nicht immer nachvollziehbar war, da nicht jeder persönlich mit dem Auslandsamt Kontakt hatte. Eine berechtigte Kritik bezog sich jedoch auf die Tatsache, dass die Teilnehmer von den konkreten Veranstaltungen am nächsten Tag mehr oder weniger per Zufall erfuhren. Eine konkrete Absprache bzw. Mitteilung wäre mitunter sehr hilfreich gewesen.

Das Exkursionsprogramm umfasste eine Stadtrundfahrt und eine Exkursion nach Taganrog. Mehr war durch die Feiertage nicht realisierbar. Die Teilnehmer hatten sich jedoch persönlich sehr hohe Ziele gestellt und äußerten bei der Auswertung ihre Wünsche für die Zukunft: mehr Ausflüge in andere Städte und die Umgebung sowie Betriebsbesichtigungen.

Die Praktikumseinrichtungen waren so vielseitig wie die Fakultäten, aus denen die Teilnehmer kamen: ein mittlerer Wirtschaftsbetrieb, die philologische Fakultät der Partneruniversität, ein Kinderzentrum, das Ministerium für Industrie, Wissenschaft und Technik der Russischen Föderation.

Nachdem die Lehrkräfte uns bereits bei der Begrüßung von der schwierigen Suche nach Praktikumseinrichtungen berichtet hatten, durfte man wohl nicht erwarten, dass jeder Teilnehmer in die für ihn ideale Einrichtung kommen würde. So fanden nur 22%, dass ihr Praktikum ihren Vorstellungen entsprach, für 44% traf das nur teilweise zu. 33% meinten gar, dass das Praktikum überhaupt nicht ihren Erwartungen gerecht wurde.

Zumindest fanden 44%, dass sie ausreichend über Aufgaben und Struktur der Einrichtung informiert wurden. 22% schränkten dies ein, und einer (11%) fühlte sich unzureichend informiert.

Sicherlich auch der Kürze der Zeit geschuldet war eine unzureichende Aktivierung der Teilnehmer im Rahmen des Praktikums. So gaben lediglich 33% an, wenigstens zu 50% aktiv geworden zu sein, während 33% sich zu 30% aktiviert fühlten. 22% fanden sich völlig unterfordert.

Entsprechend fielen die Antworten auf die Frage nach wesentlichen Kriterien für ein effektives Praktikum aus: Für 55% stehen ein persönlicher Betreuer, ein eigener Auftrag und eine Integration in Betriebsaufgaben an vorderster Stelle, wobei alle drei Punkte gleichermaßen wichtig sind. Eine Leistungsbewertung hielt dagegen nur einer (11%) für wichtig.

Auch bezüglich des Zertifikats überwog die Teilnahme (55%) die Leistung (44%).

Ungeachtet der kritischen Einschätzung des Praktikums, sehen immerhin 55% einen Nutzen in den praktischen Erfahrungen. 22% sehen keinen Nutzen im konkreten Fall. Dass dieses Praktikum für das Diplom oder gar bei der Jobsuche hilfreich sein könnte, hielt nur jeweils einer für möglich.

Die konkrete Praktikumseinrichtung halten für ihr Fachstudium 33% für sehr geeignet, 33% für weniger geeignet und 22% für ungeeignet.

Die Unterbringung in den Gastfamilien wurde durchweg als sehr positiv bezeichnet, wobei danach differenziert wurde, ob der Teilnehmer ein separates Zimmer hatte oder nicht. So würden es 22% vorziehen, beim nächsten Mal im Wohnheim zu wohnen.

Von allen Teilnehmern wurde bestätigt, dass in den Familien überwiegend Russisch gesprochen wurde. Hierzu sei angemerkt, dass die gastgebenden Studenten Germanisten waren und somit an einer Vervollkommnung ihrer eigenen Deutschkenntnisse interessiert waren. Da bis auf einen alle gastgebenden Studenten bei ihren Familien wohnten, waren dennoch alle Voraussetzungen für eine regelmäßige Kommunikation in Russisch gegeben. Alle Studenten fühlten sich wohl und vollkommen integriert in das Familienleben. Die einzige "Kritik" bezog sich darauf, dass die deutschen Studenten sich gern auch an der Erledigung häuslicher Arbeiten beteiligt hätten. Aber auch das gehört zu den wichtigen Erfahrungen: Der Gast ist König und darf nicht im Haus arbeiten.

Da uns sehr an einer Einbindung der Teilnehmer in die Betreuung der Rostower Austauschstudenten gelegen ist, galt die letzte Frage einer Recherche nach potentiellen Gastgebern für russische Studenten in Deutschland. Immerhin 55% erklärten sich bereit, russische Austauschstudenten bei sich aufzunehmen.

5. Schlussfolgerungen

Die Kombination zwischen einem fachsprachlichen Intensivkurs und einem berufsorientierten Praktikum im Zielsprachenland in komprimierter Form ist neu an deutschen Hochschulen und ermöglicht eine intensive interkulturelle Erfahrung im Alltag und im beruflichen Umfeld. Der im Stuttgarter Appell (1999) angemahnten Förderung von Internationalität an deutschen Hochschulen sowie einer verstärkten Bereitschaft zu beruflicher Mobilität und Kooperation wird unser Projekt in mehrfacher Hinsicht gerecht. Der Teilnehmer erwirbt neben sprachlichen und fachlichen auch und vor allem interkulturelle und soziale Kompetenzen, aus denen er nicht nur in der Ausbildung und im Beruf, sondern auch ganz persönlich großen Nutzen ziehen wird.

Die Erlebnisse und Erfahrungen während des Aufenthalts im Zielsprachenland werden die Teilnehmer ermuntern, sich auch in Zukunft für Völkerverständigung und Kooperation zu engagieren.

Zum Schluss sei Golo Mann (1991) zitiert, der seine Einstellung zum Erlernen von Fremdsprachen mit den folgenden Worten darlegt:

> Englisch muss heute jeder können, aber es genügt nicht. Zwei Fremdsprachen sollten es wenigstens sein, darunter eine, die nicht jeder kann, mit der man folglich etwas Selteneres lernt. Spanisch-Kastilisch eröffnet die

ganze weite hispanische Welt; Russisch die slawische, Arabisch die nord-
afrikanisch-nahöstliche und so fort. Wohin das führen wird, weiß man
nicht und braucht es nicht zu wissen, zu etwas Nützlichem gewiss.
Sprachen bedeuten nicht nur Bildung, wie schön reimt Friedrich Rückert:

> Mit jeder Sprache mehr
>
> die du erlernst, befreist
>
> du einen bis daher
>
> in dir gefangenen Geist.

6. Literaturverzeichnis

Deters, S. & Groffebert, H. (2001). *Markt + Chance. Sonderausgabe Ausland.*
23. November 2001. Zentralstelle für Arbeitsvermittlung.

Konzept des Dachverbands der deutschen Textilindustrie, 24. Januar 1998. *Global denken und handeln - Standortsicherung durch Globalisierung.*

Lee, A. et al. (1998). *Bewerben in Europa. Der Ratgeber für alle EU-Länder.*
Liedernhausen/Ts., Falken.

Mann, G. (1986). *Erinnerungen und Gedanken.* Frankfurt a.M., Fischer.

Weiterführende Literatur zur Thematik sind:

Commer, H. (1993). *Der neue Manager-Knigge: Das Erfolgs-ABC für das In-
und Ausland.* Wien, Econ.

Baumgart, A. & Jänecke, B. (2000). *Rußlandknigge. Ein praktischer Leitfaden
zur Berücksichtigung soziokultureller Aspekte im Umgang mit russischen
Geschäftspartnern.* München, Oldenbourg.

Wolff, I. (1997). *Business-Knigge von A bis Z.* Niedernhausen/Ts., Falken.

7. Anhang:

Studienpraktikum in Rostov-am-Don

2.03. bis 17.03.2002

Befragung

1. Vor der Reise

1) Sie haben sich für ein Studienpraktikum in Rostov-am-Don entschieden. Warum?

Finanzielle Förderung

Wichtig für mein Studium

Endlich wieder in Rußland sein

Freunde fahren auch

Neues Angebot der HUB

2) Wer hat Sie in diesem Vorhaben bestärkt?

Fakultät Fachlehrkräfte

Auslandsamt

Kommilitonen

Russischlehrer

Familie

Freunde

3) Wie haben Sie sich auf die Reise vorbereitet?

Recherchen in den Medien

Gespräche mit Dozenten

Beratung im Auslandsamt

Besprechung mit Rußlandkennern

4) Welche Ziele haben Sie sich für den Aufenthalt gestellt?

Einblick in das russische Berufsleben

Erfahrungsaustausch mit Fachleuten

eigene praktische Leistung / Projekt

Treffen mit russischen Fachstudenten

Vervollkommnung der Russischkenntnisse

Erleben der russischen Mentalität

Erleben der russischen Kultur

andere (welche?)

5) Wie schätzen Sie die zeitliche Dauer dieser Bildungsmaßnahme ein (2 Wochen)?

zu kurz   ausreichend   zu lang

6) Was wollen Sie mit nach Hause nehmen?

eine echte fachliche Bereicherung

ein Zertifikat über Fach / Sprache

intensive Kontakte zu russischer Hochschule

Rußland live erlebt zu haben

Eindrücke von der Region

Fachbücher für das Studium

Souvenirs für Familie und Freunde

II. Verlauf des Studienpraktikums

a) Anreise

1. Die Anreise verlief

optimal   ganz gut   kompliziert

2. Das nächste Mal würde ich

    wieder mit der Bahn

    lieber mit dem Flugzeug

    gern auch mit dem Bus   fahren.

3. Den Empfang durch den Gastgeber (am Bahnhof, Uni, Familie) schätze ich so ein:

    optimal   ganz gut   na ja

    Bem.: zu viele Veranstaltungen am ersten Tag

b) Sprachunterricht

1. Entsprachen die Sprachlehrveranstaltungen der Zielstellung der Ausbildung?

    absolut   teilweise   eher nicht

2. Welche Fächer würden Sie in Zukunft eher weglassen?

3. Welche Fächer würden Sie zusätzlich aufnehmen?

4. Meiner Meinung nach waren die Anforderungen in der Sprachausbildung

    zu hoch   angemessen   zu niedrig

    Bem.:

5. Der Sprachunterricht beeinflusste mein persönliches Sprachniveau

    betraechtlich   akzeptabel   kaum

6. Zukünftig sollten Sprachunterricht und Praktikum so gestaffelt sein:

    6 h SU, dann Prakt.
    4 h SU, dann Prakt.
    1 Tag SU, 1 Tag Prakt.

7. Den Kontakt zu den Sprachlehrern schätze ich

    sehr gut   gut   weniger gut   ein.

Bem.:

8. Die Betreuung durch das Rostover Auslandsamt schätze ich

    sehr gut   gut   weniger gut   ein.

Bem.:

c) Exkursionen

1. Das Exkursionsprogramm entsprach

    absolut   durchaus   eher nicht

                             meinen Erwartungen.

2. Zusätzlich würde ich aufnehmen:

d) Praktikum

1. Name der Praktikumseinrichtung:

2. Das Praktikum entsprach meinen Vorstellungen

    voll und ganz   teilweise   eher nicht

3. Über Aufgaben und Tätigkeitsfelder der Einrichtung wurde ich

    absolut   teilweise   eher nicht
    informiert.

4. Die Relation zwischen Information und meiner eigenen Aktivität schätze ich so ein:

    50:50   70:30   30:70

5. Besonders wichtig ist für mich

    ein persönlicher Betreuer
    ein eigener Auftrag
    eine Leistungsbewertung
    eine Integration in die Betriebsaufgaben
    weiterhin:

6. Das Praktikum sollte attestiert werden durch:

    Teilnahmezertifikat
    Leistungszertifikat

Prämie

Vergütung

7. Das Praktikum bringt mir Nutzen bezüglich

    praktische Erfahrungen

    bei der Jobsuche

    Anerkennung für das Diplom

    keinen Nutzen

    weiterhin:

8. Meine Praktikumseinrichtung halte ich für mein Fachstudium für

    sehr geeignet   weniger geeignet   ungeeignet .

e) Unterkunft

1. In meiner Gastfamilie wurde ich

                                          aufgenommen.

2. Ich war untergebracht

    in einem eigenen Zimmer

    in einer 1-Zimmer-Wohnung mit russ. Studenten

    zusammen mit der Studentin in einem Zimmer

    nach besten Möglichkeiten

    wie im Hotel

3. Mit der Verpflegung war ich

sehr zufrieden   zufrieden   nicht zufrieden

4. Wie wurden Sie in die Familie integriert?

vollkommen integriert
kleinere Aufgaben im Haushalt für mich
an Familienfesten teilgenommen
Hilfe beim Studium geleistet

5. In der Familie wurde überwiegend

Russisch   Deutsch   gesprochen.

6. Das nächste Mal würde ich

wieder in einer Familie   lieber im Wohnheim
wohnen.

Bem.:

7. Wären Sie bereit, einen / eine Studenten/-in für 4 Wochen bei sich aufzunehmen?

ja, sehr gern   es kommt darauf an   geht leider nicht

DIE INTELLIGENZ DES ANDEREN SYSTEMS VERSTEHEN INTERKULTURELLES MANAGEMENT AM BEISPIEL DEUTSCHLAND/FRANKREICH

Jacques Pateau

Universität Compiègne

Es wird die These vertreten, daß vorgeblich universelle Managementmethoden durch die jeweiligen Kulturen – hier deutsche und französische – abgewandelt werden. Dies führt bei Joint Ventures gelegentlich zu Konflikten, die ihren Ursprung jenseits einfacher sprachlicher Verständigungsprobleme haben. Das zeigt sich am direkten deutschen, dagegen impliziten französischen Kommunikationsstil, es zeigt sich am unterschiedlichen Verhältnis zur Autorität. Die inkompatiblen Verhaltens- und Denkmuster wurzeln in deutscher "Stammeskultur" gegenüber französischer "imperialer" Kultur. Für den Franzosen ist die Autorität nicht mehr nahe wie in der Stammeskultur der Deutschen, sie ist fern und äußerlich. Dadurch wird es dem Franzosen möglich, Gegenmacht hervorzubringen bzw. Freiheitsräume zu schaffen. Deutsche genießen eine größere Freiheit beim Ringen um eine Entscheidung, danach sind ihnen die Hände gebunden. Franzosen müssen eine weit oben ohne Mitwirkung des Individuums getroffene Entscheidung umsetzen, haben dabei aber viel freie Hand. Auch die unterschiedlichen Erziehungssysteme in den beiden Ländern wirken sich hier aus. Rhetorischer Eleganz, Stil und synthetischem Denken steht eine einfache, direkte und explizite Sprache gegenüber. Nur wenn es international tätigen Mitarbeitern gelingt, die Intelligenz des jeweils anderen Systems zu durchschauen, kommt es zu gemeinsamer Handlungsfähigkeit im Team.

1. Einleitung

Management ist die Kunst, ein Unternehmen oder eine Organisation zu leiten. Bei unserem deutsch-französischen Vergleich wollen wir uns auf eine der Grundfragen des Managements konzentrieren: das Autoritätsverhältnis zwischen den Akteuren als Vorgesetzte und Untergebene insbesondere bei der Vorbereitung, der Findung und der Umsetzung von Entscheidungen. In den letzten vierzig Jahren galten zunächst amerikanische, dann japanische Modelle weltweit als vorbildlich (Ouchi 1982). Ein Vergleich deutscher und französischer Managementstile führt unweigerlich zur Frage nach Konvergenz oder Divergenz: Beobachten wir im Verlauf der Globalisierung auch eine Angleichung der Unterschiede oder bestehen starke Besonderheiten fort, die durch Kultur, Bildungswesen und Gesellschaft bedingt sind, aber durch das Verhalten der Akteure im System relativiert oder verändert werden können?

Alle empirischen Managementstudien zeigen deutlich, wie unterschiedlich eine vorgeblich universelle Theorie in den verschiedenen Kulturen umgesetzt wird. Eine oberflächliche Betrachtung der Managementmethoden in beiden Ländern (*Management by...*) könnte die Unterschiede für nebensächlich halten: Management durch Mitwirkung, Qualitätsmanagement, Reengineeering etc... werden in gleicher Weise in den Betrieben proklamiert. Aber bereits das vor Jahrzehnten von Drucker geforderte Management durch Zielvereinbarung (Drucker 1955) hatte in beiden Ländern keineswegs die gleichen Auswirkungen. Dieses Verfahren setzt bei den Mitarbeitern eines Unternehmens gewisse tief in der amerikanischen Kultur verwurzelte Grundeinstellungen voraus: tatsächlich mit einem Vorgesetzen verhandeln können; sich durch Leistung hervortun wollen, Risikobereitschaft zeigen.

Die deutsche Version des Managements durch Zielvereinbarung führt zu einer Umgestaltung des ursprünglichen Modells. Sie betont die Rolle des Teams bei der Festlegung der Ziele und reduziert damit das persönliche Risiko. Das deutsche Verfahren des kollektiv gefundenen Kompromisses, ein Grundpfeiler der deutschen Kultur, ist auch in diese Managementtechnik eingegangen, so dass sie sich in Führung durch Zielvereinbarung gewandelt hat. In Frankreich wird sie zur partizipatorischen Führung durch Zielvereinbarung, einer Wunschvorstellung der Achtundsechziger. Sie blieb insofern illusorisch, als sie zwar dem alten Gleichheitsstreben der französischen Gesellschaft entsprach, aber in nichts die tatsächliche Abhängigkeit von der Autorität des Vorgesetzten berücksichtigt, die zwar heftig kritisiert wird, aber personenbezogen bleibt. Die in Frankreich übliche hierarchische Distanz kommt von den Bedürfnissen der Untergebenen ebenso wie denen der Chefs; eine Verinnerlichung gemeinsam getroffener Zielvorgaben entspricht einfach nicht der französischen Kultur.

Man darf also feststellen, dass die vorgeblich universellen Managementmethoden durch die jeweiligen Kulturen in deren Sinne korrigiert werden. Wenn aber diese Kulturen aufeinander treffen oder in Konflikt geraten, wie dies bei allen deutsch-französischen Unternehmen der Fall ist, welche immer häufiger aus Fusionen und Joint Ventures hervorgehen, treten unweigerlich Schwierigkeiten auf. Die Akteure der betroffenen Organisationen haben nie gemeinsam über ihre alltägliche Routine und die Methoden künftiger Zusammenarbeit nachgedacht. In sämtlichen Bereichen stellt man paradoxerweise fest, dass Franzosen und Deutsche sich gegenseitig eine Überbetonung der Hierarchie im Managementstil des anderen vorwerfen und permanent auf Kommunikationsprobleme hinweisen.

2. Kommunikationsstil

Was sind die Quellen für deutsch-französische Missverständnisse? Nehmen wir einmal das Beispiel des Kommunikationsstils heraus: Wer in einem deutschen Bus den Knopf drückt, dem antwortet ein Schild *Bus hält*, in Frankreich leuchtet *Arrêt demandé*, das heißt *Halt verlangt*, und also wird der Bus halten. Das heißt, Deutsche sind direkter als Franzosen, die viele Dinge implizit meinen, aber nicht deutlich aussprechen. Ein seit vielen Jahren in Deutschland lebender Franzose sagte uns in einem Interview "*In Frankreich signalisieren wir einen Wunsch, und der Empfänger muss intelligent genug sein, um ihn zu verstehen. Wir gehen also davon aus, dass die Botschaft auf den Weg gebracht wurde und der andere entsprechend handeln wird. Wenn sie jedoch in Deutschland einen Zweifel im Raum stehen lassen, hält der Deutsche Sie für nicht präzise genug und gibt Ihnen nichts...*"

Bei den französischen Kollegen wirkt die explizite deutsche Weise oft als dominierend, schulmeisterlich, ja verletzend, während die französische *message* durch den indirekten, impliziten globalen Kommunikationsstil auf deutscher Seite in vielen Fällen gar nicht ankommt.

In der französischen Kommunikation, und das gilt gleichermaßen für die japanische oder die britische, ist aus kulturgeschichtlichen Gründen immer ein hoher Kontextbezug gegeben, der auch implizite Formulierungen, verkürzte Informationen oder Anspielungen nicht ihres klaren Aussagegehalts beraubt.

Sehr häufig zeigt sich auch ein anderer Gegensatz, wenn Deutsche und Franzosen zusammenarbeiten. Es ist schwieriger in Frankreich, die zwischenmenschliche Dimension aus der Arbeitsbeziehung herauszuhalten, oder anders gesagt, die Person, mit der man es zu tun hat, von dem Thema, mit dem man es zu tun hat, zu trennen. Zahlreiche Konsequenzen ergeben sich daraus: eine größere Erregbarkeit, ein stärkerer Wunsch zu gefallen oder nicht zu missfallen, eine systematischere Suche nach Verbrüderung oder Kumpanei. In Deutschland dagegen ist die Neigung zur Sachlichkeit ausgeprägter, d.h. Objektivität, geringere Empfindlichkeit, aufgabenorientiertes Arbeitsklima und berufliche Unparteilichkeit, was von den Franzosen oft zu Unrecht als Kälte und Distanz interpretiert wird. Letztere sind übrigens sehr überrascht, bei ihren deutschen Kollegen eine völlige Verwandlung festzustellen nach der Arbeit, wenn die Art, Feste zu feiern und über die Stränge zu schlagen, ohne Selbstzensur und Hintergedanken, alles in den Schatten stellt, was sie sich vorstellen konnten.

3. Managementstile

Nehmen wir einen kulturellen Unterschied, der für Manager von großer Bedeutung ist, nämlich das unterschiedliche Verhältnis zur Autorität. Der Gebrauch des Begriffs "Management" ist sicherlich universell, der Managementstil dagegen ist von diesem unterschiedlichen Verhältnis zur Autorität geprägt. Und obwohl jeder davon überzeugt ist, dass es sich um das gleiche universelle *project management* handelt, tauchen die alten Unterschiede wieder auf. Um das auf einen einfachen Nenner zu bringen, unter "*managen*" versteht man in der einen Kultur, *sich sachkundig machen und erst dann die Entscheidung treffen, die dann für die Mitarbeiter verbindlich ist*, in der anderen, die Entscheidung global nehmen, mit dem Risiko, dass am Ende grau herauskommt, was zuvor schwarz entschieden wurde, oder der Chance, dass die Mitarbeiter ihren Spielraum kreativ im Interesse der Entscheidung nutzen: mit anderen Worten agieren oder reagieren?

In der Phase der Entscheidungsfindung ist die Freiheit oder, mehr noch, die Fähigkeit, Vorschläge in der Hoffnung zu machen, dass diese auf höherer hierarchischer Ebene auch zur Kenntnis genommen werden, in Deutschland sicher größer als in Frankreich. Der Glaube an das effiziente Ingangsetzen einer Aktion durch Kumulierung einer Vielzahl von Kompetenzen, die von der Hierarchie anerkannt und damit zur Geltung gebracht werden, ist in Deutschland tiefer verankert als in Frankreich, wo wir ein viel höheres Maß an Resignation oder Herumtasten, häufig auch schwankendes Zögern beobachten können. Wenn die Entscheidung dann aber einmal gefällt ist, scheint ihre Umsetzung auf der französischen Seite oft flexibler und angemessener. Je nach Situation kann das in Form von Widerspruch, Aufstand und Ablehnung erfolgen oder in kreativer Anpassung an die realen Verhältnisse.

Auch hier sind die Vor- und Nachteile der beiden Systeme offensichtlich, auf der einen Seite Kontinuität, aber die Schwierigkeit, spontane Veränderungen zu berücksichtigen; auf der anderen Seite ein hohes Reaktionsvermögen, aber eine gewisse Inkonsistenz.

4. Stammeskultur vs Dissenskultur

Will man Ursachenforschung betreiben, muss man sich fragen, worin unsere unterschiedlichen Verhaltens- und Denkmuster wurzeln. Dazu sind mehrdimensionale Erklärungsfaktoren notwendig. Wir beziehen uns daher bei unserer Analyse nicht nur auf die politische Geschichte, sondern auch auf familiensoziologische Untersuchungen, die Religion und das Erziehungssystem als wichtige Determinanten des kulturellen Handelns.

Betrachten wir die politische Geschichte, so stellen wir fest, dass Deutschland von der Kultur des kleinen Territoriums, der *Gemeinschaftskultur* oder *Stammeskultur* (Demorgon & Pateau 1999: 190), geprägt ist. In anderen Ländern, wie z.B. in Frankreich, hat sich die Stammesorganisation schneller ausgedehnt und einen anderen Typus hervorgebracht, den wir monarchistisch-imperiale Kultur oder Reichskultur nennen. Für Länder wie Großbritannien, die Niederlande oder die USA ist dagegen die Kultur des Warenaustauschs, die Handelskultur, charakteristisch.

Eine vierte Kultur zeichnet sich ab, in deren Übergangsphase wir uns gerade befinden, nämlich die Kultur des *web* und *net*, die weltweite Informationskultur. Es ist nun ein schwerwiegender Irrtum für die interkulturelle Zusammenarbeit zu glauben, dass die gleichen Begrifflichkeiten und ähnliche Strukturen automatisch Konvergenz bedeuten. Die Rezeption der weltweiten Informationskultur erfolgt nämlich in jeder der drei "alten" Kulturen ganz unterschiedlich. Es überrascht nicht, dass die primär auf Markt- und Gewinnchancen orientierte Handelskultur, deren mit hoher Risikobereitschaft gepaarter Pragmatismus sich frei von regulativen Fesseln entfalten kann, am schnellsten reagiert hat. Im Internet z.B. sind die Amerikaner längst Herr im Haus, während Franzosen oder Deutsche noch dabei sind, sich darauf ein- und umzustellen.

Die Schlüssel für das deutsche Arbeitsverhalten, in dem Aufgabenorientierung (*Zielorientierung, Planung, Präzision, sequentielles Vorgehen, Zeiteinteilung...*), Fachkompetenz (*Spezialisierung, Detailkenntnis, Erfahrung...*) und das Denken in Zuständigkeitsbereichen (*Organisation, Funktionsgrenzen, Delegation, Verantwortung, Abstimmung, Konsens, explizite Kommunikation...*) eine zentrale Rolle spielen, finden wir in der Stammeskultur, die wir auch Kultur des kleinen Territoriums oder Gemeinschaftskultur genannt haben.

Wie kommt nun diese Gemeinschaft voran, wie organisiert sie sich, wie ist die Einstellung zur Autorität (*Managementstil*), wie gewinnt der Einzelne Wertschätzung (*Kompetenzen, Karriere*) in dieser Kultur?

In einem kleinen Territorium ist die Entfernung zur Macht natürlich nicht sehr groß; für das Individuum ist die Autorität sehr nahe, sowohl geographisch als auch symbolisch. Wenn man einmal das ursprüngliche Modell der germanischen Stämme nimmt, so ist das Oberhaupt *primus inter pares*, erster unter gleichen; der Stammesführer wird demokratisch gewählt und von daher ganz natürlich respektiert. Diese Autorität, personifiziert sowie kodifiziert in Form von Regeln und Gesetzen, ist so selbstverständlich für die Gruppenmitglieder, dass sie nicht als äußeres Element angesehen, sondern verinnerlicht, internalisiert und Teil des Individuums wird. Der Einzelne fühlt sich gleichzeitig als Teil der Gruppenautorität und auch für das Ganze, die Gruppe, verantwortlich.

Wer die verinnerlichte Autorität nicht versteht, sieht im deutschen Verhalten häufig nur den besserwissenden Schulmeister, ohne das von Verantwortungsgefühl und Gemeinschaftsdenken motivierte Individuum zu erkennen.

Damit eng verbunden ist selbstverständlich auch die Entstehung eines bestimmten Kommunikationsstils. Der Einzelne wird durch die Qualität seiner Aufgabenerfüllung von den anderen geschätzt, als Fachmann muss er den anderen gegenüber eine einfache, klare, explizite Sprache sprechen, damit er verstanden wird. Aufgabenorientierte Kommunikation heißt, es geht um die Sache, Kritik ist daher sachdienlich und a priori kein persönlicher Angriff, wie in einer Kultur, wo in der Arbeitsbeziehung die Person im Vordergrund steht bzw. eine Trennung zwischen Sache und Person unmöglich ist.

Ich werde im Ausland keine Probleme haben, denn ich bin sachlich, hören wir von deutschen Führungskräften, *ich bin aufgeschlossen, mit mir kann man reden...., ich spreche die Probleme an und rede nicht um den heißen Brei herum..., ich mache denen klar, wie man das macht...,* solche Äußerungen illustrieren diesen Kommunikationsstil einschließlich seiner Wertigkeit.

Vergessen wird nur immer wieder, dass in der interkulturellen Situation die Wertigkeit im anderen Land nicht automatisch die gleiche ist und dass aus einem Vorteil hier ein Nachteil dort entstehen kann.

Kommen wir nun zum Individuum in der so genannten monarchistischen oder imperialen Kultur, die Frankreich stark geprägt hat. Es geht hier bei diesen Begriffen überhaupt nicht um das Regime, sie sollen nur zeigen, dass das Territorium sich jetzt erweitert hat und damit natürlicherweise eine andere Art von Beziehung zu den anderen und zur Macht entsteht. Für das Individuum in der Kultur des erweiterten Territoriums ist die Autorität nicht mehr nahe und verinnerlicht, sondern fern und äußerlich. Wenn man einmal das Schema Paris und die Provinz nimmt, so werden sich zwei Kulturen entwickeln, zum einen diejenige, die im unmittelbaren Umfeld der Macht entsteht, und zum anderen eine, die eher eine Kultur des Widerstands und der Opposition ist, wo gerade die Entfernung zur Macht eine wesentliche Rolle spielt.

Die Hofgesellschaft, die die französische Kultur sehr stark geprägt hat, bringt ein Verhalten hervor, das sich durch eine unglaubliche Geschicklichkeit im Meistern von Situationen auszeichnet, durch eine scharfe Beobachtungsgabe seines Umfelds, seiner potentiellen Rivalen, denn die Rivalität um die Gunst der Mächtigen ist selbstverständlich groß.

Wenn man sich aber ein bisschen von dieser Hofgesellschaft entfernt und auf Distanz geht, dann findet man die so genannten Salons, in denen man im 18. Jahrhundert die Ideen diskutiert, die das Regime stürzen werden, die Ideen Voltaires, Diderots, Montesquieus, Rousseaus, usw. Der Salon stellt also die erste Distanz dar, der erste Widerstand, die erste Kritik, die sich formiert und auf eine gewisse Art zur französischen Revolution führt.

Hier haben wir die zweite Kultur, die andere Facette der französischen Haltung zur Autorität. In Frankreich haben wir also eine komplizierte, komplexere Beziehung zu einer fernen und allmächtigen Autorität, deren räumliche Distanz es gerade möglich macht, Gegenmacht hervorzubringen bzw. Freiheitsräume zu schaffen. Es existiert in der französischen Kultur ein sakrosankter Respekt vor der fernen Macht. Aber gleichzeitig wird die Unabhängigkeit des Einzelnen geschützt durch die beträchtliche Widerstandskraft der sozialen Gruppe, der er angehört.

Die deutsche Freiheit besteht in der mit der Aufgabe verbundenen Entschei-
dungskompetenz und im Ringen um die Entscheidung, bei der Umsetzung sind
einem dann die Hände gebunden, wobei sich die französische Freiheit bei der
Umsetzung einer Entscheidung zeigt, die weit oben ohne Mitwirkung des Einzelnen gefällt wurde.

5. Education vs. Bildung

Um die Kommunikations- und Managementstile in unseren beiden Ländern besser zu verstehen, soll auch der Erziehungsfaktor berücksichtigt werden, d.h. die
Institutionen, die die Aufgabe haben, uns das Denken beizubringen, Lösungsansätze zu vermitteln, Kommunikations- und Argumentationsmuster weiter-
zugeben. Interkulturelle Unterschiede zwischen Deutschen und Franzosen bestehen bereits in der Art, wie Probleme definiert werden, wie und wo man Lösungen sucht, wer bestimmt, was eine relevante Information und was ein akzep-
tierbares Ergebnis ist. Jeder von uns ist ein Produkt des Bildungssystems, das er
durchlaufen hat, und die unterschiedlichen Konzeptionen, die beide Systeme
prägen, prallen im Arbeitsalltag beim Umgang mit dem Kollegen aus dem anderen Kulturkreis aufeinander.

Im Gegensatz zum deutschen Kind, das sehr früh lernt, Schule und Freizeit zu
trennen – morgens Schule, nachmittags Freizeit –, ist der französische Kontext
durch die Vermengung und wechselseitige Durchdringung beider Bereiche gekennzeichnet. Schon in der Vorschule und dann über Jahre hinweg lernt der
kleine Franzose, lange in der Schule zu bleiben und einen personenorientierten,
impliziten, spielhaften Kommunikationsstil zu entwickeln. Seine besten Freunde
sind in der Regel die Schulkameraden, mit denen er den größten Teil seiner
Freizeit verbringt. Von der Freundesgruppe anerkannt werden, steht im Vordergrund, sich ohne viele Worte verstehen, viele Anspielungen machen, ist möglich, eben weil der mit den Freunden geteilte Kontext sehr stark ist.

Vergleicht man einmal die Unterrichtsformen, dann erkennt man im lehrerzen-
trierten, lerninhaltsbezogenen französischen Unterricht und im viel stärker auf
Quellenstudium, Problemdiskussion und Meinungsbildung orientierten deutschen Unterricht heute noch Auswirkungen dieser Bildungskonzepte.

In Frankreich werden vom Bildungskonzept her vorrangige Erziehungsziele wie
Anpassung, Wissensakkumulation und -reproduktion, Leistungsdruck verstärkt

und die Elitebildung gefördert. Der Königsweg, der in Frankreich jedem bekannt ist, beginnt mit der "guten" Privatschule oder dem "guten" öffentlichen Gymnasium, setzt sich in einem der großen Pariser *lycées* fort, führt über die *classe préparatoire*, den *concours* und die *Grande Ecole* und mündet in eine hochrangige Stellung in Wirtschaft oder Staat. Auch wenn sich in Deutschland die Bildungsaufträge jedes Schultyps unterscheiden und eine frühe Selektion – die jedoch angesichts der zahlreichen Möglichkeiten der Höherqualifizierung bis zur Hochschulreife keineswegs definitiv ist – auslösen, führt das auf individuelle Bildung, partnerschaftliche Lehrer-Lerner-Interaktion orientierte Konzept sowie das Fehlen von Elitehochschulen viel stärker zur intrinsischen Motivation und zum eigenverantwortlichen Lernen. Über die Zugehörigkeit zur Elite fällt die Entscheidung 10 oder 15 Jahre später, wenn man im Berufsleben zeigen muss, was in einem steckt.

6. Geist des Jesuitenkollegs und Einfluss des Protestantismus

Die französische Ganztagsschule sowie die zahlreichen Internate gehen auf die Jesuitenkollegs des 17. und 18. Jahrhunderts zurück. Der Geist des Jesuitenkollegs lebt auch weiter und zwar "im Prinzip der aemulatio (*émulation*, d.h. anstachelnder Wettbewerb der Schüler untereinander), der Förderung des Intellekts und spezieller in der Betonung der Fähigkeit zur systematischen und logischen schriftlichen Darstellung" (Große & Lüger 1996: 236). Der Rang, nicht die Note, ist für einen französischen Schüler entscheidend, und zwar von der ersten Klasse an über den *concours* bis zum Abschluss an der *Grande Ecole*, wo entsprechend einer Rangliste den ersten Zehn die besten Positionen in der öffentlichen Verwaltung, den nächsten zehn die zweitbesten Positionen usw. angeboten werden.

Vor diesem Hintergrund erklärt sich auch die Bedeutung der Rhetorik und die Pflege der Hochsprache. Die Technik der französischen *dissertation*, die mit einem deutschen Aufsatz wenig gemein hat, liefert dafür ein gutes Beispiel. Durch eine antithetische Gliederung des gestellten Problems in zwei Teile muss in der *conclusion* die Synthese erfolgen, die aus der Logik der Gegenüberstellung den Lösungsvorschlag präsentiert. In einer perfekten *dissertation* dominiert daher die Form, die Rhetorik, das synthetische Denken, während der deutsche Besinnungsaufsatz (Picht 1994: 26) ein Einzelfragen isolierendes Problembewusstsein fordert. Im Begriff der Zusammenfassung zeigt sich der gleiche Gegensatz: Während der deutsche Schüler versucht, den seiner Ansicht nach wesentlichen Inhalt zu präsentieren, geht es für den französischen Schüler darum, einen Text auf 25% zu reduzieren.

Rhetorische Meisterschaft, brilliante Formulierungskunst, Form, Stil, Orthographie haben sich als Bildungsziele von der *école primaire* bis zur *Grande Ecole* generalisiert und als Bewertungskriterien jeden Franzosen neun, zwölf oder sechzehn Jahre lang geformt.

Im deutschen Bildungswesen, das einerseits durch den Humboldtschen Bildungsbegriff (Picht 1997: 92) und andererseits durch den Einfluss des Protestantismus geprägt ist, werden andere Formen und Inhalte vermittelt. Auch beim lutherischen *Gnadenbegriff* (Pateau 1999: 232) steht das Individuum im Mittelpunkt, das in dem durch Fleiß, Ausdauer, Sparsamkeit und Selbstdisziplin erarbeiteten irdischen Erfolg versucht, Anzeichen für Gottes Gnade zu entdecken. Bildung als eigene Tiefe soll zum Gottgefallen beitragen, die Sprache hat dabei vorrangig funktionalen Charakter. Vor diesem Hintergrund sind nun deutschfranzösische Kommunikationsschwierigkeiten keineswegs erstaunlich, treffen doch rhetorische Eleganz, Stil und synthetisches Denken auf eine einfache, direkte, explizite Sprache, eine starke Identifikation mit der Aufgabe und problem- und detailbezogene Kenntnisse.

Diese Ausführungen sollten nur ein Beispiel dafür sein, wie eine interkulturelle Ursachenforschung aussehen muss, damit Klischees und Stereotypen durch ein echtes Verständnis dauerhaft überwunden werden und das Fundament der Zusammenarbeit im globalen Spiel gelegt werden kann.

Geschichte, Bildungswesen und grundlegende Organisationsformen führen also dazu, dass französischer und deutscher Managementstil auch in Zukunft unterschiedlich bleiben werden. Doch sollte man sich bei der Beurteilung konkreter Situationen nicht auf solche Kulturunterschiede fixieren. Manch andere Faktoren kommen ins Spiel: das psychologische Profil einzelner Akteure, deren Strategien, Betriebsgröße, Unternehmens- und Fachkulturen, regionale Besonderheiten und selbstverständlich auch Teilangleichungen durch Globalisierung. Dennoch bleiben der interkulturelle Vergleich und seine Diskussion in der Praxis der beste Weg, französischen und deutschen Managern zu gemeinsamer Handlungsfähigkeit im Team zu verhelfen.

International tätige Mitarbeiter müssen die Intelligenz des anderen Systems erkennen und sich mit der Wahrnehmung des eigenen Systems auseinandersetzen. Bei Goethe heißt es: "Niemand wird jemals wirklichen Zugang zu seiner eigenen Kultur bekommen, wenn er die des anderen nicht versteht." Machen wir diese Erkenntnisarbeit gemeinsam, so sind wir bereits auf dem Weg zu dieser neuen Lernkultur, die wir in vielen Firmen ausgelöst und vorbereitet haben und deren Richtigkeit sich im Erfolg unseres Kooperationsmanagements erwiesen hat.

7. Literaturverzeichnis

Demorgon, J. (2000). *L'interculturation du monde*. Paris, Anthropos.

Drucker, P. (1955). *The practice of management*. New York, Harper &Row.

Große, E.-U. & Lüger, H.-H. (1996). *Frankreich verstehen: eine Einführung mit Vergleichen zu Deutschland*. Darmstadt, Wissenschaftliche Buchgesellschaft.

Ouchi, W.G. & Theory, Z. (1982). *How American business can meet the Japanese challenge*. Harvard, Harvard University Press.

Pateau, J. (1999). *Die seltsame Alchimie in der Zusammenarbeit zwischen Deutschen und Franzosen. Aus der Praxis des interkulturellen Managements*. Frankfurt a.M., Campus Verlag.

Picht, R. (1994). *Ludwigsburger Beiträge*. Band 4. Ludwigsburg, Deutsch-französisches Institut.

Picht, R. (ed.) (1997). *Fremde Freunde: Deutsche und Franzosen vor dem 21. Jahrhundert*. München, Piper.

Bachelor, master, funeral master: AKADEMISCHE UND ANDERE SPRACHLICHE MERKWÜRDIGKEITEN IN DEUTSCHLAND

Gerd Schrammen
Universität Göttingen

Die Anglisierung der deutschen Sprache ist besorgniserregend. Im Alltag trifft der Bürger auf eine Vielzahl englischer Brocken, die vorhandene deutsche Ausdrücke ohne Not verdrängen. Im akademischen Betrieb bringt die Einführung des Englischen sprachliche Absonderlichkeiten hervor. Die Sprachmischung "Denglisch" entsteht nicht naturwüchsig, sondern wird "gemacht". Ihre Ausbreitung wird begünstigt durch eine in Deutschland stark ausgeprägte – und grundsätzlich lobenswerte – Offenheit für das Fremde, ferner durch eine gering entwickelte Treue zu den eigenen Dingen und durch die Anziehungskraft der US-Weltleitkultur. Die bereitwillige Anpassung an amerikanische Vorbilder in Universität und Wissenschaften geht vielfach über das unvermeidliche Maß hinaus. In der Lehre, wo sie die sprachlichen Fähigkeiten der Beteiligten überfordert, verbessert sie nichts. In der wissenschaftlichen Kommunikation benachteiligt sie deutsche Wissenschaftler gegenüber englischen Muttersprachlern. Ich halte einen energischen Widerstand gegen die Anglisierung der deutschen Sprache für geboten. Maßnahmen zur Erhaltung der Muttersprache können dabei an Traditionen der Sprachpflege anknüpfen, die bis in die Antike zurückreichen.

1. Denglisch - das Ärgernis

Die deutsche Sprache verändert sich - oder besser: sie wird verändert. Wir sehen *kids* auf dem *kickboard*, hören *news* über *events* zur *prime time*, kaufen *after shave lotion* oder *body milk* im *personality shop* und unterrichten Studenten, die bald den Titel *bachelor* oder *master* führen werden. Manche Leute halten das für schick, unvermeidlich oder für ein Zeichen von Weltoffenheit. Andere ärgern sich darüber. Das ist nicht neu. Schon vor über 100 Jahren klagte der Altphilologe Hermann Dunger: "Mit dem immer wachsenden Einfluss englischen Wesens mehren sich neuerdings in bedenklicher Weise die aus dem Englischen stammenden Fremdwörter" (Dunger 1989: V).

Vom Ende des 19. Jahrhunderts bis heute ist die "Engländerei" in Deutschland schlimmer geworden. Als klassisches Beispiel für die gegenwärtige Anglisierung der deutschen Sprache wird gern das eindrucksvolle Kauderwelsch der

Hamburger Damenschneiderin Jil Sander zitiert. Die inzwischen legendär gewordene *giving story* von 1996 über die *hand taylored*-Geschichte, das *future*-Denken und die *audience*, die alles *supported* hat, ist bekannt und braucht nicht ausführlich dargeboten zu werden (Mosebach 1996: 26). Diese arglos und ahnungslos, teils mit Berechnung gesprochene oder geschriebene Mischsprache, für welche sich die Bezeichnung *Denglisch* eingebürgert hat und die – zugegeben – auch in diskreteren, aber immer noch bedenklichen Formen auftritt, wird von der Mehrheit der Bevölkerung in Deutschland abgelehnt.

Wer sich in Deutschland um die Muttersprache sorgt und das öffentlich ausspricht, ist allerdings in Gefahr, als "deutschtümelnd" und hinterwäldlerisch verschrien und politisch in die rechte Ecke gestellt zu werden.

Die *giving story* von Frau Sander wurde viele Male zitiert und kommentiert. Frau Sander heißt eigentlich Heidi. Das ist ein schlichter Vorname, eher für ein Kind vom Lande. Für den Verkauf von modischen Gewändern, wie sie in Europas Metropolen getragen werden, eignet der Name Heidi sich weniger. Also gibt Heidi Sander sich einen anderen Namen. Jil anstelle von Heidi konnotiert Weltläufigkeit, Zugehörigkeit zu einer internationalen Elite. Mit Hilfe eines neuen, ausgesuchten Vornamens wird ein Schein von Wirklichkeit erzeugt, wird etwas vorgespiegelt, was nicht ist. Das geschieht in den allermeisten Fällen, wo englische Brocken in einen deutschen Text eingeflochten werden.

Wir finden solchen sprachlichen Schwindel bei der Deutschen Telekom, bei e-Plus, Siemens und Karstadt, im Deutschen Sportfernsehen, bei *n-joy radio* Hamburg, bei der Stadtverwaltung von Magdeburg in Sachsen-Anhalt oder von Vechta in Niedersachsen, in den deutschen Schulen und Universitäten, bei der Post, Klassik Radio usw. Für dieses Neu-Anglodeutsch wurden Bezeichnungen gebraucht wie das erwähnte "Denglisch", "Engleutsch" oder "Gerglish" – so sagen die Engländer, die auch von der *linguistic submissiveness* der Deutschen reden. Zu lesen oder zu hören waren daneben weniger liebenswürdige Ausdrücke wie "Schimpansensprache", "Sprachschrott", "Sprachpampe", "sprachliche Nebelkerzen", "exotische Rülpser", "sprachliche Speichelleckerei" usw.

Die Bahn spricht ebenfalls das deutsch-englische Kauderwelsch. Ich benutze hin und wieder den *Intercity Express*. Um das Beförderungsmittel zu bezeichnen, hat man die deutsche Sprache ängstlich gemieden, ihre vielfältigen Möglichkeiten der Wortbildung verschmäht. In Deutschland fährt der *Stadtexpress*, der *In-*

terregio, der *Euro Night* oder der *Metropolitan*, aber kein *Zug*, auch kein *Güterzug*, der heißt inzwischen *Cargo*. Die Franzosen verzichten auf derartige Geschwollenheiten. Sie nennen ihren schnellen Zug TGV, also *Train grande vitesse*, was nichts anderes heißt als "Hochgeschwindigkeitszug".

Anderer sprachlicher Unfug bei der Bahn – neben den englischen Ausdrücken wie *station & service, rail and fly, beam me up, Bahncard teen* usw. – sind auch Aufgeblasenheiten auf deutsch, wie "in der Anfahrt auf" oder "aus Gleis 5" – der Zug springt "aus dem Gleis"? Die Deutsche Bahn nennt sich oft nur "Die Bahn". Das Wort "deutsch" taucht dann nur noch in *German Rail* auf, wie es auf Kreditkarten-Abrechnungen steht. Die Bahngewerkschaft macht den sprachlichen Firlefanz mit und heißt neuerdings *Transnet*. Eine verständliche Bezeichnung wie "Gewerkschaft der Eisenbahner Deutschlands" wird auf die sprachliche Müllhalde gekippt und durch die Worthülse *Transnet* ersetzt. Das lateinisch-englische Plastikwort bedeutet "übers Netz". Damit könnte auch der Berufsverband der Tennis- oder der Volleyballspieler gemeint sein.

2. Der neu-anglodeutsche Wortschatz

Ich habe versucht, die Masse der englischen und angloiden Ausdrücke, die in die deutsche Sprache eingeschleust wurden, mit Hilfe einiger Beispiele zu sortieren und sie in Gruppen mit gemeinsamen Merkmalen zusammenzufassen. Dabei komme ich auf 8 Klassen:

1. Die alten:

    Interview, Training, Pullover, Hobby, *fair, okay*.

1.2 Die neueren:

    show, shopping, jogging, kid, power, pink, cool, snacks, action, electronic cash, hotline, center, store.

1.3 Die neusten:

    news, service point, freeway, stroke unit, facility manager, DB-lounge, kickboard, power napping, funeral master.

2. Fachwörter:

    Begriffe der Luftfahrt, des Sports, des Computers, der populären Musik oder des Jazz: *gangway, foul, scanner, sound.*

3. Kleidung und Körperpflege:

    sun top, T-shirt, men fit, swim wear, sun blocker, body, outdoor jacket, anti-ageing.

4. Freizeit und lustbetonte Lebensweise:

    happy hour, mountain bike, inline skater, fun, lover, swinger party.

5. fehlerhaftes Englisch:

    change (*exchange*), *evergreen* (*classic*), *oldtimer* (*veteran*), *slip* ("Unterrock", engl. *panties* bzw. *briefs*), *flipper* ("Schwimmflosse", engl. *pin ball*), *safer sex* (*safe sex*).

6. Schamwörter:

    sex, safer sex, sex haben, *quickie, one night stand, dark room.*

7. Markennamen und Vergleichbares:

    Smart, Freeway, Nürnberg *Ice Tigers, Sunpoint, First Travel Agency, Telegate.*

8. diskrete Anglisierungen:

    emh (neudeutsch für den Verlegenheitslaut "Äh"), Heike's shop (sächsischer Genitiv), ßexuell (mit stimmlosem S, auch in Norddeutschland), die Interjektionen wow! ... whoops! hey!, Ich denke (nach: *I think*).

3. Sprachen wachsen nicht wie Bäume

Es gibt arglose Menschen, die die Anglizismen für eine Bereicherung der deutschen Sprache halten und für einen Beweis ihrer Lebendigkeit. Dazu eine Stelle aus Goethes Faust. Am Anfang des Dramas spricht Faust von seinem "geliebten Deutsch". Er will das Neue Testament aus dem Griechischen ins Deutsche übersetzen und sagt: Mich drängt's, den Grundtext aufzuschlagen, / Mit redlichem Gefühl einmal / Das heilige Original / In mein geliebtes Deutsch zu übertragen (Erster Teil, Studierzimmer I). Von Goethe ein Sprung zu Zuckmayer. Im Hauptmann von Köpenick wird der Schuster Voigt in einer preußischen Amtsstube gefragt, warum er von draußen, von Bukarest und Böhmen, nach Deutschland zurückgekommen sei. Dazu Wilhelm Voigt: Da unten ... *da sinse janz anders, und da redense ooch janz anders.* Und da hat der Mensch seine Mutter-

sprache, und wenn er nichts hat, denn hat er die immer noch (2. Szene: Polizei-
büro in Potsdam). Das schrieb Carl Zuckmayer 1931, vor seiner Flucht vor den
Nazis in die USA, wo ihm die deutsche Sprache tatsächlich gefehlt hat.

Die Bundesregierung (2002) hat das Klischee, wonach Sprache "lebt", jüngst
treuherzig wiederholt. Der Vergleich der Sprache mit einem lebendigen Orga-
nismus ist schief, im Grunde falsch und gehört in die "linguistische Mottenkis-
te". Ob Sprache sich naturwüchsig entwickelt oder gemacht wird – diese Angelegenheit ist schon in der Antike diskutiert worden. Platon war der Auffassung,
Sprache sei nicht *physis*, sondern *nomos*, nicht natürwüchsig entstanden, sondern Absprache und Übereinkunft. Im antiken Rom wurde ähnlich gedacht. Es
gab dort kräftige Sprachpflege, und zwar als Abwehr des Griechischen im Namen der *latinitas* und des *sermo purus*, also einer echten, von fremden Bestandteilen gereinigten lateinischen Sprache. Mit diesen Äußerungen über die Römer
wollte ich zeigen, dass Sprache – im Sinne des Gedankens von Platon – "gemacht" wird. Ich wollte aber auch darlegen, dass wir bei unserem Widerstand
gegen die fremden Bestandteile in unserer Sprache ehrwürdige Vorläufer haben.

Die ersten großen Sprachreiniger und Sprachbewahrer in Deutschland waren die
Sprachgesellschaften des 17. Jahrhunderts mit schönen Namen wie Pegnesischer
Blumenorden, Fruchtbringende Gesellschaft oder Königsberger Kürbishütte. Für
sie galt auch, dass Sprache das Ergebnis von lenkender Beeinflussung ist, zu der
u. a. der Verzicht auf fremde Wörter und deren Ersetzung durch deutsche gehört. Die damals verbreitete "Französelei", eine – nicht nur – sprachliche Unter-
tänigkeit, bei der z. B. eine angebetete Dame mit *très noble demoiselle* und *ma
chère maîtresse* angeredet und ihre *perfection* gerühmt wurde, haben die sprach-
pflegerischen Gesellschaften der Barockzeit kritisiert. Ihnen verdanken wir die
Eindeutschung lateinischer und französischer Ausdrücke: "beobachten" für ob-
servieren, "Fernglas" für und neben Teleskop. Es hat auch angestrengte Eindeut-
schungen gegeben wie "Jungfernzwinger" für "Kloster" oder "Meuchelpuffer"
für "Pistole". Sie haben sich nicht durchgesetzt und belustigen uns heute – ähnlich wie "Weibischtum" für "Feminismus", "Gewerbsamung" für "Industrialisie-
rung" oder "Freihochlehrer" für "Privatdozent", die im Dritten Reich als Verdeutschungen von Fremdwörtern vorgeschlagen wurden (von Polenz 1968:
125).

Ein wichtiger sprachpflegerischer Vorgang im 19. Jahrhundert ist die Eindeutschung von rund 765 überwiegend französischen Wörtern aus dem Bereich des

Postwesens und etwa 1300 Ausdrücken der Eisenbahn durch den kaiserlichen Generalpostmeister Heinrich von Stephan und den Baurat Otto Sarrazin. Auf beide gehen Begriffe zurück wie "Umschlag" für *couvert*, "postlagernd" für *poste restante*, "Bahnsteig" für *perron* oder "Abteil" für *coupé*. Unsere Vorfahren hatten übrigens – ähnlich wie wir heute, wenn wir *oldtimer, evergreen* oder *flipper* sagen – falsche französische Wörter gebraucht. Für "Bahnsteig" oder "Abteil" haben die Franzosen nie *perron* oder *coupé* gesagt, sondern von Anfang an *quai* und *compartiment*. Auch der "Briefumschlag" hieß nie *couvert*, sondern immer *enveloppe*.

4.   Der Reiz der fremden Dinge

Im Vergleich mit anderen europäischen Ländern gibt es in Deutschland eine große Offenheit für vieles, was von außen kommt. Offenheit für das Fremde zeigen auch die vielen Anleihen, die wir bei anderen Sprachen gemacht haben. Wir benutzen ein paar Tausend fremder Wörter, wir geben unseren Kindern fremde Namen und nennen sie Mike, Sascha, Larissa, André, Nicole, Fynn, Sven oder Luca. Unsere Hunde heißen *Bobby, Blacky* oder *Fox*, unsere Katzen *Pussy* oder *Candy*, unsere Pferde *Blue Star, For Pleasure, Baker Street, Tiger Hill* – oder gar *Comme ci-comme ça*. Unsere Kneipen und Gaststätten haben Namen wie *Outpost* oder *Crossroads, Da Mimmo* oder *Da Mamma*. Weil es den Geschäften dient, übernehmen wir amerikanische Feste und feiern den *Valentine's Day* und inzwischen auch *Halloween*, den Kürbisumzug für Kinder.

Zum Geburtstag singen wir nicht mehr "Hoch soll er (sie) leben!", sondern *Happy Birthday* und wissen nicht, dass das ein ursprünglich deutsches Lied mit deutschem Text ist. Wenige Wochen nach dem Fall der Berliner Mauer, am 18. Dezember 1989, hält Willy Brandt auf dem Domplatz von Magdeburg eine Rede. Er hat Geburtstag, und die Menschen singen Happy Birthday – ein Geburtstagsgruß in englischer Sprache für einen verdienten deutschen Politiker, in einem Augenblick, wo sich alle Menschen in Deutschland freuen konnten, Deutscher oder Deutsche zu sein. Wir haben für solche Ereignisse keinen geeigneten Gesang mit einem Text in der eigenen Sprache. Dahinter steckt ein gut Teil mangelnder Selbstbejahung, ja Selbstverleugnung und auch Selbstverachtung. Es zeigt beispielhaft den "Mangel an Selbstgefühl und die Missachtung der eigenen Sprache", wie Hermann Dunger (1989) klagte. Rund 100 Jahre vor ihm hatte der 1801 im Berliner Exil gestorbene französische Schriftsteller Antoine de Rivarol noch schärfer gesagt: Von den Deutschen kann man lernen, die eigene Sprache zu verachten (Földes 2000: 275).

5. Brauchen wir englische Wörter?

Oft wird behauptet, die englischen Wörter seien unverzichtbar, weil sie kurz und prägnant sind. Das mag für einige zutreffen, für andere nicht. Die englischen – bzw. denglischen – Wörter *cargo, computer, facility manager, newcomer, service point* sind an Silben länger als "Fracht", "Rechner", "Hausmeister", "Neuling" oder "Auskunft". Die Präpositionen/Konjunktionen *after, because of, in front of, in spite of* sind länger als "nach", "wegen", "vor", "trotz". Die englischen Adverbien *early, often, never* haben jeweils mehr Silben als "früh", "oft" und "nie". *Beautiful* und *woman* sind länger als "schön" oder "Frau".

Sind die deutschen Wörter tatsächlich zu lang, die deutschen Sätze wirklich zu umständlich? Natürlich ist *spoiler, sale, link, recycling* oder *pick up* kurz, aber "Windableitblech" oder "Heckschürze", "Winterschlußverkauf", "Querverweis", "Reststoffverwertung" oder "Abschleppwagen" sind gute deutsche Wörter, die nicht verdrängt werden dürfen. Die Sache wird jeweils deutlich, handgreiflich bezeichnet. Und erst so schöne Ausdrücke wie "Katzenjammer", "Fingerspitzengefühl", "Stöckelschuhe", "Warnblinkleuchte", "Zeitlupe", "Luftkissenboot", "Helligkeitsregler" – nicht *dimmer!* –, "Verschwiegenheitszusage", "Unbedenklichkeitserklärung", "Bundesverbraucherschutzministerium" ... alles wirklich schöne deutsche Wörter! Wer einmal diese wundervollen, bis zu 11 Silben langen, ausladenden, ausführlichen, herrlich umständlichen Wörter sich hat auf der Zunge zergehen lassen, den wird nie mehr nach kurzen englischen Stummelwörtern verlangen. Zur Kürze als angeblicher Qualität gibt es einen guten Spruch des Berliner Malers Max Liebermann. Jemand hatte an einem seiner Bilder bemängelt, der Arm einer Figur sei zu lang. Darauf antwortete Liebermann: "Der Arm kann gar nicht lang genug sein, wenn er schön ist." Das gilt auch für die deutsche Sprache.

6. Es ginge auch auf deutsch

Wie wenig wir die englischen Wörter benötigen, möchte ich mit der folgenden Zusammenstellung zeigen:

6.1. Vorhandene, aber verschmähte deutsche Wörter:

body guard/Leibwächter; *crew*/Besatzung; *event*/Ereignis, Veranstaltung; *freecall*/ gebührenfrei; *kickboard*/Roller; *news*/Nachrichten; *rope skipping*/ Seilspringen; *sale*/Schlußverkauf; *service point*/Auskunft; *toys*/Spielzeug.

6.2. Leicht zu findende deutsche Wörter:

airbag/Aufprallschutz; *Champions League*/Meisterliga (vgl. frz. *Ligue des champions*, span. *Liga de campeones*); *e-mail*/ e-Post; *call shop*/ Telephonstube; *cheer leader*/ Jubelmädchen; *golden goal*/ goldenes Tor; *joy stick*/ Spielhebel; *mountain bike*/ Geländerad; *paragliding*/ Gleitschirmfliegen; *park and ride*/ Umsteigeparkplatz; *whirlpool*/ Sprudelbecken.

6.3. Werbesprüche deutsch:

"Rein ins Land - raus mit der Sprache" (Sprachreisen), "Sparsam, aber nicht spaßarm" (VW-Lupo), "Einbau leicht, Einbruch schwer" (Türschloß), "Gurt sei dank!" (Sicherheitsgurt), "Schnarch und spar!" (Hotelkette Ibis), "Tigerwäsche für wenig Mäuse" (Esso)", "Frostschutzmittel" (Daunenjacke), "Wir erobern Ihr Herz im Flug" (Air France), "Antrieb aus Leidenschaft" (Fiat).

Damit keine Missverständnisse aufkommen: Ich trete nicht dafür ein, die aufgelisteten englischen Ausdrücke um jeden Preis durch deutsche zu ersetzen und jeden zu verprügeln, der sie trotzdem gebraucht, mir liegt allein daran zu verdeutlichen: Es gibt keinen zwingenden Grund, englische Wörter anstelle von deutschen zu verwenden. Das Erlernen der englischen Sprache ist offenbar kein Kinderspiel. Es gibt in England deutlich mehr Legastheniker als etwa in Italien. Das wird auf das unklare Verhältnis von Laut und Zeichen in der englischen Sprache zurückgeführt. Während im Italienischen für 25 Phoneme nur 33 Grapheme zur Verfügung stehen, sind es für das Englische 1.100 Zeichen und Zeichenverbindungen für 40 Laute. Giorgio in Mailand scheint es tatsächlich leichter zu haben als George in London – so hat es zumindest eine wissenschaftliche Untersuchung des Londoner University College ergeben (Wilhelm 2001). Ein

Forscher der Universität Dundee in Schottland hat herausgefunden, dass englische und schottische Kinder 2 1/2 Jahre brauchen, um Lese- und Schreibfertigkeiten zu erwerben, die sich Kinder in anderen Ländern, z. B. in Frankreich oder Spanien, in 1 Jahr aneignen.

Übrigens sind einige der englischen Wörter, die wir gebrauchen, schlichtweg falsch. Wir machen uns mit ihnen ganz schön lächerlich. Darüber hinaus ziehen wir uns den Spott der Angelsachsen zu, weil wir die englischen Ausdrücke schlecht oder fehlerhaft aussprechen. Das führt dann zu komischen Entstellungen, wenn *kids* zu "kits" wird – das bedeutet "Eimer" oder "Werkzeugtaschen". Oder noch schlimmer: der *chat-room* wird in Deutschland zum *shat-room* ohne anlautendes T. Das Wort *shat* ist die Vergangenheitsform von to *shit*, welches im Englischen wie im Deutschen ein starkes Verb ist.

7.   Englisch im akademischen Betrieb

Der Verein Deutsche Sprache hat dem Rektor der Universität München, dem Juristen Andreas Heldrich, den Schmähpreis "Sprachpanscher 2000" verliehen. Heldrich hatte in einer Reihe von Fächern die Abteilungen in *departments* umbenannt. Walter Krämer, 1. Vorsitzender des Vereins Deutsche Sprache, schrieb dazu: "Namen sind mehr als Schall und Rauch ... sie sind Träger verborgener Botschaften. ... Der Name *department* ist ein Signal an den Rest der Welt: Wir sind zweitklassig, wir haben keine eigenen Ideen ... Indem wir von departments statt von Instituten, Seminaren, Abteilungen, Fachbereichen, Fakultäten reden, verabschieden wir uns von Humboldt, Mommsen, Sauerbruch und Planck und sagen: "Hallo Coca Cola!"

Die *departments* gehören zu den akademischen Merkwürdigkeiten, auf die ich eingehen möchte, obwohl der Ausdruck "Merkwürdigkeiten" ziemlich zartfühlend ist.

Die Gelehrtensprache der Vergangenheit war Latein. Im Unterschied zu heute, wo sich Englisch als die Sprache internationaler wissenschaftlicher Verständigung durchgesetzt hat, war Latein niemandes Muttersprache. Ihr Gebrauch bedeutete nicht zusätzliche Anpassung an eine Weltmacht, die politisch, ökonomisch, militärisch sowie im Bereich der Alltagskultur und der Lebensstile den Globus beherrschte. Mit der sprachlichen Unterwerfung unter das Anglo-Amerikanische – über das Notwendige und Unvermeidliche hinaus – wird die

Verbreitung und Festigung einer den Globus überspannenden amerikanischen Weltleitkultur gefördert. Dabei gehen nationale, regionale und lokale Eigentümlichkeiten verloren. Ich verweise auf das Beispiel *master* anstelle von "Magister".

Vom 17. Jahrhundert an hat sich Deutsch als Sprache der Wissenschaft vom Lateinischen emanzipiert und wurde im Verlauf des 19. Jahrhunderts in Deutschland zur vorherrschenden Wissenschaftssprache. Es war bis zum Ersten Weltkrieg so etwas wie eine "Weltwissenschaftssprache" mit unbestrittener internationaler Geltung und Verbindlichkeit. "Indeed at one time" – um 1900 – "it was almost true to say that the language of science was the language of Heidelberg and Göttingen" – so schreibt 1953 der britische Biologe Theodore H. Savory (Ammon 1999: 668). Nach einer Untersuchung des Japaners Minoru Tsunoda betrug der Anteil der naturwissenschaftlichen Veröffentlichungen in deutscher Sprache im Jahr 1920 noch 42 Prozent gegenüber etwa 32 Prozent englischer, 5 Prozent französischer und 3 Prozent russischer Schriften (Ammon, 1999: 673).

Danach ging's abwärts. Für 1996 lauten die Werte im Bereich der Naturwissenschaften: 90 Prozent für englische, 2,1 Prozent für russische, 1,3 für französische und 1,2 Prozent für deutsche Publikationen. Diese Tatsache hat seinerzeit Kulturstaatsminister Nida-Rümelin zu der Äußerung bewogen, Deutsch und Französisch als Wissenschaftssprachen seien "tot". Dabei gibt es – eher geringfügige – Unterschiede je nach den Tätigkeitsfeldern. Die geistes- und sozialwissenschaftlichen Schriften in deutscher Sprache liegen bei 4 Prozent gegenüber 82 in englischer (Ammon 1999: 676).

Englisch als internationale Kommunikationssprache – als schriftliche und zum großen Teil auch als mündliche – hat sich durchgesetzt. Das ist zunächst als Tatsache hinzunehmen. Die unterschiedlichen Beziehungen zwischen Erkenntnis und Kommunikation in den verschiedenen Wissenschaftsbereichen wären allerdings zu beachten. In den Natur- und Technikwissenschaften sind Forschung und Mitteilungen über Forschungsergebnisse zwei ziemlich klar voneinander geschiedene Vorgänge. In den Geisteswissenschaften stehen Erkenntnisgewinnung und sprachlicher Ausdruck in einer kaum auflösbaren Beziehung. Erkenntnisse, etwa über das Adverb als fragwürdige Kategorie im Deutschen oder über universale narrative Strukturen gelangen als Sprache – als fertiger oder unfertiger – Satz in meinen Kopf. Äußerungen von einiger Erheblichkeit über sprachliche, literarische oder geschichtliche Gegenstände sind wohl nur in der eigenen Sprache möglich. Sie allein befähigt mich zu jener durchaus kreativen Leistung, nämlich Erkenntnisse über komplexe und komplizierte Sachverhalte zu gewinnen und zu formulieren.

Der Wissenschaftsminister eines deutschen Bundeslandes – er spricht munter von einer sich entwickelnden "bilingualen Gesellschaft" in Deutschland und fügt hinzu, der Begriff "Fremdsprache" sei unpassend für das Englische – hat einmal in der Presse dazu aufgefordert, an den Universitäten des Landes die Lehrveranstaltungen in englischer Sprache durchzuführen (Oppermann 2001). Das ist sehr befremdlich. Lehre in einer fremden Sprache ist ein schwieriges Geschäft. Die große Mehrheit meiner Kollegen aus der Romanistik, daneben auch die Anglisten, Slavisten und Arabisten – mit Ausnahme natürlich der muttersprachlichen Lektoren – lehrt auf deutsch. Ich selbst habe meine sämtlichen Lehrveranstaltungen in französischer Sprache abgehalten. Wenn schwierige literaturtheoretische Fragen erörtert wurden, habe ich deutsch gesprochen. In anderen geisteswissenschaftlichen Fächern sind die Probleme noch größer als dort, wo die Beherrschung der fremden Sprache zu den Studienzielen gehört. Die Studenten in Geschichte oder Jura besitzen nur eingeschränkte Englischkenntnisse. Der Minister hat Englisch nicht nur für naturwissenschaftliche Lehrveranstaltungen empfohlen. Stellen wir uns eine Vorlesung der Juristen für beinahe ausschließlich deutsche Studenten über Erbrecht oder über Scheidungsrecht vor, die in englischer Sprache durchgeführt wird: Eine Narretei ohne Beispiel!

Viele akademische Lehrer sprechen nur mäßig Englisch oder doch mit kräftigem teutonischen Akzent. Den Dozenten der Bremer Privathochschule zum Beispiel wurde "holpriges Englisch" bescheinigt (Rubner 2001). Zum Erlernen und geläufigen Sprechen einer fremden Sprache gehört nicht nur guter Wille, sondern auch Begabung. Von allen Hochschullehrern in Deutschland zu verlangen, dass sie gut Englisch sprechen, ist beinahe so unvernünftig, wie von ihnen zu fordern, sie sollten alle Geige spielen. Bei manchen reicht es nur zum "Küchenenglisch" oder "Lümmelenglisch", über das Angelsachsen die Nase rümpfen. Jürgen Trabant (2000: 119) sagt dazu: Anglophone Muttersprachler finden unsere Versionen des Englischen unerträglich und lassen es uns spüren. Er verweist ferner darauf, dass die englischen Muttersprachler in internationalen Kommunikationssituationen dominieren und dass dabei diejenigen ins Hintertreffen geraten, die – bei fachlicher Ebenbürtigkeit – das Englische als Fremdsprache benutzen. Diese

Art von bleibender Benachteiligung muss allen klar sein, die im akademischen Betrieb in Deutschland Englisch eilfertig zur allgemeinen Kommunikationssprache emporheben wollen. Es ist schon was dran, wenn behauptet wird, dass in der Zeit, in der deutsche Wissenschaftler erst einmal Englisch lernen, die Amerikaner und Engländer bereits auf den Nobelpreis hinarbeiten. Das Lateinische als Sprache der Wissenschaft hatte übrigens den – gleichmacherischen, aber auch gemeinsamkeitsstiftenden – Vorteil, dass es von allen – Deutschen, Niederländern, Franzosen, Italienern – als Fremdsprache gelernt werden musste. Das schaffte, wie Trabant (2000: 119) es nennt: "Kommunikationsgerechtigkeit".

Es gibt an deutschen Universitäten – in Göttingen, in Bochum und anderswo – neue Studiengänge bei deren erfolgreicher Bewältigung der Grad eines *bachelor* oder *master* erworben wird. Dass in Deutschland Studieninhalte und Prüfungsanforderungen internationalen Bräuchen angeglichen werden und damit international Einheitlichkeit und Vergleichbarkeit hergestellt wird, halte ich für sehr vernünftig. Allerdings müsste das ein Prozess der gegenseitigen Abstimmung sein und nicht die erwähnte Globalisierung unter amerikanischen Vorzeichen. Luther hat im Jahr 1502 an der Universität Erfurt den Grad eines "Baccalaureus artium" erworben. An das unvertraute Wort "Bakkalaureaus" könnten wir uns gewöhnen und auf *bachelor* verzichten. Oder wir bleiben beim "Vordiplom" und muten ausländischen Studenten oder Kollegen zu, zu wissen, was das ist. Den "Magister" haben wir bereits, d. h. wir brauchen in Deutschland keinen *master*.

Der sächsische Wissenschaftsminister Hans Joachim Meyer – selbst Professor für Anglistik – hat daran erinnert, dass der Titel "Bakkalaureus" bis ins 19. Jahrhundert an deutschen Universitäten verliehen wurde. Er sieht keinen Grund, eine Studienreform in Gestalt einer Amerikanisierung der deutschen Universität durchzuführen. Er führt aus: "Die Verleihung von englischen Graden wie bachelor und master an deutschen Universitäten ist keine zweitrangige oder nebensächliche Angelegenheit. Wer das meint, offenbart nur seine Unkenntnis von Zeichen und Symbolen in Politik und Kommunikation. ... Mit einer solchen Praxis werden die deutschen Universitäten zu Kopien der amerikanischen." Meyer (2001) kritisiert das als "Traditionsbruch" und "Ausstieg aus der deutschen Kultur" und bemerkt: "In keinem anderen vergleichbaren Land findet sich ein solcher Mangel an Selbstachtung und ein solcher Wille, sich von seiner Kultur zu trennen".

Im Juli 2001 haben 36 namhafte deutsche Wissenschaftler einen Appell an die 29 Kultus- und Wissenschaftsminister und -ministerinnen der 16 Bundesländer gerichtet. Aus Sorge um die deutsche Sprache und zu deren Sicherung und Ausbau als nationale Wissenschaftssprache fordern sie die Politiker auf, ihre "Steuerungsmöglichkeiten" zu nutzen und Maßnahmen gegen den Abbau der deutschen Sprache in den Wissenschaften zu ergreifen. Im einzelnen wäre das: 1. Auf internationalen Tagungen, die in Deutschland stattfinden, bleibt Deutsch - ähnlich wie Französisch in Frankreich - neben Englisch zweite offizielle Konferenzsprache. 2. Forschungsergebnisse werden auch in Deutsch veröffentlicht und bleiben damit der Allgemeinheit zugänglich. 3. Das Angebot an deutschsprachigen Lehrveranstaltungen wird nicht leichtfertig und voreilig zugunsten englischsprachiger Veranstaltungen zurückgedrängt. Wörtlich heißt es weiter: Wir sehen ... die Gefahr, dass die ... sprachliche Basis unseres wissenschaftlichen Denkens und gesellschaftlichen Wissensaustausches ... verlorengeht. Dies träfe auch die Bedeutung Deutschlands als eines eigenständigen Wissenschaftslandes (Dieter 2001). Neben der Gefährdung der Sprache könne auch damit gerechnet werden, dass sich eine isolierte Gelehrtenkaste heranbildet, die nicht mehr in der Lage ist, die Ergebnisse ihrer wissenschaftlichen Praxis einer wie immer gearteten Allgemeinheit zu vermitteln. Im Rahmen einer Umfrage über den Gebrauch des Englischen in der Medizin erinnert einer der befragten Ärzte daran, dass er aufgrund der staatlichen Förderung seiner wissenschaftlichen Tätigkeit eine "Bringschuld gegenüber der deutschen Öffentlichkeit" habe und fordert Beibehaltung und Stärkung der deutschen Sprache in seinem Fach (Haße 2001).

8. Schluss: Lob der deutschen Sprache

Die Anglisierung der deutschen Sprache findet weiterhin statt. Die Gesellschaft für deutsche Sprache in Wiesbaden, das Institut für deutsche Sprache oder die Duden-Redaktion in Mannheim, die Deutsche Akademie für Sprache und Dichtung in Darmstadt ... wenn überhaupt, kritisieren sie nur zaghaft die in die Muttersprache eingeschleusten englischen Brocken. Ich habe den Eindruck, es werden geradezu angestrengt Argumente gesucht, um sich nicht öffentlich für die Erhaltung der eigenen Sprache einzusetzen zu müssen. Auch das Goethe-Institut verhält sich eher zahm. Von der Goethe-Gesellschaft habe ich bisher noch gar nichts gehört. Wenig Freude machen auch die Deutschlehrer und Hochschulgermanisten. Viele leugnen die Anglisierung der deutschen Sprache – zumindest nach außen hin – und weigern sich, den Widerstand gegen die Beschädigungen der Muttersprache zu unterstützen. Die Autoren des Sammelbandes Neues und Fremdes in der deutschen Sprache, sämtlich Germanisten und Sprachwissenschaftler, sehen in der Anglisierung der deutschen Sprache keine Gefahr und keinen Vorgang, der irgendwelche erhaltende Maßnahmen erforderlich mache (Stickel 2001, passim).

Nach diesen eher betrüblichen Mitteilungen möchte ich am Ende meiner Ausführungen mit 2 Texten zeigen, was Ausländer über die deutsche Sprache sagen – nicht nur über deren Anglisierung. Der erste Text ist ein älterer Leserbrief aus einer regionalen Zeitung und kommt von einer Gruppe amerikanischer Studenten, die den Deutschen fehlendes sprachliches Selbstbewusstsein und Mangel an Würde vorwerfen. Es gibt zahlreiche ähnliche Äußerungen von Engländern und anderen Angelsachsen. Die Studenten schreiben:

Wir sind amerikanische Germanistikstudenten, die mit zunehmendem Frust und Ärger die Anglisierungstollheit vieler Firmen in diesem Land beobachten. Wir verstehen vieles von diesem angeblichen Englisch nicht. Es ist einfach Unsinn, wird aber den Menschen als modern verkauft. ... Leute, die für die Sprache verantwortlich sind, ignorieren ganz einfach, dass die deutsche Sprache – und ein wenig auch unsere Sprache – in diesem Land zielstrebig zerstört werden. ... Wir ausländischen Studenten beklagen zutiefst den Mangel an Stolz und Würde, der in Deutschland herrscht (McCamy 2000).

Der zweite Text ist nicht nur erfreulich, sondern auch schön:

Al idioma alemán (Auszug)

Mi destino es la lengua castellana ...

Pero a ti, dulce lengua de Alemania,

Te he elegido y buscado, solitario,

A través de vigilias y gramáticas,

De la jungla de las declinaciones,

Del diccionario, que no acierta nunca

Con el matiz precioso, fui acercándome.

Mis noches estan llenas ...

De Hölderlin y de Angelus Silesius.

Heine me dio sus altos ruiseñores;

Goethe, la suerte de un amor tardío ...

Keller, la rosa ...

Tú, lengua de Alemania, eres tu obra

Capital: el amor entrelazado

De las voces compuestas, las vocales

Abiertas, los sonidos que permiten

El estudio hexamétro del griego.

Y tu rumor de selvas y de noches.

Te tuve alguna vez ...

Diese spanischen Verse schrieb der argentinische Dichter Jorge Luis Borges 1972. Auf deutsch lauten sie:

Die kastilische Sprache ward mir zum Schicksal ...

Dich aber, süße Sprache Deutschlands,

Dich habe ich erwählt und gesucht, einsam,

In Nachtwachen und mit Grammatiken,

Aus dem Dschungel der Deklinationen,

Mit dem Wörterbuch, das nie die präzise Bedeutung trifft,

Näherte ich mich Dir.

Meine Nächte waren angefüllt ...

Mit Hölderlin und Angelus Silesius.

Heine gab mir seine Nachtigallenpracht;

Goethe die Schickung einer späten Liebe ...

Keller die Rose ...

Du, Sprache Deutschlands, bist Dein eigenes Hauptwerk:

Die verschränkte Liebe der Wortverbindungen,

Die offenen Vokale, die Klänge,

Angemessen dem griechischen Hexameter,

Und Deine Wald- und Nachtgeräusche.

Dich besaß ich einmal. ...   (Übersetzung Franz Nidermayer)

Das sind wohltuende Worte. Eine Handvoll amerikanischer Studenten und ein argentinischer Dichter und Schriftsteller reden Klartext. Sie sprechen aus, was wir von den Philologen in Deutschland viel zu selten zu hören bekommen. Die Schönheit, Vielfalt und Fülle, der Wert und die Nützlichkeit der deutschen Sprache verdienen es, nachdrücklich erwähnt und gerühmt zu werden. Wir brauchen in der Tat keine andere Sprache, um uns in Deutschland untereinander zu verständigen.

9.   Literaturverzeichnis

Adam, K. (2000). Die Sprachkrankheit mit Namen BSE. *Frankfurter Allgemeine Zeitung*, 42.

Ammon, U. (1999). Deutsch als Wissenschaftssprache. In: Wiegand, H. (ed.). *Sprache und Sprachen in den Wissenschaften.* Festschrift für Walter de Gruyter & Co. Berlin/New York, de Gruyter, pp. 668-685.

Borges, J. L. (1972). *El oro de los tigres. Obras Completas.* Buenos Aires, EMECÉ Editores.

Bundesregierung (2002). *Antwort der Bundesregierung auf die Große Anfrage der Abgeordneten Eckhardt Barthel et al.* Deutscher Bundestag, Drucksache 14/8203, 7. 2. 2002.

Dieter, H. H. (2000). Die Sprache der politischen Ökologie. *Sprachreport* 4, 2000, 125-127.

Dieter, H. H. et al. (2001). *Offener Brief an die Kultusministerinnen und -minister.* Berlin, 24. 7. 2001.

Dunger, H. (1989). *Wörterbuch von Verdeutschungen entbehrlicher Fremdwörter Engländerei in der deutschen Sprache. Nachdruck der Ausgaben von 1882 und 1909.* Hildesheim/Zürich/New York, Olms.

Földes, C. (2000). Was ist die deutsche Sprache wert? Fakten und Potenzen. *Wirkendes Wort* 50, 275-296.

Gawlitta, L. (2000). *Akzeptanz englischsprachiger Werbeslogans.* Paderborn, IFB-Verlag.

Haße, W. & Fischer, R. (2001). Englisch in der Medizin – der Aus- und Weiterbildung hinderlich. *Deutsches Ärzteblatt* 98, 3100-3102.

Hensel, H. (1999). *Sprachverfall und kulturelle Selbstaufgabe*. Eine Streitschrift. Bönen i. W., Kettler.

Hilberg, W. (2000). Hat Deutsch als Wissenschaftssprache wirklich keine Zukunft? *Forschung und Lehre* 12, 628-630.

Krämer, W. (1999). Wenn Biker fun und feelings haben. *Rheinischer Merkur* 45.

Krämer, W. (2000a). Keine departments an Universitäten! *Deutsche Universitätszeitung* 10.

Krämer, W. (2000b). *Modern Talking auf deutsch. Ein populäres Lexikon.* München, Piper.

McCamy, W. et al. (2000). Anglizismen. *Wiesbadener Kurier*. Leserbriefe, 6. 12. 2000.

Meyer, H. J. (2001). Brief an die Erstunterzeichner des Offenen Briefes (vom 24. 7. 2001). Dresden, 3. 8. 2001.

Mosebach, M. (1996). Schlicht perfekt. Jil Sanders Modereich. *Frankfurter Allgemeine Magazin* 836, 22. 3. 1996, 20-29.

von Nägelsbach, K. F. (1905). *Lateinische Stilistik*. Nachdruck der 9. Auflage. Darmstadt, Wissenschaftliche Buchgesellschaft 1980, p. 30.

Navarro, F. A. (1996). Englisch oder Deutsch (in bibliographischen Angaben). *Deutsche Medizinische Wochenschrift* 121, 1561-1566.

Oppermann, T. (2001). Lehrt Englisch! *Hannoversche Allgemeine Zeitung*, 3. 2. 2001.

Paulwitz, Th. & Stefan M. (eds.) (2000). *Engleutsch? Nein danke!* Wien, Werner, Philosophischer Fakultätentag (2001). *Entschließung. Dresden*, 1. 12. 2001.

Pogarell R. & Schröder, M. (eds.) (2001[4]). *Wörterbuch überflüssiger Anglizismen*. Paderborn, IFB-Verlag.

Platon (1988). *Kratylos (oder über die Richtigkeit der Namen)*. Sämtliche Dialoge II. Ed. Otto Apelt. Hamburg, Meiner.

Rubner, J. (2001). Etatspritze für Elite-Uni. *Süddeutsche Zeitung*, 17. 11. 2001.

Schiewe, J. (1998). *Die Macht der Sprache. Eine Geschichte der Sprachkritik von der Antike bis zur Gegenwart.* München, Beck.

Der Spiegel (2001). *Englisch liest sich am schwersten.* 5. 9. 2001.

Stickel, G. (ed.) (2001). *Neues und Fremdes im deutschen Wortschatz. Aktueller lexikalischer Wandel.* Berlin/New York, de Gruyter.

von Polenz, P. (1968). Sprachpurismus und Nationalsozialismus. In: Lämmert, E. et al. (eds.) *Germanistik - eine deutsche Wissenschaft*. Frankfurt, Suhrkamp, pp. 111-165.

Trabant, J. (2000). Umzug ins Englische. Über die Globalisierung des Englischen in den Wissenschaften. *Philologie im Netz* 13, 108-126.

Wilhelm, K. (2001). Buchstabensalat im Hirn. *Die Woche*, 27.04.2001.

Zimmer, D. E. (1998). *Deutsch und anders*. Hamburg, Rowohlt.

BAYREUTHER BEITRÄGE ZUR GLOTTODIDAKTIK
BAYREUTH CONTRIBUTIONS TO GLOTTODIDACTICS

Herausgegeben von Udo O. H. Jung

Band 1 Heidrun & Udo O. H. Jung: The Dictionary of Acronyms and Abbreviations in Applied Linguistics and Language Learning. 1991.

Band 2 Udo O. H. Jung (Hrsg.): Praktische Handreichung für Fremdsprachenlehrer. Unter Mitarbeit von Heidrun Jung. 1992. Zweite, verbesserte und erweiterte Auflage 1998. 3., durchgesehene Auflage 2001.

Band 3 Manfred Schewe / Peter Shaw (eds.): Towards Drama as a Method in the Foreign Language Classroom. 1993.

Band 4 Heidrun Jung / Robert Vanderplank (eds.): Barriers and Bridges: Media Technology in Language Learning. Proceedings of the 1993 CETaLL Symposium on the Occasion of the 10th AILA World Congress in Amsterdam. 1994.

Band 5 Bernd Voss: A Coursebook in Classroom English. 1995.

Band 6 Monica Gardenghi / Mary O'Connell (Hrsg.): Prüfen, Testen, Bewerten im modernen Fremdsprachenunterricht. 1997.

Band 7 Gabrielle Hogan-Brun / Udo O. H. Jung (eds.): Media – Multimedia – Omnimedia. Selected Papers from the CETaLL Symposium on the Occasion of the 11th AILA World Congress in Jyväskylä (Finland) and the Vth Man and the Media Symposium in Nancy (France). 1999.

Band 8 Sara Cotterall / David Crabbe (eds.): Learner Autonomy in Language Learning: Defining the Field and Effecting Change. 1999.

Band 9 Udo O. H. Jung / Angelina Kolesnikova (Hrsg.): Fachsprachen und Hochschule. Forschung - Didaktik - Methodik. 2003.

Peter Lang · Europäischer Verlag der Wissenschaften

Franz Hebel, Rudolf Hoberg, Karl-Heinz Jahn (Hrsg.)

Fachsprachen und Multimedia

Frankfurt/M., Berlin, Bern, Bruxelles, New York, Oxford, Wien, 2002. 210 S., zahlr. Abb.
Angewandte Sprachwissenschaft. Herausgegeben von Rudolf Hoberg. Bd. 9
ISBN 3-631-35932-2 · br. € 35.30*

Die Artikel des Bandes wurden als Beiträge zu den Fachtagungen der Modellversuche *Fachsprachen und multimediale Lernsysteme in der Berufsausbildung* (1998) und *Sprache-Beruf-Öffentlichkeit* (2001) an der Technischen Universität Darmstadt verfasst. Sie stellen eine differenzierte Auseinandersetzung mit den Fragen der Sprachdidaktik, den Fachsprachen in den beruflichen Lernsystemen, der Didaktik und Methodik des Lernens mit dem Computer und dem Internet dar. Insgesamt sind sie ein Argument für einen modernen, an den Bedürfnissen von Auszubildenden orientierten Deutschunterricht an berufsbildenden Schulen.

Aus dem Inhalt: J.-D. Wörner: Modellversuche als Instrument der Deutschdidaktik · H. Holzapfel: Fachsprachen und multimediale Lernsysteme in der Berufsbildung · H.-R. Fluck, R. Hoberg, L. Siegrist: Textbank für Fachsprachen kontrastiv (deutsch–chinesisch) · Ein Forschungsprojekt · F. Hebel, R. Hoberg, K.-H. Jahn: Entwicklung einer Textbank zum fachsprachlichen Unterricht für ausländische Jugendliche an beruflichen Schulen · K.-H. Jahn: Kompetenzen für die Arbeit mit neuen Medien – Ein Lernfeldansatz für den Deutschunterricht an beruflichen Schulen · H.-R. Fluck: Fachsprachengebrauch in Unterrichtsmedien · W. Winter: Didaktische und methodische Perspektiven bei der Konzeption von Lern-CD-ROM · K.-H. Jahn: Textverstehen in der Berufsausbildung – Arbeit mit interaktiven Texten · M. Brechtel, K. Halama, K.-H. Jahn, M. Köhler-Knacker, J. Volavsek: Aufbau einer subjektiven Beziehung zum Internet · I. Blatt: Texte in der Berufsausbildung – Internet in der Berufsschule unter besonderer Berücksichtigung der schriftsprachlichen Fähigkeiten

Frankfurt/M · Berlin · Bern · Bruxelles · New York · Oxford · Wien
Auslieferung: Verlag Peter Lang AG
Moosstr. 1, CH-2542 Pieterlen
Telefax 00 41 (0) 32 / 376 17 27

*inklusive der in Deutschland gültigen Mehrwertsteuer
Preisänderungen vorbehalten
Homepage http://www.peterlang.de